阵痛

中国历代变革得失

亢建明 著

图书在版编目（CIP）数据

阵痛：中国历代变革得失/亢建明著

北京：新华出版社，2014.2

ISBN 978－7－5166－0865－4

Ⅰ.①阵… Ⅱ.①亢… Ⅲ.①中国历史—研究 Ⅳ.①K207

中国版本图书馆 CIP 数据核字（2014）第 0111616 号

阵痛： 中国历代变革得失

作　　者：亢建明

出 版 人：张百新	封面设计：李尘工作室
责任编辑：刘　飞　唐波勇	责任印制：廖成华

出版发行：新华出版社

地　　址：北京石景山区京原路 8 号　邮　　编：100040

网　　址：http：//www. xinhuapub. com　http：//press. xinhuanet. com

经　　销：新华书店

购书热线：010－63077122　　**中国新闻书店购书热线：010－63072012**

照　　排：新华出版社照排中心

印　　刷：北京新魏印刷厂

成品尺寸：160mm×230mm

印　　张：15		字　　数：200 千字	
版　　次：2014 年 2 月第一版		印　　次：2014 年 2 月第一次印刷	

书　　号：ISBN 978－7－5166－0865－4

定　　价：29.80 元

图书如有印装问题，请与出版社联系调换：010－63077101

目 录

导言：一群仰望星空的人

从人类社会发展进化的角度看，中国数千年社会发展的形式和状态主要有两种：一种是"被动进化"，另一种是"主动进化"。

"被动进化"主要表现为一种"结构性进化"（或者叫"激进变革"），就是由于生产关系不能适应生产力发展而导致整个社会"破坏性重构"或"摧毁性再塑"，如农民起义、外族入侵等不可确定因素而导致的政权更迭或改朝换代。

"主动进化"可分为两种形式：一种表现为"自然性进化"，就是随着人类科学技术的发展和文明成果的转化而导致生产工具的逐步改进，从而使得生产力进一步解放，进而推动社会整体向前发展。另一种表现形式是"催化性进化"，就是一个国家以思想解放为前提条件，以提高生产力为目的，以调整生产关系为手段，整个社会（尤其是上层建筑）在思想文化自省自警"雷达"导引下，不断进行自我校正社会发展方向和自我调整社会发展步伐和节奏，进而在吐故纳新和与时俱进中把整个社会的发展进程"跨越性"地向前推进。

从这个角度讲，"催化性进化"是人类社会较理想的发展模式。因为这种方式一方面最大限度地把人类文明发展成果在保存中扬弃"刷新"，另一方面还能保证社会结构和性质在与时俱进中始终处于最佳进化状态。

而促使社会发展"催化性进化"的，正是中国历代改革变法的推行者，如中国历史上首个睁眼"看天下"的人——春秋时期齐国丞相管仲

推行的"相地而衰征"强国方略，使弱小的齐国在短时间内迅速发展，国力强盛，使齐桓公成为以"拳头说话"的霸王江湖——春秋时期第一个名副其实的"江湖霸主"。

这就是非常明显的"催化性进化"的发展模式。

其实，在管仲所处的那个时期（前770—前476），正是国家秩序急剧调整期，当时世界各国都在以不同方式（甚至是极端激进的）寻求各自社会发展之道。

在亚洲，巴比伦王国已完成从古巴比伦王国——中巴比伦王国——新巴比伦王国的急剧转型；以色列正逐渐从"士师时代"向"以色列王国"和"犹太王国"进化；远在东瀛的日本人正悠闲地漫步于原始亘古"绳纹时代"，印度大地则迎来从恒河文化转型而至的"古代印度"文明的灿烂曙光。

总体来说，这一时期的亚洲各国还都处于"自然性进化"阶段，而在遥远的非洲大漠和欧洲大陆，则是另一场景：在亚述铁骑于前671年以血腥与武力征服埃及的同时，逐渐强大的波斯帝国也对雅典发动了"马拉松战争"，接着，提洛同盟与伯罗奔尼撒联盟之间又发生了长达数百年的伯罗奔尼撒战争。

从人类社会发展进化的角度看，这就是典型的"激进性进化"的发展形态。如果以今天的眼光来看，这种以战争和暴力为代表的"激进性进化"发展形态应该大大逊于同一时期东方大地齐国所进行的"催化性进化"。

值得注意的是，倡导这一思维的管仲正是基于对人类社会发展前进的客观规律的"能动认识"，基于人的因素之于客观世界改造方式和手段的"科学发现"，在对齐国国情国力、对国家前途和民族命运的"理性研判"后，为这个"幸运"而"知进"的羸弱国度破天荒地谋划了旨在强国富民的改革"顶层设计"。

以今天的眼光看，这在当时世界范围内是绝无仅有的，他的这一改革实践，为世界（尤其是中国）后期的历朝历代的变革提供了一个极具

"真理性模范"样本，具有极其宝贵的"昭示价值"。也就是说，他的思想已超越那个时代。所以说，在这一点上，遥远的东方智慧更是值得我们后人自豪的。

在管仲推行变法的春秋中后期，中国迎来了思想文化领域空前大融汇、大繁荣的黄金时代，这一时期，以儒家、墨家和法家等为代表的思想流派（史称"诸子百家"）如雨后春笋般在神州大地各领风骚而"百家争鸣"。可以这么讲，这个因思想大碰撞、大剧变而产生的新思潮新学说之火花氤氲而成的异彩纷呈的伟大时代，直接影响着其后即将到来的战国时代的诸多国家的"国运走向"。

这一时期，思想大裂变的"余热"在各国的社会发展理论与实践"对流"中继续发酵，一大批旨在富国强邦的学说代言者纷纷登上各国政治舞台，从而在各国引发新一轮思想深刻而广泛的政治变革：

继为改革请命的法家斗士商鞅在秦国上演了一场轰轰烈烈的变法运动后，申不害在韩国通过以"革"促"改"和以"术"治国的改革的智慧为这个"夹缝之国"寻找战略生存法则；在楚国，屈原以封建文人士大夫特有的"信仰与主义"为楚国急修《宪令》，在自己深爱的故邦乡国激起了层层改革浪花；在魏国，法家学说的代言者李悝为这个历经坎坷的"始立之国"谋就了千秋鸿猷，成为史上唯一成功实现改革理想的法家精英。

至此，在这一时期，由思想解放引发的图强变革方阵形成。

总的来说，这一时期的变法推行者们是幸运的，因为一方面在其之前有春秋时期齐国宰相管仲改革和诸子百家思想交相辉映，这为其提供了强大的"模式参照"和思想支持。另一方面，基于当时复杂多变的"国际环境"，战国时期诸多国家都不约而同地把强兵兴邦作为最高"国家意志"，这客观上为诸多学说流派推行者们提供了最理想的"改革实践"。

在如此一个广阔舞台上，他们可以意纵高天，放手一搏，通过实现自己的改革抱负而体现自己的"存在价值"。

而到了西汉，改革家晁错的运气就不那么幸运了，在这个"国家利益被地方集团利益绝对绑架"的改革语境下，他在坠茵落溷中演绎了一出史上最让人唏嘘的改革悲剧。

同样是在这期间，在春秋氤氲而生的诸子百家百花齐放的思想杂芜被汉武帝"独尊儒术"的"旨意"而改变轨迹，中国变革之爝从此被掐灭，其结果是千"思"一统，中国历史从此在"文化自宫"中缓缓前行，进而使中国少了变革的"加速度"。

在其后，凭借显贵的出身和皇太后的庇护，王莽篡夺了西汉政权，建立了"新朝"。在其统治的十五年中，王莽推行了一波又一波的"改制"运动，但由于他推出的药方的"副作用"太大，最终以失败而收尾。但总的来说，作为一代封建君主，王莽身上所体现的"变"革精神和思路还是值得历史肯定的。

与其相比，南北朝时期的北魏孝文帝拓跋宏的成功变革，则在历史长河中为属于自己的时代书写了最灿烂的亮丽一笔。这位首次让一个国家在"思想解放的雷达导引下腾飞"的改革之君，不仅让自己的国家社会在他手中完美进化，而且在历史拐点深处完成了"华丽转身"。

同样是在这一时期，北周大地也升起了一颗耀眼的"改革之星"——周武帝，这位在与时俱进中不忘励精图治的图强国君，为这个时代筑就的是一个"史上图强变革的标准样本"。

与此同样精彩的好戏在其后的五代后周大地上演，周世宗——这位英年早逝的有为草根天子，以其特有的强国情怀投身于使命改革，即位之后，他朝乾夕惕励精图治，为这个百废待举的国度殚精竭虑，在为日后龙起的赵宋王朝穿嫁衣中匆匆走完昙花一现的图强人生，成为掠过历史乱世苍穹中的"耀眼流星"。

从以上变革成功的历史事件的叙述中，我们可以得出如下结论：

第一，国家要进步，社会要发展，关键是执政者首先要解放思想，在此前提下基于对"国际"形势的准确研判评估和"国内"国情国力的"持筹握算"。由此在国家决策最高层面形成一系列切实可行（甚至是强制执行）改革方略，推动国家整体发展，这是国家改革的"首要条件"。

第二，多国天下分治，各诸侯国就必须考虑到在列强环伺中"策略性争雄"。也就是说，这种"危机意识"正是其力促国家改革的动力之源，如此前的战国时期，基于国家未来发展命运，拓展生存空间的需要，诸多国家形成了旨在富国强兵的"变革潮"。

与其相似，其后的南北朝时期，甚至到了五代时期，这正是各国成功改革的"必要条件"。在五代十国之后，中国历史进入"高密度巨朝时代"。

我们这里讲的"高密度"，主要是指这些朝代在更替过程没出现因"大治之后大乱"局面。我们这里讲的"巨"，一方面是从"空间之大之广"角度考察的。我们知道，中国自秦以来，一共出过九个大王朝，它们是：秦、汉、晋、隋、唐、宋、元、明、清。另外，还出过五十几个小王朝。这些朝代的疆域面积有大有小，但有一点可以肯定：凡是大疆域面积的朝代，必是"巨朝"。如元朝的疆域面积为 1680 万平方公里，明朝的疆域面积 为 710 万平方公里，清朝的疆域面积为 1310 万平方公里，这是史上各国都不曾拥有过的"之广之大"。另一方面，"巨"还可以从"时间之长之久"角度考察。从历史上看，这些国家的存在时间都有几个世纪之久，如宋 319 年（北宋 167 年，南宋 152 年），清 295 年（1616—1911，1636 年皇太极改"后金"国号为"清"，1644 年清军入关，1911 年清亡），明 276 年。

所以，我们可以看到，如此一个社会结构与形态在巨朝之间整体"无缝对接"，这正是中国历史一大特色。

还有，从改革发展角度看，这些"巨朝"都有一个共同特点：拒绝变革。因为从历史上看，这一时期的诸多变革都以失败告终。究其原因，一是大凡时逢变革之年，多是在这些"巨朝"的中后期，这期间的统治者多是在前辈手中顺利接过的统治权杖，也就是说，他们不是"打江山"者，而是"守江山"者，这期间国家一统，江山社稷基本安稳，只要无灾无害，国家就能在其手中"万世永昌"，他们则能四平八稳走

完"万岁人生"，如同温水中的青蛙一样没有危机意识，他们自然不会有强国富民进取之志，这是从改革动力角度分析的。二是他们拒绝变革，因为这会打乱整个国家社会节奏和步伐。就局部情况看，虽然某些零件出现故障，但还影响不到整个国家机器的运转。但这时如果系统性地"更换零件设备"，新旧机器之间如果不能有效"磨合"，则会导致"车毁人亡"悲剧发生。这是从变革成本角度分析的。三是我们知道，所谓变革，实际上是社会各阶层之间利益大博弈，大调整，这必然会有诸多阻碍。因为纵观中国历史，每一个朝代社会阶级关系都是在"强霸弱忍"的日将月就中约定俗成地形成"惯性规则"。

在如此各方利益关系盘根错节的背景下推行变革，必然会出现消极因素，由此引发的不可控制的社会大动荡在所难免，这是统治者最不愿意看到的结果。所以他们没理由，也不可能忍受"变革之疼"，只能拒绝变革。这是从变革风险角度分析的。

这样的例子非常多，如发生在北宋年间的"庆历新政"（因领导者为范仲淹，故又称"范仲淹变革"）。宋仁宗时，官员数量骤增，土地兼并加剧，国内危机不断加深。与此同时，辽与西夏军队不断对宋侵扰，岁币和军费开支有增无减，国家财用日绌。因此，官僚士大夫中不断有人提出革新主张。

庆历三年（1043年）九月，参知政事范仲淹等人向宋仁宗提出"明黜陟、抑侥幸、精贡举、择官长、均公田、厚农桑、修武备、减徭役、覃恩信、重命令"等十条改革方案（史称《十事疏》）。但由于当朝统治者政治无能，使得国家利益被某些小集体利益"绑架"，导致如此一把改革薪火沉溺于"时"与"势"浪涛之中，最终以"杂草挤走良苗"——范仲淹被排挤出朝廷而告终。

这也道出了"弱宋"的悲哀与"宋弱"的某种因果必然。当然，历史地看，此次变革虽然失败，但这为其后的王安石的全面变革奠定了必要的"思路参照"。

接下来，同样是在这一时期，被誉为"中国十一世纪最伟大的改革家"——王安石推行了"影响一个时代"的"熙元变法"。后人把这次变法，评为中国历代影响深远的"四大变法"之一，并位居其首。（另外三大变法是指战国时期的商鞅变法、西汉末年的王莽改制和北魏孝文帝改革）在这一变法构想中，他从"改革财政制度"、"发展农业"、"巩固国防"和"人才培养"等四方面谋划了一个震古铄今的"大宋熙元时代"。

现实地看，这是王安石发动的旨在改革北宋建国以来积弊的一场变革。这次变革是封建地主阶级针对北宋统治危机进行的，它不可能从根本上摆脱封建统治危机。在新法推行之初，他就遭到反对者之间的"利益结盟"而孤立和长期地反复地排挤争斗，从而使他陷入老是在朝中被孤立被批评的局面。但他最终还是以失败而告终。如此一碗"改革浓汤"被这群守旧者们白白弄"瀣"了，实在令人惋惜、痛心。

在其之后的明朝中期，也同样出现了一位和他的"变革当量"相当的人物——张居正。从一个人在历史社会中的"存在价值"看，这位连任十年之久的大明庙堂内阁首辅，不仅凭借个人的勤奋修为和砥砺自进，成功入仕俸禄，演绎了完美无憾的人生辉煌；更以"进则广济天下"的封建士大夫的家国情怀和以政治家的为政使命推行了旨在挽救明王朝而进行的一系列变革。

按照他的变革构想，在内政方面全面施行"考成法"，其目的是整顿吏治，加强中央集权制；在经济方面，他力推"一条鞭法"，目的是开源节流，增加税收；在军事方面，任用戚继光等，加强了边防；同时加强与鞑靼俺达汗之间进行茶马市贸易，采取和平政策。

从此，明朝北方的边防更加巩固，史料记载，在此后的二三十年时间中，明朝和鞑靼没有发生过大的战争。

以今天的眼光来看，他推行的"一条鞭法"不仅解决了逃役问题，而且为赋税制度提供了一种新的模式，促进了货币化纳税，扩大了货币流通的范围，削弱了人身依附关系，使商贩和工匠获得了人身自由，这对商品经济的发展起了促进的作用，对后世的影响甚大。

对于他的"存在价值"，明代思想家李贽称誉他为"宰相之杰"。史料记载，在万历时代的为政生涯中，他虽在京贵为宰相，但却孤身一人长期远离故土和亲人，为国为民操劳一生。与他同时代的著名清官海瑞高度评价他"工于谋国，拙于谋生"。

这就是说，如此一个"工于谋国"的"宰相之杰"——张居正为大明皇朝的江山社稷可谓是"春蚕到死丝方尽"。

而令人痛惜的是如此一代能臣呕心沥血鞠躬尽瘁把他深爱的国家推过一个"小山坡"后，他一系列变革措施在那个昏庸无能的万历皇帝手中成为一张废纸，张居正死后，明朝又重新回到亦步亦趋的"跛脚时代"。

此时想来，无不让人感到"寒冷"和"纠结"。

同样的"纠结"（确切地讲应该是"悲剧"）也发生在离我们最近的另一个朝代——清，在距今一个世纪零一十六年前的1898年9月28日这一天，因维新派向大清最高统治者力推强国变法主张，以慈禧太后为首的封建顽固派大肆捕杀维新党人，结果维新志士谭嗣同、康广仁、林旭、杨深秀、杨锐、刘光第6人于这一天在北京惨遭杀害，史称"戊戌六君子"。

行文至此，我们可以从影响这些历代巨朝国运走向的变革事件背后，看到范仲淹、王安石和张居正以及"戊戌六君子"们这一个个以封建士大夫特有的信仰精神、道德指引、大性砥砺和大德修为，而他们前赴后继勇擎"为改革请命"、"为改革而杀身成仁"变革大旗的精神和勇气是何等的气贯长虹！

此时此刻，我们思考是什么让这些改革者们前赴后继以"飞蛾扑火"般的勇气与主义去"明知山有虎，偏向虎山行"？

这个问题的答案我们也许可以从人类社会的发展规律中去寻找。

古人云："天之所生，地之所养，天地合气，人以禀天地气生，并为三才。三才者，天地人。人而有生，所重乎者心也。心为一身之主宰，万事之根本。"这是《黄帝内经》中一段话，大意是说，自然万物是"天地"化育而来，其质性物理必有其"用"，而人作为万物之灵，我们"偶然"来到这个世界，也就"必然"会成为属于他们那个时代的一份子。这种"偶然"与"必然"在其因果关联中演绎出不同的人生际遇。而这些"为变革而生"的改革家，自然要在他们的那个时代"物尽其美"。

所以，对他们来讲，他们这是"生逢其时"，因为那个时代有可咀嚼的五味陈杂的"改革之馍"，他们以时代先行者的身份匍匐在那个时代的思想高地，以思考的眼光俯视那个时代；他们用思想解放的"张韧因子"和变革图强的凝聚元素结成最佳强度的"弹性限度"，把自己所热爱的国家的邦运国势最大限度向前延伸。

但对他们来说，他们又"生不逢时"，因为那个时代不容他们，他们的思想已超过那个时代，但现实又不能脱离于那个时代。

从另一个角度讲，那个时代有这些改革者，是一种"幸遇"，因为有了这些人来匡扶世道，就能把社会发展的脚步摆到正轨，把发展方向拨正。让那个时代在改变其发展道路上的"速率"和"速度"的同时，更能让我们在经受头顶的天空一闪而过的"思想霹雳"中领略其变革之魅。

而对于那个时代来讲，则是一种"不幸"，因为大凡变革之年，必是一个急需重典大治的不平之世。所谓变革"圣人将出"，必是"时代之需"，他们的任务是应人类社会发展进化的"现世之需"，把一切阻碍时代前进的附赘悬疣蛛网尘埃"草薙禽狝"。

此时此刻，我们还在思考，我们应该怎样来审视这些在那个时代"惨败但更悲壮"的变革事件？

难道他们的"强国表达"不能对今天仍跋涉在改革之路的我们有所感悟么？

难道我们还会用所谓的"成"与"败"这两个简单苍白的普通词汇来表达么？

难道我们不能从他们为改革而颠沛流离的身影、微弱的呐喊和傲立

于时代之巅的思想孤寂中所思所想点什么？

难道我们不能从他们的改革实践中汲取前进的力量，进而得到一种宝贵的现实昭示和思想启蒙么？

是的，新生命总是在母体阵痛中艰难诞生，改革也同样如此，我们可以从商鞅、晁错和"戊戌六君子"们的悲壮中看到甘龙、杜挚（商鞅变法中守旧势力的代表）之辈的窃喜和得意，看到汉景帝（暂杀晁错的最高决策者）的麻木和冷漠，看到慈禧的血腥和冷酷，但这些最终都被碾碎在滚滚向前的历史车轮之下的绊脚石都没能阻挡历史发展的脚步。

这就是说，任何阻碍时代发展的"螳螂之臂（辈）"，都必将淹毙在不可阻挡的时代大潮中，历史最终必将在那些历代改革者们抬头所视的方向发展。

回望中国几千年发展史，我们可以从历代这些推行改革者组成的方阵中，看到有封建帝王，有布衣卿相，在他们所推行的改革或变法设计中，有的是基于奴隶社会内部富国强兵的改革，如管仲改革等。有的是基于地主阶级的封建化政治改革，如商鞅变法、李悝变法等。有的是少数民族封建化改革，如北魏孝文帝改革、耶律阿保机改革、清初皇太极改革等。有的是封建社会内部调整统治政策的改革，如王莽改制、周世宗改革、王安石变法、张居正改革等。

此时此刻我们在想，假如这些改革家的愿望都能实现，我们眼前的这个世界会是什么样？而我们今天要做的，就是圆显他们强国夙愿，用眼前的现实来证明当初的"假设"。

这就有个问题：面向未来，我们应有什么样的"改革观"？

我们认为，这种"改革观"的核心是"以人为本的改革观"。在此基础上，强调改革的目的不仅是解放生产力，发展生产力，更重要的是解放人和实现人的全面发展。改革内容不仅是经济体制改革，还要涉及社会政治文化各领域的全面变革。改革的手段不仅要看效率，更要问公平。

可以肯定，今天的我们在改革开放的大道上迎来了中华复兴之光，并将在深化改革与时俱进中走进中华民族的复兴时代！如果说，今天的我们对思想解放是解放什么思想，思想解放是如何解放，在进一步深化改革的同时应该树立什么样的"改革观"等这些问题的认识还没统一到全面深化改革大思路上来，那么，我们认为很有必要去读懂这些通体绽放改革之魅的时代，读懂这些"仰望星空的人"。

一 管仲：中国历史上首个睁眼 "看破天" 的人

公元前 7 世纪，当世界各地仍停留在通过战争、杀戮和征服来 "低成本致富" 的 "强国模式" 背景下，远在东方的齐国丞相管仲 却在思想解放引导下找到一条主动变革进而走上强国路径，让赢弱 的齐国在主动进化中走上了民富国强的康庄大道。他的成功，是东 方智慧在国家社会发展实践中的巨大成功。他身上体现的改革核心 精神是首创性、先进性。

他为后世改革提供了一种可贵的 "思路参照"，所以对管仲改 革这件事本身来讲，其成功与否并不重要。

（一）用 "观星的眼" 看破社会发展之 "天机"

让我们把发展的眼光投向两千多年前春秋时期的齐国大地，因为这 里诞生了中国历史上最早的 "改革开放"。

在这片思想解放的传奇 "土壤" 中，一朵改革之花正精彩绽放，而 远方岩峣山际雪线则见证了一个图强之国的横空崛起。

作为兵燹弥天的春秋乱世臣民，他们应该庆幸自己有一位英明国 君——齐桓公，因为在他的治理下，弱小的齐国不仅在春秋这个以拳头 说话的 "游戏规则" 的乱世江湖中 "战略生存" 而保全了国体尊严，而 且成为春秋时期 "五霸" 之首和战国时代的 "七雄" 之一，由初封时方 圆百里的小国，发展到后来 "膏壤二千里"、"粟如丘山" 的东方 "超级大国"。

他们更庆幸自己有一位改革国相——管仲，因为他用那双"观星的眼"看破天下社会发展"天机"，他和国君齐桓公一道在思想解放雷达引导下找到推动社会发展的强国方略——变革图强。

1. "英雄相惜"

其实，在此之前，齐桓公和管仲二人不仅相识，而且还是一对"冤家仇人"。齐桓公名小白，其前任是齐襄公。齐襄公在位时治国不力，把齐国搞得一塌糊涂。诸公子为避灾难纷纷逃亡。公子小白与心腹鲍叔牙投奔莒国，弟弟公子纠则同心腹管仲投奔了鲁国。不久，齐国国内发生政变，齐襄公被杀。公子小白和纠得知消息后，便各自赶回国。以当时情况，两兄弟谁先回到齐国，谁就能成为国君。为了帮助公子纠夺得齐国君位，管仲单枪匹马驰向通往莒国的大道，奋力追赶上了公子小白。他假装恭顺，上前拜见小白，乘小白不注意，突然猛发一箭，直向小白心窝射去，小白大叫一声，从车上栽了下来。管仲大喜过望，急忙策马而逃。管仲赶上公子纠的队伍后，把事情对公子纠讲了。

他们以为政敌已除，于是便从容不迫地向齐国进发。但是当他们赶到齐国首都临淄时，却得知小白已经登基为国君了。原来小白并没有死，那一箭正射在他腰带的铜钩上，便幸运地躲过了劫难。小白知道管仲是有名的神射手，于是急中生智，大叫一声，栽下马去，瞒过了管仲。然后他们抄小路疾驰回国，抢先登上了国君的宝座。

不久，公子小白即位，史称齐桓公。致力国家中兴的齐桓公欲封鲍叔牙为相，鲍叔牙却向齐桓公极力推荐管仲。在此前，管鲍二人曾是彼此相知的好朋友。因为相知，管仲在生活中可以多向鲍叔牙取而无愧；因为相知，鲍叔牙为把相位让给管仲而坦然。于是，后人用"管鲍之交"来形容交友的最高境界。

他对齐桓公说："管仲之才，胜我百倍，君若欲大展宏图，非管仲莫属。"齐桓公也知道管仲是旷世奇才，又见鲍叔牙竭诚推荐，于是决定捐弃前嫌，重用管仲。为了能让管仲回国，齐桓公派人对鲁国国君

说，杀掉公子纠，缚送管仲回国，以报一箭之仇。若不应允，即兴兵伐鲁。鲁国弱小，只得照办，杀了公子纠，把管仲捆绑起来，装入囚车，送回齐国。管仲自以为必死无疑，他早已置生死于度外，大义凛然，泰然处之。哪知当他被押进宫廷时，齐桓公快步走下大殿，亲自为他松绑，当即拜他为宰相。

齐桓公的这一举动使管仲深受感动，从此，齐国君臣二人同心谋国，"管仲改革"被载入史册，而与此同样语义的"桓管改革"，则道出了一位明君和一位能臣在强国韬略上的"英雄相惜"。至此，君臣同心，矢志改革的"黄金搭档"浮出水面。

于是，决定一个邦运国势的"桓管改革"拉开改革强国序幕。至此，君臣二人捐弃前嫌，为改革握手。

2. 大展宏图

如果说，"管鲍之交"是友情象征而成为代代流传的佳话，那么，"桓管改革"则是中国史上成功改革的光辉典范。

按照管仲思路，首先从行政方面入手：把齐国划分为六个工商乡和十五个士乡，共二十一个乡。其中十五个士乡是齐国的主要兵源。然后把政府分为三个部门，制订三官制度，工业立三族，川泽业立三虞，山林业立三衡。郊外三十家为一邑，每邑设一司官。十邑为一卒，每卒设一卒师。十卒为一乡，每乡设一乡师，三乡为一县，每县设一县师。十县为一属，每属设大夫。这样全国共分五属，设五大夫。每年初，由五属大夫把属内情况向齐桓公汇报，督察其功过。如此全国形成统一的整体。

其次，在军队方面，强调寓兵于农，规定国都中五家为一轨，每轨设一轨长。十轨为一里，每里设里有司。四里为一连，每连设一连长。十连为一乡，每乡设一乡良人，主管乡的军令。战时组成军队，每户出一人，一轨五人，五人为一伍，由轨长带领。一里五十人，五十人为一小戌，由里有司带领。一连二百人，二百人为一卒，由连长带领。一乡二千人，二千人为一旅，由乡良人带领。五乡一万人，立一元帅，一万人为一军，由五乡元帅率领。齐桓公、国子、高于三人就是元帅。这样把保甲制和军队组织紧密结合在一起，每年春秋以狩猎来训练军队，于是提高了军队的战斗力。

最后，在经济方面，管仲提出"相地而衰"的土地税收政策，就是根据土地的好坏不同，来征收多少不等的赋税。这样使赋税负担趋于合理，提高了人民的生产积极性。又大力发展经济，积财通货，设"轻重九府"，观察年景丰歉、人民的需求，来收散粮食和物品。

由于管仲推行改革措施得当，不久齐国出现了民足国富、社会安定的繁荣局面。

一次，齐桓公对管仲说："现在咱们国富民强，可以会盟诸侯了吧？"

管仲赶快谏阻道："当今诸侯，强于齐者甚众，南有荆楚，西有秦晋，然而他们自逞其雄，不知尊奉周王，所以不能称霸。周王室虽已衰微，但仍是天下共主。东迁以来，诸侯不去朝拜，不知君父。您要是以尊王攘夷相号召，海内诸侯必然望风归附。"

这就是管仲最智慧的"尊王攘夷"策略，其中心思想是尊重周朝王室，承认周天子的共同领袖的地位；联合各诸侯国，共同抵御戎、狄等部族对中原的侵扰。

十年励精图治，十年砥砺奋进，弱小的齐国在管仲改革方略指引下，健步走上国富民强的康庄大道，最终迎来彪炳史册的"桓管盛世"。

(二) 用思想解放之爝在愚蒙世界中燃起"东方亮"

在管仲推行改革之前，"地峭人稀"的齐国一直处在春秋诸邦"国力数轴"原点左端的"负数极处"，而伴随着管仲改革的深层推进，这个潜伏在东海之滨的弹丸小国在短时间内迅速崛起，发力一路向右冲刺到"国力数轴"右端"正数极处"的巅峰之上，成为傲视春秋诸国的强盛之邦。

从而使"最强于诸侯"的齐国一跃成为"春秋五霸"（齐桓、晋文、

秦穆、宋襄、楚庄）之首，这种"之首"的势态一直延续到其后的"战国七雄"（齐、楚、燕、韩、赵、魏、秦）之一。

这可以从齐国疆域范围变化来说明，在此前，齐国大致拥有了"鲁之安阳（今费县）、都（今兖州、泗水一带）、莒（今莒县城）诸地。

随着齐国势力逐渐强大，致使"泗上诸侯邹鲁之君皆称臣，诸侯恐惧"。也就是说，此时的齐国疆域北至天津以西，西至"河南以东"，"南抵安徽、江苏近鲁地区"。成为一个"地方二千余里，百二十城，带甲数十万，粟如丘山"（《史记·田敬仲完世家》）真正意义上"国际性"的地区强国。

"吃水不忘挖井人"，可以说，羸弱的齐国能有今天，自然与管仲推行改革有必然关联。

从另一个角度看，在管仲所处的那个时代之前，世界还笼罩在战争暴力的激进性进化途中，无论东方还是西方诸国，无一不通过血腥的战争手段来作为"暴力强国"的唯一"捷径"，唯有他在思想解放的雷达导引下形成改革发展智慧，进而找到一条促使齐国在"催化性进化"中走上科学发展的康庄大道，以如此既"绿色"又"环保"的"低成本强国"的发展智慧之芒正发出光耀世界文明的"东方亮"！

（三）管仲变革的启示

1. 为何改革号角率先在齐国大地吹响？

齐国能在群雄争霸的春秋时期走向强盛，有其极复杂的"国际背景"和特殊的国情国力。公子小白（齐桓公）"必然"成为这个滨海弱国的君主，随着"为改革而生"的管仲"偶然"来到这个世界上，二位在强国之途的"英雄"在坠茵落溷中演绎各自不同的人生际遇之后"战略相惜"。

于是，"桓管改革"，就给我们在"言改革必桓管"特殊语境下多了一个"约定俗成"的成语。

从此以后，二人就在把自己的命运和前途与这个国家的未来"紧密相关"中演绎和求证着"哀兵必胜"和"多难兴邦"的普世真理。

总的来说，可以从其面临的内部因素和外部因素两方面来分析。

一方面，从齐国内部因素看，首先，作为齐国最高决策者的齐桓公有强烈的改革愿望。他在登基之前曾为国为己而颠沛流离，饱受世间艰辛。在登基后，他深知国家今天的稳定和未来的强大的重要性，他没有拘于国家的百废待举，而是登高谋远，把改革国事视为第一要务，于是不计前嫌与管仲"为改革握手"。这位历经坎坷和磨难的天子，自然有强烈的强国情结。这是齐国改革的首要基础。其次，从国内民众精神气质和秉性基因看，齐人自古就有尚武风俗。在齐国，小孩长到 8 岁，被送进"庠序"（政府办的正规学校）接受系统的基础知识教育。当时，"五教"、"六学"是"庠序"的主修课程。所谓"五教"是指五种伦理道德的教育，即"父义"、"母慈"、"兄友"、"弟恭"、"子孝"。所谓"六学"，就是指"六艺"，即六种基本科目的学习，分别是："礼"（道德和礼仪规范）、"乐"（举行各种仪式时的音乐舞蹈）、"射"（射箭）、"御"（驾车）、"书"（书写能力）、"数"（计算技能）。其中的"射"和"御"则是重点。这既是战场拼杀的基本技能，也是齐国社会竞技活动的主要项目。在齐国，每年九月，都要在全国范围内举办一次全民"射"、"御"逐赛，这是国家选将取才的重要形式，也是有志之士展现自我，步入仕途的绝佳良机。由于受尚武思想的影响，齐国从国君到士兵，莫不以勇武为荣。这已成为一种社会风尚。在当时，普通百姓要想出仕入相，为国家重用，首先必须练好这两门科目。这就是说，齐人国民性格中天生存有冒险精神，有接受改革、承受风险的"求变基因"。这种好冒险，敢尝试，敢为天下先的精神特质，正是齐国改革的关键条件。

而对于推行齐国改革的"总操盘手"的管仲来讲，自从交上以知人识人而著称的鲍叔牙这位朋友，他的改革人生将会从此改变，其坎坷蹉跎的从政之途无不有鲍叔牙的佑护与支持。

有这两位政治上的盟友，生活中的知己演化而来的成语"管鲍之

交"一直是后人在表示深厚友情时常用的"专有术语"。

其实，管仲此前也曾经做了几次官，每次都因为表现不好，而被免职了，大家都耻笑他。而鲍叔牙则坚定地站在管仲身边，坚信这颗日后定能发光的"金子"。后来，管仲辅佐公子纠又失败了，而鲍叔牙辅佐的公子小白却接掌了齐国的政权，公子小白就是齐桓公，他立刻请来鲍叔牙欲拜其为相，有自知之明的鲍叔牙竟然拒绝了，并力荐自己的政治知己管仲。

齐桓公接受了鲍叔牙的建议，以最隆重的礼仪，请管仲来做宰相。

果然，齐桓公在管仲的辅佐下，将齐国治理成富足强大的国家。后来管仲曾对人说："生我，养我的是父母，可是了解我，帮助我的，却是鲍叔牙呀！"

有了齐国这块君民思进、百川沸腾的激情热土来实现自己的改革理想，管仲在政改之途自然如鱼得水，由于改革措施得力带劲，决策科学合理，再有齐桓公相帮给力，如此一个"强齐"之略必然会成"齐强"之实。

另一方面，从外部因素看，弱小的齐国在当时"国际"地缘政治格局中一直处于不利的被动位置：东临一望无际的大海，北部是日益崛起的燕国，西部是强大的老牌帝国晋和秦，南部是综合国力数十倍于齐的军事强国楚、越。这在人们崇尚"用拳头说话"江湖游戏规则的春秋时期，生存在如此一个周边列强虎视眈眈的"国际环境"，这就是"齐国的现实"与"现实的齐国"。这也就是说，齐国始终笼罩在战争阴影下，面对如此恶劣的"国际环境"，齐国上下无不在危机意识主导下把强国作为压倒一切的"国家最高意志"，而作为走向强盛的唯一途径，改革就成了举国急务。

综上所述，从齐国内外部因素看，这个滨海弱国至少具备如下条件：

第一："明君"。

第二："臣能"。

第三："势济"。

展开讲，所谓"明君"，就是一个国家的最高统治者一方面要有正确、科学的决策思路，另一方面要知人识人，唯才是举"明帅之府"。

所谓"臣能"，就是有一个基于齐国的发展条件和禀赋现实而提出一整套"行之有效、行之有实"的强齐方略的大臣。

所谓"势济"，就是指齐国的国情国力和"国际发展环境"。

而纵观中国历代变革，以上三条件也是必不可少，管仲改革的成功，使得齐国的腾空而起指日可待。

2. 从管仲改革思想成形看"齐强"的必然可能和"强齐"的路径选择

"为改变而存，为改革而生"。我们在今天用这句话来评价管仲也许是再恰如其分不过。

历史地看，"管仲式改革思想"在齐国具体改革实践中逐渐丰富并完备，成为中国历史上最早并初步形成体系的经济思想，其在经济产业发展、财税管理和金融流通方面均有突出贡献。

第一，在产业战略、政策上强调"以农为本，本末并举"，在发展多种经营的大农业同时，积极发展工商业。

他强调"以农为本"，高度重视农业的基础地位，把农业放在优先发展的位置上。《五辅》说："明王之务在于强本事，去无用。"这里的"本事"，即指农业。为了加强农业生产，管仲还推行了一系列富农政策。如四民分业，定农之居；改革农业生产关系：相地衰征、均地分力、与之分货；禁末；减轻徭役，不误农时；以农为主，多种经营；注重土地管理和森林保护；奖励致富能手，重视农业科技等。

管仲不但重视农业，还结合齐国实际，高度重视手工业和商业，强调农工商协调发展，这使得齐国的经济在列国中独树一帜，呈现出工商型经济的鲜明特色。他认为："士农工商四民者，国之石民也"，"欲正天下，财不盖天下，不能正天下；财盖天下，而工不盖天下，不能正天下，工盖天下，而器不盖天下，不能正天下"。同时，他还重视手工业

和商业的作用，尊重手工业者和商人的社会地位。为了鼓励工商业的发展，管仲首先设置了工商管理机构，加强质量管理和商业道德建设，完善国家盐铁专卖制度，采取轻税措施，奖励商人，并用宏观调控手段干预流通领域，加强对外贸易，从而使齐国的工商业繁荣发达，成为先秦时期最富庶的国家。

第二，在财税管理上，大力改革农业税收形式，其主要措施就是推行"均田分力"。所谓"均田分力"，就是把土地经过公开折算后租给农民，使其分户耕种，提高农民的生产积极性和效率。

科学地讲，这次税赋改革顺应时代发展，适应当时生产力发展水平的需要，不仅使齐国收到了"粟如丘山"之效，也使奴隶制的生产关系瓦解，导致了上层建筑向更先进的封建制度转化。所以说，其历史作用是巨大的，影响是深远的。对国家赋税，管仲认为大体上可分为两种：一种是强制性的，一种是自愿性的。强制性的赋税，除了土地税之外，还有房屋税、牲畜税、人头税、果木税等。管仲认为，对于这种强制性的税，应当尽量少征或免征。因为这些强制性赋税有一定的负面效应，最好的赋税形式是让民众只"见予之所，不见夺之理"的间接税，也就是说，能够通过一种特殊的征集办法，让人民只见到国家给予他们的好处，而见不到有夺取的行为。这种税，民众不仅自愿交纳，而且还请求交纳。在当时的齐国，这种税主要有盐铁税、渔业税、山泽特产税等。

第三，在金融流通方面，他强调充分发挥货币的宏观调控作用，运用轻重之术，驾驭国家经济，充实国家财政。管仲把货币流通看成是经济运行的手段，"黄金刀币，民之通施也"，认为善于治国的君主，要通过对货币的控制，来主宰关系国计民生的商品，从而进一步调控经济。一方面，管仲主张由国家掌握货币的铸造和发行，通过货币的收放来控制主要商品的价格，从而控制整个市场。另一方面，管仲认为，货币的投放量要依据实际情况相机而定，要在调查、统计和综合分析的基础上，充分考虑到货币与商品之间的对应关系，最后利用"币重则万物轻，币轻则万物重"的相互作用，在轻重、贵贱之间有计划有步骤地进行调控。

第四，在对外贸易方面，他强调"因时而动，热情服务"。因为齐国是最早进行对外开放的国家，从立国之初就"通"工商，也就是其经济明显呈现出"外向型特征"，所以管仲对外贸十分重视，进行了大量细致深刻的研究和论述。

他们认为，实行对外贸易，是吸引天下之财，实现富国强兵的重大措施。正如《轻重甲》中言："为国不能为天下之财，致天下之民，则国不可成。"要搞好对外贸易，首先要密切关注各国市场行情，及时了解各国市场的行情；其次充分利用价格政策，根据本国的需要鼓励进口或出口某项物资，从而使天下的资源财货皆能为我所用，即所谓"因天下以制天下"（见《轻重丁》）。

第五，在消费支出方面，他们提倡特殊情况下"侈靡"，即扩大消费，以刺激生产。管仲对消费问题作出了不同于传统观点的独到分析，他主张奢俭并重，而不是一味强调节用。不仅知道节俭在正常时期对国家财政的重要性，还认为"侈靡"的财政支出在特定时期有其特殊作用。

他主张在社会生产不振、经济萧条时期，在国家财富有积蓄的情况下，通过扩大国家财政支出中的君主消费部分，以此鼓励和调动整个统治集团和私人富有者的侈靡消费，刺激生产，给失业者提供就业机会，即借此达到"富者靡之，贫者为之"的目的。

从以上叙述中不难看出，管仲的经济思想主要是充分发挥货币的宏观调控作用，运用轻重之术，驾驭国家经济，充实国家财政；在对外贸易方面，因时而动，热情服务；在消费支出方面，提倡特殊情况下"侈靡"，即扩大消费，以刺激生产。

应该说，早在两千多年前，管仲就能敏锐地发现生产与消费之间这种"其化如神"的关系，并适时提出扩大消费的正确主张，确实是难能可贵的。

总之，管仲的经济思想体系完备，博大精深，为中国历史上最早并初步形成体系的经济思想，为后世的经济学家所重视并借鉴、继承。其

独特的思维方式和非凡的智慧谋略，值得我们认真研究、细致挖掘。

3. 创新精神： 管仲改革思想核心之核

在管仲的人生字典中，"创新"是始终贯穿于其改革思想体系的核心关键词，也就是说，"创新"是其一切工作的出发点和归结点。

如在政治改革上，他一方面从统治策略上创新——"礼法并用，德刑并举"。从历史上看，先秦诸子在统治策略上各执一端：儒家宣扬礼义仁爱，对法律的作用却估计不足；法家强调法治刑政，又完全抹杀了礼义教化的地位；道家既非礼教，又非刑法。唯有管仲汲取了过去统治者的经验教训，将礼与法、德与刑统一起来，即主张以法治国，认为"法者天下之仪也"。

所以"决疑而明是非也"（《管子·禁藏》），也就是肯定了礼义道德的重要，认为礼仪廉耻是国之"四维"："四维不张，国乃灭亡"（《管子·牧民》）。相比之下，管仲的主张无疑是一种更全面、更切合实际的主张。

一方面，他从政治体制上创新——建立了丞相责任制与国鄙双轨制。管仲相齐之后，对齐国的政治体制作了重大改革。在中央体制中，最具创建性的是丞相责任制。《管子·君臣上》曰："制令传于相，事业程于官"，即国家重大决策均出自丞相，下级长官直接对丞相负责，丞相则对国君负责。这使得过去集各种大权于国君一身的君主专制体制变成丞相负责制。

这一改革的有利之处在于：国家机器在丞相统一指挥下会更快地有序运转。这是为适应齐国霸王天下之需要而作的中央政治体制的重大改革。

与此相应，管仲在地方行政体制上亦以国鄙双轨制取代卿大夫采邑制。

过去卿大夫在采邑内具有的各种独立的大权被取消，地方政府被置于中央政府的直接管辖之下，这种体制不只是对传统旧体制的变革，同时也开启了战国以后官僚体制之先河。

在经济改革上，他推行"四民分业定居"法，促进了士农工商的专向性发展。"四民分业定居"的主张载于《管子·小匡》，其做法是，将士、农、工、商按职业分开集中居住：士居于闲静之处，农居于田野之旁，工居于官府之前，商居于闹市之中。

事实上，我国古代的社会分工思想产生很早，西周时已有了"以九职任万民"的说法，但那只是单纯的职业划分。而管仲则进一步将人们的职业划分与居住问题联系起来。其创新精神至少有两点：一是管仲在此提出了对不同职业的社会成员集中于不同地区进行专业化管理的问题；二是管仲将"商"作为主要职业之一而列于四民之中，充分反映了他对商业及其管理的高度重视。

接着，再提出"关市讥而不征"的商业贸易政策。春秋时期，伴随着各国经济的发展，加强商业贸易的要求日趋强烈，而当时的割据局面却阻碍了各国商业贸易的进行。管仲先于他人认识到了这一矛盾，便毅然在齐国实行了一项重大政策——"关市讥而不征"，这就是对过往关卡的客商及物资只盘查而不收税，以鼓励各国间的经济往来。

其结果，既为各诸侯国的经济交往提供了便利，更使齐国能以此调节市场需求。这一政策不仅在齐国，即使在整个春秋战国时期，都是一种创见，它是我国古代关税制度的一项重大改革。

总之，管仲在齐国所施行的一系列改革都充满了创新精神。正是这些重大改革使齐国得以由一个海滨小国很快地富强起来，经过南征北伐、西讨东攻，终于成就了"九合诸侯，一匡天下"的霸业。

管仲改革中的创新精神这份珍贵的遗产通过《管子》一书而留传了下来，并以其自身的生命力至今仍焕发出粲然光辉！

4. 先进性：管仲改革本质特征之基

管仲是两千多年前中国改革的先行者，他担任齐国宰相四十年间，进行了一系列改革，取得了巨大成就的同时也给我们留下最宝贵的思想财富。

他所处的时代，正是奴隶社会向封建社会动荡转型期，这与我们在改革开放取得一定成就，整个社会在强渡转型期的同时在深化改革之路上"再出发"的今天颇有相似之处。

所以这对于正值改革开放进入攻坚阶段的关键时期的我们来讲，很有必要认真反思历史，总结经验，吸取古人改革发展智慧，从中得到其所蕴含的某种精神思想及现代启示，这对于更好地推动改革事业的深入和深化，是很有必要的。

而当下，人们多从政治、经济、法律等角度对其进行研究，我们认为，体现在管仲改革本质特征之基的首先是其独具创新特质的"先进性"。展开讲，这种"先进性"首先体现为一种"科学性"。

我们知道，社会发展是一项极其复杂的系统工程，而要在和谐、健康和友好的前提下"加速度"地推进社会整体稳健发展，就必须有一个建立在科学、先进和理性的基础上的"顶层设计"。这就要求我们在汲取人类发展最先进的文明成果（包括思想的和物质的）的同时，把促进社会发展的活力因子有效集成、耦合和排列、组合，进而实施科学发展科学改革。而管仲，这位抬头仰望星空的东方智者用"观星的眼"看破天下发展的"天机"，在思想解放雷达引导下，利用改革之手把齐国引向国富民强的康庄大道。

其次，这种"先进性"还体现为一种"进步性"。我们这里讲的"进"，就是与时俱"进"，在它的周围，始终集聚着一切促进社会正向进化的积极因子，所以它的方向就是社会发展的方向。而管仲，始终以卧倒的姿态潜伏在社会发展的最前沿，不断让思想的触角保持在刷新状态，用思想解放的催化因子激活着促进社会前进的积极元素，从而科学地发现了社会"加速度"发展的解决方法。

最后，这种"先进性"还体现为一种"革命性"。所谓"改革"，关键在"革"，即革故鼎新的"革"，这就是说，要革掉一切在惯性轨道上运行的思维、机制、路径、模式、体制和意识等。

一位哲人说得好。"创造新即消灭旧"，没有消灭"旧"的革命精神，何来创造"新"的激情勇气？

所以说，在创造"新"之前，就必须把依附于社会肌体的"附赘悬疣"毫不留情地"草薙禽狝"。

首先，这种"革命性"一方面表现为"敢为天下先"的冒险精神。在管仲出生之前的全世界都一样，都把发动战争视为强国生存唯一手段。而他要在齐国推行改革，就必须要冒战争风险：齐国力量弱小，不可能去占别国，但它极易被别国占领。从生存角度考虑，他们本应举全国之力积极备战，但齐桓公却甘冒战争威胁，发动国家机器，推行变法改革。而对管仲本人来讲，他自己还要担当另一种别人不能开脱的风险——改革失败风险。所以说，这种非常难能可贵的"冒险精神"正是"革命性"的核心之核。

其次，"革命性"另一方面还表现为要有破釜沉舟的决心与勇气。众所周知，自古改革只有一条"华山路"，而要通过这条路，就必须有战胜悬崖峭壁、险径深谷的勇气。而要走向成功走向胜利，我们就必须在"天从峰峦缺处明，人在虎豹丛中健"的普世哲言和务实践行中演绎印证着"阳光总在风雨后，无限风光在险峰"的真理。

这一点，两千年前的管仲做到了，古今事理性相通，想必这位勇敢的"革命者"在当初"过河拆桥"、"自断后路"时早已明此事理吧。

我们可从另一个角度看这个问题。假设他的改革方案失败，会是什么结果呢？当然历史容不得任何"假设"，但基于说明一个道理，我们不妨来"假设历史"一下也未尝不可。

这对我们讲不重要，也就是我们关注的不是他的改革成功与否，而在于事件本身对后世的我们具有某种象征昭示意义，因为它为我们提供了一种促进社会发展的模式与路径参考，也就是思想启蒙，提出社会发展的另一种可能。

有人说，管仲的改革思想，最为可贵之处就在于对后世进行了"思想解放启蒙"。也就是说，他的行为为我们指明方向，告诉我们事物发展也有另一种可能。所以说其象征价值远远大于改革本身价值，所以说对他的评价无所谓"对"和"错"。从这个角度讲，他的改革探索无所谓成功与否。

二 赵武灵王：中国"洋务"第一人

赵武灵王倡导的"胡服骑射"，对于此后中国的战争模式与军事交通极具深远影响。他在当时推行的"习骑射"，不仅为"赵强"鸿猷提供了"战略可能"，而且推动了整个中原军事骑射技术的发展，标志着我国由强调威仪但不实用的"车战时代"进入突出灵活机动的"骑战时代"。

"胡服骑射"在中国军事史上有着划时代的意义，随着骑射技术的发展，马逐渐从辕毂之圉中挣脱出来而更用于骑乘，大大加强了各地区间的交往与联系，促进了各地间，尤其是中原汉族与边地各少数民族间的经济、文化交流。赵武灵王胡服骑射导致了中原华夏族与北方游牧族的文化融合，对中华民族文化的发展起了积极的推动作用。

赵武灵王（前340年—前295年），中国战国中后期赵国君主，死后谥号武灵。名雍，嬴姓赵氏。（先秦时期男子称氏不称姓，故当称为赵雍，不叫嬴雍。）

赵武灵王是战国时赵国的第八代国君。公元前325年至前299年在位。他做了27年国君之后，把王位传给次子赵何，就是赵惠文王，自称为主父，故人们也把他叫赵主父。

历史上的赵武灵王是一位精明能干的封建君主，是古代屈指可数的军事改革家，为赵国的强盛做了很多事情。

他眼光远大，思想敏锐，勇于学习。他在赵国成立初期所进行的军事改革，改穿轻便实用的胡服，学习灵活机动便于作战的骑射技术，就是向他的敌人学习的结果。这一改革对于战国历史，特别对战国军事史的发展有深远的影响。

（一）弱国当有强君出

公元前 340 年，赵武灵王初登赵国政坛，正是齐、秦两强东西对峙时期。齐国在公元前 341 年马陵之战以后，代替魏国称霸关东；而秦国由于商鞅变法的成功，一跃成为当时最先进的地区强国，虎踞关西，力图打出函谷关。这时的赵、韩、魏、燕等都成为此两强争夺的对象。

赵国曾在公元前 353 年被魏国攻下邯郸，国都沦陷三年，损失惨重，经过 20 多年才恢复了元气。魏国马陵之败以后，已一蹶不振。韩、燕更弱。

有道是，"同忧者相亲。"赵、魏、韩、燕为了保全自己，都有联合起来抵抗两强的愿望。赵武灵王则是这个联合运动的积极支持者和组织者。

公元前 314 年（武灵王十二年），齐宣王乘燕国内乱发动武装干涉，占领了燕国。燕是赵的东北邻国，如果让齐国占领燕国而不受惩罚，齐国势必下一步就会向赵国开刀。

赵武灵王深感不能坐视，努力进行伐齐存燕活动。他先派赵庄去联合诸侯"合纵，欲伐齐"。魏、楚也积极响应，"令淖滑、惠施之赵，请伐齐而存燕"。

这时由于齐国外有"诸侯将谋救燕"，内有燕国人民奋起反抗，迫使齐国不得不从燕国撤兵。这场斗争的结果大煞了齐国的威风，提高了赵国的地位。

此时的赵武灵王清醒地看到，赵国走向强盛之路还不平坦。

赵国在赵武灵王时的疆域大体有今陕西东北部，山西北部，太行山

的东南山麓，北至河北省张北县南，南至河南省北端。强邻逼境，胡人骚扰，四面受敌，后顾之忧非常严重。

这其中，中山是赵国的"心腹"大患。中山的老祖先是北方游牧部族白狄的一支，春秋中期从陕北进入太行山以东，称为"鲜虞"。

春秋末年开始建立中山国，战国前期国都在顾，即今之河北定县。公元前406年被魏国所灭。公元前378年中山复国，其疆域大致包括今河北省保定地区南部和石家庄地区大部。

中山国除东北角与燕国为邻外，三面都和赵国毗连，好像袋鼠一样包在赵国的东面腹部，其战略地位可以"控太行之险，绝河北之要"。更可怕的是在对赵关系上，中山一直充当齐国的打手，在齐国的支持下多次侵犯赵、燕土地。

其实，赵国最严重的后顾之忧是东胡、林胡、楼烦。东胡因居匈奴以东而得名，在燕国以北的广大地区过着游牧生活。林胡、楼烦都在赵国西北部，与赵地交错杂处。林胡也称林人、澹林、澹襜，分布在今黄河以西内蒙古自治区的伊金霍洛旗一带。楼烦大体分布在今山西岢岚县以北，内蒙古自治区大青山以南。东胡、林胡、楼烦合称"三胡"。

这"三胡"都是游牧部族，精于骑射。每当赵武灵王与齐、秦、中山发生战争，"三胡"便从背后袭来，趁火打劫。东胡的骑兵从无穷之门进来，骚扰代地；林胡、楼烦的骑兵则纵横驰骋于赵国西北山区，大肆掳掠。赵国当时只有车兵和步兵，"无骑射之备"，对"三胡"简直没有办法。

总之一句话，远有列强虎视，近有群狼觊觎，这就是赵国当时面临的现实。赵武灵王为了保护自己"社稷"，就必须加强军队建设；而要"强兵"就必须推行强有力的军事改革。

基于赵国多山少水的现实和"国际"局势，他认为实行"以夷制夷"的"胡服骑射"才是战略强军的最现实措施。

（二）战略崇洋——"强赵"之途的最佳捷径

赵武灵王改革军事制度是从两方面下手的：一面组建骑兵部队，"变服骑射，以备燕、三胡、秦、韩之边"；一面在黄河和漳水两岸训练水兵，发挥"舟楫"的作用，"以守河、薄洛之水"。

公元前 307 年（武灵王十九年），武灵王从开始"下胡服令"，"招骑射"，以后陆续采取了许多措施，发布过多次命令。

所谓"胡服骑射"就是模仿游牧部族骑兵的训练和装备，组建极具战斗力的铁甲轻骑大军。

其具体内容是很丰富的。总的来说，在"骑射"方面，武灵王采取了以下措施：

1. "招骑射"。赵国原来的兵制是"国有固籍，兵有常经"，人民按固定不变的兵籍，到一定年龄就被征去服兵役，军队按地区编制。这是征车兵和步兵的办法。骑兵却需要难度很大的骑马射箭技术，从头训练很不容易，按原来的兵制就无法在短时间内组建骑兵部队。

但是，在靠近胡人的地方，人民为了保卫家乡，保卫生产，自发地"习其兵"，"便其用"，学会了骑马射箭。因而国家就采取打破"固籍"，不分地区，以优厚的待遇招募会骑马射箭的人充当骑兵。

2. 把步兵改编为骑兵集中训练。公元前 306 年（武灵王二十年），他把原阳作为集中训练骑兵的"骑邑"，"破卒散兵，以奉骑射"。所谓"破卒散兵"，就是打破步兵的编制，"以奉骑射"，就是把步兵改编为骑兵。原阳在今内蒙古自治区呼和浩特市东南，这里北部是群峰起伏的阴山，南部是水草丰茂的草原，东面的大黑河河谷是胡人出没的通道。骑兵需要经常练习骑术，进行乘马通过起伏地、超越障碍、长途奔驰、实战等项目的训练，在原阳是最适宜的。所以，赵武灵王派将军牛赞专门在原阳训练一支能独立作战的骑兵部队。

3. 畜胡马。骑兵的战马要求长得剽悍、善跑、机灵而有耐力，但中原农业区的马匹早已退化成笨拙的牲畜，用于驾车还不错，一般不适

宜做战马用，因而赵国需要从气候和青草适宜于马匹生长的畜牧地区得到马匹来装备骑兵。

赵国之所以把代和原阳作为训练骑兵的基地，原因之一是"地边胡"，容易得到畜牧区的马匹。后来苏秦给赵惠文王写信说，如果秦军从上党攻赵，扼住句注山和常山的这条农牧业分界线，那么"代马胡驹不东"，畜牧区的马就"非王之所有"。可见，赵国的骑兵一直用的是畜牧区的马匹。

而推行"胡服"则是一次模仿游牧部族的服装进行的改革。

赵武灵王把传统服装改为胡服，对骑兵来说，是为了适应骑马射箭和爬山涉草地的需要；对贵族大臣来说，是为了革除他们因循守旧的积习，增强抗胡的观念。具体有：

1. 王冠：就是"貂蝉冠"，用黄金珰装饰头冠，冠下垂两条貂鼠尾直达胸前，以表尊贵。另一种叫"鹖冠"，"鹖"是"鸟"，就是"尾毛红赤"的野鸡。鹖冠是用野鸡的羽毛装饰的王冠。

2. 武冠：《后汉书·舆服志》载："武冠，俗谓之大冠。环缨无蕤，以青系为绲，加双尾，竖左右，为冠云。"这种帽子也叫冠，用来象征武士的勇敢精神。

3. 爪牙帽：《中华古今注》说："搭耳帽之制，本以韦为之，以羔毛络缝。赵武灵王更以绫绢皂色为之始，并立其名'爪牙帽子'，盖军戎之服也。"这就是普遍士兵的帽子。

原来胡人用皮做，赵武灵王改用黑色绫绢做，这种帽子像爪牙一样紧紧扣在头上，大概为适应北方防御风沙的需要。

4. 变履为靴：《学斋占毕》第二卷中说：古时"有履而无靴，故靴字不见于经。至武灵王作胡服，方变履为靴"。《释名疏证》说："靴，跨也。两足各以一跨骑也。本胡服，赵武灵王服之。"《实录》说："靴始起于赵。武灵王好服短靴，黄皮为之，渐以长靴，军戎通服之。皂靴之制，自武灵王始也。"

《典略》说："秦世参用丝革靴，本赵武灵王易初服，令有司衣袍者宜皂靴。"

综上所述，为了便于骑马和涉草，武灵王把鞋改为皮靴，规定从军官到士兵都必须穿靴子，就是穿长袍的文官也要穿黑靴子。

5. 改重甲为轻甲：游牧部族都是轻骑兵，其向上的铠甲一般用皮做，由于装备轻而动作灵活。赵军原来穿的都是铜或铁做的重铠甲，很笨重。

所以武灵王说："重甲循兵不可以踰险"。《战国策》鲍本注："赵甲重，不若新甲之轻。"武灵王把原来的重甲改为轻甲，以适应实战的需要。

（三）科学"拿来"——"赵强"之梦显圆的最终必然

赵武灵王推行以胡服骑射为主要内容的军事改革，使赵国的武装力量迅速增强，在其后十年中就取得了消灭中山和击败"三胡"的巨大胜利。

先说灭中山：

公元前 306 年（武灵王二十一年），武灵王带兵攻打中山，占领中山国的宁葭（今石家庄市西北）。这似乎是试探性的进攻，到宁葭后没有继续前进。第二年，即公元前 305 年，赵国分兵多路进攻中山。

他们先进攻中山西边的要塞陉山，接着向东北方向进军，到曲阳（今河北曲阳县）汇合，再向西北推进，攻取丹丘（曲阳县西北）、华阳（即恒山）和恒山上的鸿上塞。

鸿上塞是中山北面的门户，赵国控制鸿上塞就把中山的北门打开了。随后，武灵王亲自统率三军，攻占了中山南端的元祀（今河北高邑县东）和西南部的石邑（今石家庄西南）、封龙（在石邑南）、东垣（今石家庄东北）。

在进攻中山的战争中，他们遭到中山的拼命抵抗，据《吕氏春秋·贵卒篇》载："赵氏攻中山，中山之人多力者曰吾丘鸩。衣铁甲操铁杖以战，而所击无不碎，所冲无不陷，以车投车，以人投人。"从这里可

以看到中山同仇敌忾的情形。

这使武灵王认识到灭中山的时机还不成熟，中山提出愿把赵国已占领的四个邑献出求和，赵武灵王答应了，就把兵撤回去。公元前303年赵又攻中山，这次可能很不得手，所以没有什么战果记录。

赵国进攻中山很不顺利，其原因有二：一是中山本身力量不弱；二是外有齐国的支持。

但这种情况不久有了变化。公元前301年，齐魏韩联兵伐楚，齐国因卷入这场战争旋涡，无力继续支持中山。至于中山国内的情况，武灵王派将军李疵去侦察，李疵回来说：中山"民务名而不存本"，"耕者惰而战士懦"，已经到亡国的地步。于是赵武灵王决定"复攻中山"。

公元前300年（武灵王二十六年），赵武灵王统率20万大军再次向中山大举进攻，"攘地北至燕、代"，占领了中山北部。这显然是利用骑兵从鸿上塞打进去的。此后连年进攻。据《史记·秦本纪》载：秦昭王八年，即公元前299年，"赵破中山，其君亡，竟死齐。"

赵武灵王凯旋回都，行赏，大赦，举行宴会，大庆了五日。

再说击"三胡"：

"胡服骑射"推行一年以后，赵国即开始部署打击"三胡"的战争。

公元前306年（武灵王二十年），赵军"西略胡地至榆中"。沿阴山南麓向西推进，攻打了现在内蒙古自治区呼和浩特市东南的原阳，然后继续西进攻打包头市以西的九原，接着从九原渡过黄河南进，到达榆中（今内蒙古自治区伊金霍洛旗一带），打败林胡，迫使"林胡王献马"。

公元前300年（武灵王二十六年），再次向胡地进军，他则穿上胡服亲自率领"将士大夫西北略胡地"。把林胡从榆中驱逐到今河北省张北县以北，把东胡打得暂时不敢跨入无穷之门，把楼烦大部分军队打散而加以收编。

在向胡地进军的过程中，骑兵发挥了重大作用。据《赵策二》载：牛赞"率骑入胡，出于遗遗之门（又叫挺关，在今内蒙古自治区毛乌素沙漠东南），逾九限之固，绝五径之险，至榆中，辟地千里"。

　　牛赞是当时赵国一员将领，他率领的骑兵能够立如此的战功，显然不是与车兵步兵混编的骑兵，而是作为一个独立的兵种出现，进行着独当一面的战斗。

　　赵武灵王在破林胡、楼烦之后，在赵国西北地区采取了三项措施：

　　1."筑长城，自代并阴山下，至高阙为塞。"经考察这条长城东端起于赵国代郡所辖的今河北省张北县南，向西沿内蒙古大青山、乌拉山下，在乌拉山西端某谷口高阙塞以堵塞胡人南下。把匈奴、林胡、东胡等游牧部族都隔在这条长城之外，这是一项为防御游牧部族骚扰的宏伟的防御工程。

　　2.在北边设置云中、雁门、代郡三个郡，并开始在郡下划分许多县，如代郡有三十六县，产生了郡县两级制的地方组织，加强了国君对边地的统治。

　　3."命吏大夫迁奴于九原（现内蒙古包头西）"。把奴隶从内地迁到九原去，自然就使奴隶摆脱了原来奴隶主的奴役而改变为农民，增加了边地的农业劳动力。这既削弱了内地的奴隶制残余，也加速了边地的封建化进程。

　　这三项措施对于保卫中原先进的经济和文化，促进落后地区的发展，加强局部地区的统一，起着积极作用。

　　在这一时期，随着"战国七雄"之间互相实力的彼此相生消长，当一国迅速开拓疆土的时候，常常引起他国的干涉。

　　如赵武灵王为了实现自己的战略目标，巧妙地利用了列国之间的矛盾，既没有卷入大国争斗的旋涡，又钻了大国之间互相牵制的空子，避免了大国的干涉。

　　赵武灵王开始向中山和胡地用兵的时候，就非常注意和各大国的关系。他"使楼缓之秦，富丁之魏，仇液之韩，王贲之楚，赵爵之齐"。广泛开展外交活动，企图与各大国和好，使自己集中力量对付中山和"三胡"。

　　但是，他要进攻中山，和齐国的矛盾是无法调和的，于是就千方百

计钻齐的空子。当齐韩魏进攻楚国方城的时候，他采取了"结秦连楚、宋之交"的外交策略，"令仇郝（即仇液）相宋，楼缓相秦"。"仇郝相宋"的目的是"将以观秦之应赵宋，败三国（齐韩魏）"。"亦将观韩魏之于齐也"。

也就是他注意利用大国之间的矛盾，从而孤立和削弱齐国。

齐国果然被这场战争拖疲了，赵就相机大举进攻中山。

从公元前298年到前296年，齐魏韩连续三年联兵攻秦，齐秦双方都拉拢赵国，富丁和楼缓对赵国的外交策略发生了分歧，"富丁欲以赵合齐魏，楼缓欲以赵合秦楚。"富丁让司马浅去说服武灵王，摆了许多赵与齐魏韩一起攻秦的好处，赵武灵王却冷静地说："我与三国攻秦，是俱敝也。"

他坚决不参加这场消耗战，表面上两面敷衍，实际上仍执行"结秦连楚、宋之交"的策略，利用"三国攻秦"的机会，消灭中山，大破三胡。

（四）赵武灵王变革的启示

1．"胡服骑射" 彰显东方战略发展智慧

赵武灵王推行的"胡服骑射"强国方略，就是在"以胡制胡"战略思想指导下，在战争中学习战争，在战场上学习对手的长处，一方面让弱小赵国在战国这个以拳头说话的霸王江湖中强势崛起。

另一方面，赵武灵王推行"胡服骑射"的结果，不仅直接取得了赫赫的武功，而且对战国军事进程有重大影响。

总之，胡服骑射的推行，开创了我国古代骑兵史上的新纪元。骑兵与车兵相较是后起的兵种。在此前，中原地区的士兵都不善于骑马，后来春秋末年才有骑马的风气，战国前期才有打仗使用骑兵的可靠记载。

例如，公元前341年齐将田忌大败魏军于马陵之后，孙膑建议田忌"使轻车锐骑攻雍门"。《孙膑兵法·八阵》中还提出了"易则多其车，险则多其骑"的布阵原则。

公元前 340 年，商鞅曾"伏卒与车骑以取公子"。但那时骑兵数量很少，不是独立作战的部队，是和车兵步兵混合编制的，偶尔承担攻险或奇袭的任务，根本不敢和游牧部族的骑兵相碰。

由于它的作用不大，发展异常缓慢，直到武灵王时各国军队的主力依然是战车和依附于它的步兵，一般不见用骑兵。如公元前 317 年，陈轸建议楚王"起师言救韩，命战车满道路"。

屈原在早期作品《国殇》里，还描写的是典型的"车战"。

其实，赵国起初和中山打仗，"以车投车，以人投人"，双方还是用的车兵和步兵。

赵武灵王提倡穿胡服，学骑射，组建能够独立作战的骑兵部队，以抵抗游牧部族的骑兵，这在中原地区是个创举。骑兵部队的组建，正规地说是从赵武灵王开始的。

在赵国的影响下，以后各国陆续建立了骑兵部队，如秦、楚都有"骑万匹"，燕有"骑六千匹"，魏有"骑五千匹"。

近年来，在陕西临潼秦俑坑中出土了不少骑兵俑，有骑兵和车兵、步兵、弩兵四个兵种组成的军阵，作为秦始皇墓陪葬的仪仗。从数量上看，反映了当时骑兵日益发展，车兵日趋衰落的现实。

另一方面，"胡服骑射"的推行，改变了战国七雄之间的力量对比。由于赵国军事实力迅速增强，打破了齐秦两强东西对峙的局面，一度出现秦、齐、赵三强鼎立的形势，而且在关东赵国的力量逐渐压倒了齐国。如苏秦曾对赵惠文王说："当今之时，山东之建国，莫如赵强。赵地方二千里，带甲数十万，车千乘，骑万匹，粟支十年"。"且秦之畏害天下者莫如赵"。

到公元前 284 年乐毅破齐之后，齐国大为削弱，在关东就只有赵国最强了。其后赵将赵奢、廉颇、李牧等，继承了胡服骑射的传统，不断加强武备，仅李牧的部队就有"车千三百乘，骑（张弓之骑）万三千，百金之士十万。是以北逐单于，破东胡，灭澹林，西抑强秦，南支韩、魏。当是之时，赵几霸"。这就使战国兼并战争的历史进入秦赵大战

时期。

行文至此，我们有所思，更有所得，我们感慨于一只"胡服骑射"战略思想主导下从任人欺凌的弱小的羊羔，变成雄视天下的嗜血狼虎的成长轨迹是如此的"传奇和魔术"。

是的，正是他们，在"胡服骑射"战略思想主导下，赵国君民同心绞手搭臂在战略"拿来"策略"纳新"中"砥砺性雄起"；

正是他们，在"胡服骑射"战略思想主导下，在与时俱进主动进化中走上富国强兵的康庄大道。

当然，我们搞历史研究的任务就是要从中发现可以对今天的"正向昭示"价值，这就要有正确的历史观。

比如说，我们对赵武灵王"胡服骑射"思想形成，就不能看成他本人"悟性的自由创造"，而是新的封建生产关系在军事制度方面的反映。

如果没有战国时代那种改革趋势，那股革新思潮，凭他个人的意志就不可能打破原来军队编制的"固籍""旧经"，也不可能战胜贵族的阻挠；如果还是原封不动的井田制和分封制，如果没有封建的税收制度，没有一定程度的中央集权，那就无法招募骑兵，即使组建起骑兵部队也无法长期解决军队的供给。

就以穿胡服、学骑射来说，也不是赵武灵王个人凭空想出来的新花样，人民群众早就这样做了。

如牛赞在劝阻武灵王时说："习其兵者轻其敌，便其用者易其难。今民便其用而王变之，是损君而弱国也。"可见人民群众为了防御游牧部族的骚扰早就学习胡人的骑马射箭，由于人民掌握了骑射技术就不像统治阶级那样把胡骑看成不可抗拒的力量，而是敢于抵抗胡骑。

这就是说，赵武灵王正是在学习和总结人民群众抗胡经验的基础上，制订了胡服骑射的改革方案，历史归根到底还是人民群众创造的。

当然，我们承认这些，绝不是抹杀赵武灵王个人在历史上的作用。历史的老人是很公平的，它给赵武灵王提供的条件和给同时代的其他人几乎是相等的。

但在同样条件下许多人总是向后看，安于旧习，抱残守缺，这也不敢动，那也不敢动，赵武灵王却充分利用了历史赐予的条件，弃旧图新，积极进取，以惊人的决心和毅力，去攀摘未来的硕果，表现了一个杰出人物的品格。

2. 创新精神："胡服骑射" 核心思想之核

以今天的眼光看，赵武灵王所倡导的军事革命——"胡服骑射"至今仍通体迸发着一种勇于创新的气息与灵魂。

首先，"胡服骑射"是一次极其伟大而特具革命性质的思想创新。

从历史上看，春秋文化思想是周礼文化最直接的传承人，而要改变当时普"天下"之人无不绳趋尺步顶礼膜拜的所谓正统"文化思想"，是需要何等勇气！这是从"思想创新"角度讲的。

其次，"胡服骑射"让东方文化在卑谦自恭中吸收到外来文化中最新鲜血液，而正是因为如此，中华文化才能始终迸发着旺盛的生命力，并最终在多元与包容中走向成熟。这是从"文化创新"角度讲的。

最后，"胡服骑射"的推行，不是在个别地方或局部性的"小打小闹"，而是在一个国家范围内全方位地、系统性地和结构性地从政治、军事、文化等领域进行的一次"犁庭扫闾"，在此基础上，基于国情国力和时代发展趋势之需，对国家机器进行深度重构与再塑造。这是从"机制创新"角度讲的。

总之，"胡服骑射"是一场在思想解放雷达引导下的革命性创新，从而使得"赵强"成为一种"现实必然"。

三 申不害："夹缝之国"
寻找战略生存法则

公元前 475 年至公元前 221 年，是我国历史上的战国时代。在这一新旧矛盾严重冲突的社会大动荡时期，旨在救国强兵的各国君主们基于实现其政治目的，都不约而同顺应历史潮流，纷纷进行改革变法。在这股变法大潮中，涌现出了一大批在思想解放雷达引导下力倡革故纳新的改革人物。他们的出现，都在一定时期内使自己的国家面貌焕然一新，取得良好的效果。

其中的申不害变法就是一个典型，他是以"术"著称的法家代表，三晋时期法家中的著名代表人物。在韩为相期间，他基于当时韩国的国情国力和所面临的错综复杂的"国际形势"，能动地把历史发展规律与社会进化的普遍规律创新践行于韩国社会发展客观实际，使弱韩在短短几年一跃成为"战国七雄"之一。

（一） 一代大家坎坷崛起

申不害（公元前 385—前 337），亦称申子，祖籍郑韩（今河南新郑）。战国时期韩国著名的思想家、改革家。

他早年从师黄老（黄帝、李耳）学说，后又追崇李悝钟法学之理，主张国君依法治国，实行严刑峻法，再后来，基于当时"国际"现实，他又提出"术"在治国方略中的现实作用。

其实，申不害治国思想的形成，尤其是关于"术"的理论，在前人思想中也有其成分，因为在他之前的管子、李悝的学术理论中都有"术"的元素。

他"本于黄老而主刑名"，擅长于黄老刑名之术，主张将法家的法治与道家的"君人南面之术"结合起来，是法家中主张"术治"一派的代表人物。他在韩国的改革主要是"修术行道"，"内修政教"，即整顿吏治，加强君主集权。

申不害主"术"，但这种"术"，必须要在执行"法"的前提下使用，而"法"又是用来巩固君主统治权的。

他认为，"术"是君主的专有物，是驾驭驱使臣下的方法。"法"是公开的，是臣民的行动准则，而术却是隐藏在君主心中，专门对付大臣的。

申不害说，"君如身，臣如手"，既然如此，君主仍要对付大臣是由复杂的社会斗争所决定的。

春秋战国时，臣下弑君，酿成习气。现实告诉申不害，人君的主要威胁不是来自民众或敌国，而是来自大臣。所以他一再告诫君主，对君臣关系要有清醒的认识，那就是不相信所有的大臣。

申不害曾说过，"君必有明法正义，若悬权衡以称轻重，所以一群臣也"；"君之所以尊者令，令不行是无君也，故明君慎令"。

这些都是主张"法治"的思想。同时，他也反对立法行私，他曾对韩昭侯说："法者，见功而与赏，因能而授官。今君设法度而听左右之请，此所以难行也。"

他认为要实行"法治"，国君必须集权于一身，以期做到"明君如身，臣如手；君若号，臣如响。君设其本，臣操其末；君治其要，臣行其详；君操其柄，臣事其常"。

也就是说，国君应把关系国家安危的立法、任免、赏罚等大权牢牢掌握在自己手中。为此，就应防止大臣"蔽君之明，塞君之听，夺之政而专其令，有其民而取其国"。

特别是不能容许"一臣专君，群臣皆蔽"的现象产生。否则就会招

致"乱臣""破国"和"弑君而取国"的后果。他的"术"就是为了解决君臣之间这一矛盾而提出的。

总的讲，申不害强调的"术"的内容主要可归纳为以下两方面：

一方面，"为人臣者操契以责其名"。这是指国君公开用以选拔、监督和考核臣下的方法。也就是后来《韩非子·定法》指出的"术者，因任（能）而授官，循名而责实，操杀生之柄，课群臣之能者也"。具体说，就是先要按照臣下的才能授予官职，然后考查臣下所做的工作（实）是否符合他的职守（名），据以进行赏罚。在名实是否相符上，他的要求极其严格，既不许失职，更不许越权。他曾提出："治不逾官，虽知弗言"，意即凡不属于职权范围内的事，臣下即使知情也不许言讲，目的在于防止臣下篡权。

另一方面，申不害也吸取了道家"无为而治"的思想，也主张"君道无为"，要求君主不干具体工作，甚至要求国君"去听"、"去视"、"去智"，以免暴露自己，使臣下无从投其所好。关于君主的权势，申不害认识得很清楚。在战国诸侯争霸的情形下，君主专制是最能集中全国力量的政权形式，也是争霸和自卫的最佳组织形式。他强调："君之所以尊者，令也，令之不行，是无君也，故明君慎之。"令是权力的表现，是一种由上而下的"势"能。"权势"则是君主的本钱。

申不害提出"君必有明法正义，若悬权衡以秤轻重"。为了说明"法"，他提出"正名责实"的理论。其中，"正名"主张，就是强调名分等级，不得错乱。这与孔子"正名"不同之处在于包括责任、分工的内涵。

他的"正名"思想的意义在于确定了"主处其大，臣处其细"的大原则，而且把这个原则具体化，即把名分按实际情况规定下来，然后进行任命，听取意见，检查监督。

另外，申不害还特别强调"名"和"实"的作用，他认为"名"是法的等值概念，是为人君制定的工具；所谓"实"，也就是君主给臣下规定的责任和职权，是臣下遵从君主的规范。

申不害认为，自然运行是有规律的，也是不可抗拒的。他认为宇宙间的本质是"静"，其运动规律是"常"。所以，他对待一切事情应以"静"为原则，以"因"为方法。"因"是指"因循"，"随顺"。"贵因"是指"随事而定之"，"贵静"的表现就是"无为"。

也就是说，申不害的"无为"主张的渊源即《老子》的"绝圣弃智"，他的"无为"主张，就是要求君主去除个人作为的"无为"，以便听取臣下的意见。

但是，申不害仅仅把这种"静因无为"的哲学思想用于"权术"之中。为了完善这种方法，他进一步发挥《老子》"柔弱胜刚强"的思想，要求君主"示弱"，但这绝不是指君主无所作为，只是君主决策前的一种姿态。在关键时刻，申子要求君主独揽一切，决断一切。

总的讲，申不害的哲学思想，是一种君主哲学，一种政治哲学。这种哲学由道家的"天道无为"演化发展来，是他的法家"权术"思想的基础。

（二）以"术"立国的"救时"之相

公元前375年，郑国被韩国灭亡，京地纳入韩国版图。韩国的版图扩大了不少，但在兼并战争不断的战国时期，韩国与其他大国相比，无论从国土面积，还是从国力上讲，都不能算是强国，尤其它的近邻魏国和韩国向来不和，双方局部冲突不断。此时，各国的变法运动风起云涌，因为不变法就有落后和被别人吃掉的危险。

从某种角度看，一个时代的社会危机，总是在国家时局之"危"中，为一部分"持道须世，抱朴待工"之人赢得崛起之"机"。而尚淹没在韩国庙堂臣工丛林中的申不害就是其中一位。

公元前354年，也就是韩昭侯四年，魏国出兵伐韩，面对重兵压境的严重局面，韩昭侯及众大臣束手无策。

危急关头，申不害审时度势，建议韩昭侯执圭（古时臣下朝见天子时所执的一种玉器）去见魏惠王，表示敬畏之意。魏惠王果然十分高

兴，立即下令撤兵，并与韩国约为友邦。

申不害亦由此令韩昭侯刮目相看，逐步成为韩昭侯的重要谋臣，得以在处理国家事务上施展自己的智慧和才干。

公元前353年，魏国又起兵伐赵，包围了赵国都城邯郸。赵成侯派人向齐国和韩国求援，韩昭侯询问申不害应如何应对。申不害回答说："这是关系国家安危的大事，让我考虑成熟再答复您吧！"

随后，申不害游说韩国能言善辩的名臣赵卓和韩晁，鼓动他们分别向韩昭侯进言，一个主张出兵救赵，一个反对出兵救赵，申不害则暗中观察、揣摩韩昭侯的心思。看到韩昭侯倾向于出兵，便进谏说应当联合齐国，伐魏救赵。

韩昭侯果然很高兴，与齐国一起发兵讨魏，迫使魏军回师自救，从而解了赵国之围。这就是历史上著名的"围魏救赵"的故事。

经过这两件事后，韩国上下对申不害刮目相看，再有基于当时风云变幻的"国际"环境，韩国君民求变图新的愿望是何等强烈，另外，自己的邻居——魏国经过李悝变法，国力大增。

可以说，李悝变法的成功，极大地刺激韩国埋在心底深处求变意志，同时，这也为韩国提供了一种变法强国的最佳模式参考，也为申不害"出山"作了"需求铺垫"。

基于此，韩昭侯也想用一个法家人物主持变法。他选中了法家重要的代表人物——申不害。公元前355年，韩昭侯任用申不害为相，在韩国实行变法。

从此，一代法家大师申不害开始以"术"立国，为一个"夹缝之国"寻找战略生存法则。历史证明，他的这一选择是明智的。从此韩国走上了国富民强的康庄大道。

（三）科学改革思想在韩国社会变革中的成功

在申不害相韩之前，韩国也曾进行过改革，但由于改革不彻底，政治上造成一些混乱。"晋之故法未息，而韩之新法又生；先君之令未改，而后君之令又下”（《韩非子·定法篇》）。

当时，一些贵族官吏便乘机欺上瞒下，各自为政，导致吏治腐败，国弱民贫。针对这种情况，申不害“学术以干韩昭侯”主张以法治国，实行进一步改革，并吸取道家“君人南面之术”加以改造，提出了一整套“修术行道”，“内修政教”的“术”治方略。

申不害在韩国变法改革，第一步就是整顿吏治，加强君主集权统治。

在韩昭侯的支持下，首先向挟封地自重的侠氏、公厘和段氏三大强族开刀。果断收回其特权，推毁其城堡，清理其府库财富充盈国库，这不但稳固了韩国的政治局面，而且使韩国实力大增。

与此同时，大行“术”治，整顿官吏队伍，对官吏加强考核和监督，“见功而与赏，因能而授官”（《韩非子·外储说左上》），有效提高了国家政权的行政效率，使韩国显现出一派生机勃勃的局面。

随后，他又向韩昭侯建议整肃军兵，并主动请命，自任韩国上将军，将贵族私家亲兵收编为国家军队，与原有国兵混编，进行严酷的军事训练，使韩国的战斗力大为提高。特别值得一提的是，申不害为富国强兵，还十分重视土地问题。

他说：“四海之内，六合之间，曰‘奚贵’，土，食之本也。”（《太平御览》引）又说：“昔七十九代之君，法制不一，号令不同，而俱王天下，何也？必当国富而粟多也。”（《申子·大体编》）因而他极力主张百姓多开荒地，多种粮食。

同时，他还重视和鼓励发展手工业，特别是兵器制造。所以战国时代，韩国冶铸业是比较发达的。当时就有“天下之宝剑韩为众”、“天下强弓劲弩，皆自韩出”的说法。

申不害一个著名的主张是“明主治吏不治民”，他在韩国变法改革，第一步就是根据才能授予官职整顿吏治。

他认为，对一个官吏的任用，要先考查他是不是名副其实地为百姓办实事，以及他是不是称职，言行是不是一致，对君主是不是忠诚。认

真考查后，再根据了解的实际情况决定任免。申不害的这种主张，其实是首次提出了官员考核制度的建立问题，对于选拔贤良的人才具有重要的意义。

整顿吏治的同时，申不害对韩国的组织机构进行了改革，也就是所谓的"循名而责实"的工作。循名责实包括两个层面的意思，一是明确各个职位的职责范围，避免职能不清和职能交叉；二是根据你的职位确定你的权力，按照职位职责考核工作成效。

按现在的话来说建立工作责任制和责任追究制。申不害认为，你有你的职守，你的职责就是干好本职工作，超越职守就是越权，就是违法。他的职守类似我们今天说的管辖权，我们现在的管辖权分为级别管辖、地域管辖、部门管辖，申不害当时也有这样的一套制度，界定每个层级、每个部门、每个区域的职权范围。韩昭侯对于申不害的这套工作责任制和责任追究制贯彻得最为彻底。

申不害通过强化吏治，推行工作责任制和责任追究制，有效提高了国家政权的行政效率，使韩国显现出一派生机勃勃的局面。

总之，申不害相韩15年来，"内修政教，外应诸侯"，帮助韩昭侯推行"法"治、"术"治，使韩国君主专制得到加强，国内政局得到稳定，贵族特权受到限制，百姓生活渐趋富裕，史称"终申子之身，国治兵强，无侵韩者"（《史记·老子韩非子列传》）。韩国虽然处于强国的包围之中，却能相安无事，成为与齐、楚、燕、赵、魏、秦并列的战国七雄之一。

（四）申不害变革的启示

申不害任韩国的丞相达15年，直到去世，运用他的阳术和阴术，帮助韩昭侯推行法治，使韩国君主专制得到加强，国内政局得到稳定，贵族特权受到限制，百姓生活渐趋富裕。

司马迁在《史记》说，申不害在世的时候，国富兵强，没有敢侵略韩国的。当时韩国虽然处于列强环伺的环境之中，却能相安无事，成为与齐、楚、燕、赵、魏、秦并列的战国七雄之一。

韩国的变法虽然没有能够善始善终，但申不害的政绩和关于术的论述还是给人留下了深刻的影响。

申不害研究术，有正面的领导控制方法，也有阴谋诡计。只是今天很多人一说到术，就想当然地认为是见不得人的勾当，其实申不害的术主流是好的，如果只知道搞阴谋诡计，断然不会成为法家三大流派之一的开山鼻祖，他的术是关于官僚组织制度的开拓性研究，即使在今天申不害的术对我们也是有启迪和借鉴作用的。

现在看来，在那么早的历史阶段就产生了明确的关于官僚制的理论，不能不说是世界史上一件重要的事。正是这种官僚体制，使得中国很早摆脱了封建制的束缚（不少学者认为中国自秦朝之后，就不能称之为封建社会，而应称之为官僚制或士人社会），在两千多年中一直保持高效和活力，并在文明方面遥遥领先于西方。

西方的学者也承认，他们的希腊—罗马政治思想体系中没有申不害关于官僚制论述的对应物，他们的文官制度和官僚体制更多的是参照中国的经验。西方直到20世纪初德国社会学家韦伯才对官僚组织这一科层制度进行了深入的学理研究，韦伯曾论述过官僚制度一般具备的九大条件：

一、强大的中央集权。

二、有较为完备的法律制度作为办事的依据。

三、有经过专门培训，通过公平竞争、择优任用，以办理公务为职业、靠工资为生的公务人员。

四、有维持国家开支的经费。

五、有层层授权，下级对上级负责的科层组织。

六、公务人员有按照法规自由支配的强制手段和自由处理的权力。

七、公务人员的职位有一定任期。

八、公事与私事、办公室与私人住宅、公产与私产有明确区分。

九、机构内部有固定的办公机关与档案资料等。

韦伯认为官僚制是"合理社会制度"的同义语，是各国行政机构的当然组织模式。他说，中国的官僚制度政府自始至终都只是一种"父系世袭官僚制"，不代表官僚制的理想类型。然而，不管申不害论述的细节如何的粗疏，但在观念上申不害的官僚制组织模式和韦伯的现代官僚制没什么两样。而所谓的"父系世袭官僚制"只是因为后来儒家思想的影响所致，再者也受时代的限制，技术手段对于官僚制度有直接的影响。

所以说，尽管现在关于公共管理的理论很多，但各国的行政机构的组织原则依然没有脱离申不害和韦伯所论述的官僚制。虽然随着官僚制度的发展，也暴露出种种弊端，如滋生官僚主义、出现享有某种特权的阶层等，引起了社会公众越来越多的批评关注。

但是，随着社会生产力的迅速发展和社会分工越来越细的需要，官僚制度的完善和改革为行政活动，为管理者行使权力提供了正式的规则，因而对提高行政效率，实现行政目标有积极的意义。

现实地看，我们的行政体制改革之路还很长，我们不仅要看韦伯说过什么，也需要看看我们先贤说过什么。

但总体上来说，申不害的改革是很有成绩的。《史记》上说：申不害在韩国变法十几年，国家太平，兵力强盛，没有人敢侵略韩国。而且，韩国还在扩张上取得不小成绩。公元前353年攻东周、取陵观、刑丘（今河南温县东北）和高都（今河南洛阳南）。

公元前346年韩国又与魏国联合出兵，攻取了楚国的上蔡（今河南上蔡西南）。看来，申不害的学说尽管被韩非指出有许多不足，但他主持的韩国变法，确实是收到了富国强兵的效果。

申不害以术治国，对韩政权的巩固起到了良好的作用，在中国历史上有着深远的影响。他提出的官员考核制度，给后代的君主选拔官员提供了很好的借鉴。

所以，在中国历史上，申不害是一个值得重视的改革家。

四　李悝：“始立之国”谋就千秋鸿猷

无论从实际效果还是从事件影响范围看，李悝在魏国的变法是中国史上最成功的一次变法，这也是法家理论在国家社会变革中的"成功实践"。严格地讲，"法家模式"在其后的社会变革实践中多以失败告终。虽然变法推行者在各自所处的社会环境不同，但历史的现实都为他们给出一个答案：失败。

（一）几经砥砺，师从儒学的法家鼻祖

李悝，周定王五十四年（前455年）生，周安王七年（前395年）卒，战国时魏国人，战国时期著名的政治家，法家代表人物。他是嬴姓，李氏，名悝，一作克。河南濮阳人。

李悝出身卑微，而要取得功名，就得靠自己奋斗。这一点，他心里是这么想的，也是这么做的。

李悝在从政路上，遇到两位"贵人"：子夏和魏文侯。

子夏是孔子的弟子，是"孔门十哲"之一，在春秋末叶，他的影响波及列国，李悝曾拜他为师。按说，李悝接受的应该是儒家思想的熏陶。

其实不然，孔子强调"克己复礼"，要恢复西周时的等级秩序；他要求君子"温文尔雅"、"坦荡荡"。而子夏则是孔子弟子中的一个"异端"，他认为，君子应该要知权术；作为君王，就更应该要懂得用权

之术。

这种思想对李悝的影响很大，他逐渐意识到，"法"比"礼"更重要，应该要建立一套行之有效的法制来为统治者服务。

由此可见，法家思想一定程度上是从儒家思想脱胎而来，但同时又带有对后者的一种反动。

事实上，他起初受儒家思想的熏陶，随后在发展儒家思想的同时，在执政治军的实践中，却由一个儒家转为法家，以至被历史公认为法家始祖。传说商鞅和吴起曾从师于李悝。

李悝在魏文侯时，先任中山相，后又被任命为"上地守"。"守"，既是地方的最高行政长官，又是地方的最高军事统帅。上地在河西，地处今陕西省北部的黄河以西一带，为魏秦两国交界地区，是魏国的边防要地，故李悝经常布兵和秦人交锋作战。

魏文侯十三年（前 434 年）、十六年（前 431 年）、十七年（前 430 年）、二十四年（前 423 年），魏秦两国在这里进行了激烈的战争。李悝在担任上地守期间，常把法家治国理念与军事实战有机结合在一起。

为使上地郡军民提高射箭技术，他下令以射箭来决断诉讼案的曲直，"中之者胜，不中者负"。令下后，人们都争相练习射技，日夜不停。

后与秦国人作战，魏军由于射技精良而大败秦军。由于他这样的鼓励政策，当地人演习骑射技术风靡一时。其实，这是李悝面对"军事压倒一切"的任务，用利益引导人们学习军事技术的为政之道。

他的奇异策略，不能不说是一个创造，同时也取得了很好的效果。大概因他在上地郡的政绩不错，一代开国明君魏文侯才不拘一格任用他为相，支持他的改革。而在文侯时魏能走上富强之路，李悝曾作出很大贡献。

（二）唯一成功实现改革理想的法家精英

李悝生活的年代，正是战国初期。封建经济已经占据社会经济生活的主导地位。经济基础的深刻变化必然引起上层建筑的相应变化。

由于新建立的封建政权，面对着奴隶主贵族势力的强烈反对，为了巩固和发展封建国家的经济基础，打击奴隶主贵族的复辟势力，确保新兴地主阶级的统治，战国初期各个国家纷纷掀起变法运动。而李悝是这一时期第一个进行变法的人。

在具体实践中，他首先推行以尽地利平籴政策。

李悝认为统治者要想富国强兵和稳定社会秩序，必须鼓励农民的生产积极性，发展农业生产，增加封建国家的赋税收入。

所以，他提出"尽地利"的主张。要求尽可能地开垦荒地和提高单位面积的产量。尽地利必须首先调动人民生产的积极性，生产积极性产生的前提是必须给农民一些生产和生活的条件。

因此，李悝把国家掌握的一部分荒地分给农民耕种，使一些没有土地的农民获得了土地，转为自耕农。如果遇到疾病死亡、水旱天灾和国家额外征收的赋税，农民的生活就无法维持下去。

这时农民处于生活上都无法保障的状况下，只有采取"尽地利"的办法，来增加生产，满足生产者最低的生活需求，才能满足统治者奢侈腐化的需要。

李悝提出，国家在丰年购入粮食，储存以待荒年卖出，用以稳定民食，这个措施叫作"平籴"。实行"平籴"，旨在维护封建统治秩序。

在实际工作中，他提出要根据市场情况出售粮食：小饥荒平价卖出小丰收年景购进的粮食；中饥荒平价卖出中丰收年景收购的粮食；大饥荒平价卖出大丰收年景购进的粮食。按着这套办法，不管好坏年成，粮食的价格总是平稳的。

李悝的平籴政策所要解决的重点问题，是现实的谷物价格的腾贵，所以他着重丰年收购以备荒年抛售，从而才能压低谷物价格。

他认为影响谷物价格上涨的原因，除自然灾害而外，农民在平常年份因生活困苦，提不起生产积极性以致农业减产，也是原因。可他却没有指出，"农民常困"的原因是过分受到剥削。

其次，破除旧制论功行赏。

李悝出身卑微，但他的思想进步，接受新生事物快。他认识到了当时正在迅速发展的经济形势，所以他主张把国家经济的发展建立在地主经济的基础上，建立在农业的基础上。

因此，他不仅是历史上有名的社会改革家，同时也是历史上很早的一个重农思想家。从单纯的生产力上来考察，"尽地利之教"，就是发展农业。

所以他认为财富产生的根源是靠农业，故谓"农业如果受到危害，国家就会贫穷"，而不伤农则财富多。如果农业生产遭到损伤，天下必有饥荒，所以必须发展农业，否则就要盗贼四起，国无宁安。

对于李悝这一思想如何评价，尚有争论。但如从当时社会发展状况来看，战国以后，由于铁制农具的广泛使用，生产力有了很大的发展，农业生产在社会经济中的相对重要性也随之增大。此时的思想家也都纷纷指出农业生产的重要性，在封建统治阶级内部形成了一种重农思想。

李悝的重农思想正是这种思想的代表。另一方面，此时新兴小地主阶级政权尚须进一步巩固，这就必须打击势力强大的商人资本，加固自己统治的经济基础，即保护地主经济和自耕农的经济，避免受到来自工、商方面的侵害。

所以，这种重农轻工商的政策，是不可全部否定的。但这种思想，在封建社会几乎一直被继承下来，使封建经济的内部结构一直不能充分协调，封建社会中的工商业受尽摧残，步履艰难，其副作用也是不可轻估的。

同时，李悝也是一位敢于冲破常规、同落后势力进行斗争的封建地主阶级的勇士。在他之前，由奴隶社会沿袭下来，官禄一直是世袭的。

所以为官者不谋官事，整日声色犬马，纸醉金迷。不求进取者众多，为国念民者日寡。

一时间社会上淫侈佞邪之风盛甚，公廉法正之行息绝。李悝把这些人称为"淫民"，看成是社会发展的阻力。

他认为，要改变这种政治黑暗腐朽的状况，就必须首先整顿吏治。他向魏文侯建议："要剥夺这些无功受禄的所谓淫民的特权。"实行"有劳才能得食，有功才能得到爵禄"，任用真正有才能的人，并对他们的功劳要给以奖赏，这样做才能招来天下贤士为魏国服务。

魏文侯采取了这一建议，把禄位和奖赏赐给对魏国发展有功的人。在这一思想指导下，魏国大力提拔和重用新兴地主阶级的代表人物，用新的封建官僚制度代替旧的世卿世禄制度，这是当时社会政治制度的一大变革。

李悝的这一思想，几乎被当时各国封建统治者所接受。如楚国吴起变法，凡封君的子孙已传三世的取消爵禄。凡无能的官吏和不需要的官职一律裁减。如秦的商鞅变法，凡宗室非有军功不得有名位，尊卑爵禄的等级，要按军功重新规定，各依等级占田宅、臣妾（奴隶）和穿着衣服。废除了世卿世禄制度，重新确立以军功为标准的等级制度。

再次，制定《法经》。

春秋战国时期，"礼治"和"法治"是奴隶制和封建制两种政治体制和统治方法的对立。但在其初期，进一步实行法制，巩固封建政权是十分必要的。

为了推行"法治"，李悝总结了新兴地主阶级在各国的立法经验，编了一部《法经》。这是我国历史上第一部比较系统的封建成文法典。

《法经》早已失传，《晋书·刑法志》和《唐律疏议》保存了其篇目，明代董说的《七国考》引桓谭《新论》披露了部分内容。从这些资料来看，《法经》是由李悝起草或编纂的一部法典，历代封建统治者将其视为首创，作为立法的样板，故称《法经》。

《法经》有六篇，即盗法、贼法、囚法、捕法、杂法、具法。

展开讲，盗法是关于处理盗窃抢劫财物的条文。贼法是关于毁法叛乱、行凶杀人的条文。捕法是关于捉盗和贼的条文。囚法是关于关押盗和贼的条文。杂法包括淫禁、狡禁、城禁、嬉禁、徒禁、金禁、禁止逾制等七项内容。

其中，所谓淫禁就是禁止荒淫，凡丈夫有一妻二妾的要处膩刑（即割耳），丈夫有二妻的处死刑，妻有"外夫"的要处宫刑（即幽闭）。所谓狡禁就是禁止盗窃符、玺和禁止议论国家法令。凡是盗窃符（虎符）的要处死刑，籍没全家为奴隶。盗窃玺（官印）的要处死刑，议论国家法令的，要处死刑，并要籍没全家和妻家为奴隶。所谓城禁就是禁止越城，一人越城的要处死刑，十人以上越城的要杀死其全乡和全族的人。所谓嬉禁就是禁止赌博，凡赌博的处罚金。如果太子赌博"处笞刑"（用竹鞭打），如果处笞刑后再不停止赌博，便可改立太子。所谓徒禁就是禁止群众集居，群众集居一日以上的要查问，三日四日五日的要处死刑。所谓金禁就是严惩贪污。丞相受金（即贪污）的，丞相的左右要处死刑。犀首（魏官名，相当于将军）以下受金的要处死刑。但贪污黄金在一镒（普通说法为二十四两）以下的只处罚，不处死。还有禁止"淫侈踰制"，就是禁止所用器物超越等级制度，如果大夫之家有侯所用物的要全族处死。具法是根据特殊情况加重或减轻刑罚的法律，在减律中规定：凡年岁十五以下的，罪大的减三等，罪小的减一等。年岁六十以上的，小罪的酌情减轻，大罪按法理减轻。

从以上记载可以看出：

第一，李悝制定《法经》是为了维护和巩固封建专制政权的统治，是用法律来保护地主阶级经济利益和镇压广大农民阶级的反抗。

凡属危害封建政权和侵犯君主尊严的行为，如盗符、盗玺、越城、群相居、议论国家法令都被视为严重的犯罪，不仅本人处死，甚至夷族夷乡。同时还以严刑惩治议论国家法令的人，以确保政策法令的贯彻和思想的统一。在封建刑法中，以思想、言辞论罪，开始于李悝的《法经》。

第二，贯穿了早期法家的主张，"不别亲疏，不殊贵贱，一断于法"的法制原则，反对奴隶主贵族的等级特权制度，主张打破礼和刑不可逾越的界限，规定了太子犯法要受笞刑，丞相受贿左右伏诛，将军受贿本人处死。但与此同时，《法经》又正式确认了封建的等级制度，明确规定大夫之家如果有诸侯享用器物，便以腧制的罪名，判处最严重的族刑。

第三，打击了魏国奴隶主贵族势力的反抗。当时的魏国奴隶制影响残余十分严重，没落的奴隶主贵族还有相当大的势力，他们不断地进行破坏性的活动。

《法经》关于惩治杀人的规定，矛头主要就是针对奴隶主贵族的。因为在奴隶制时代，奴隶主贵族可以随意杀害奴隶而不受法律的约束和制裁。

而《法经》则宣布任意杀人是犯法的，要治罪处刑。从而限制了奴隶主贵族的暴行，打破了保护奴隶主贵族特权地位的传统。

此外，关于“狡禁”和“城禁”以及严禁议论国家法令的规定，也包括有打击奴隶主贵族复辟活动，巩固地主阶级统治的含义。

第四，《法经》也体现了“重刑轻罪”精神，对于人民群众哪怕是最轻微的反抗或违反封建秩序的行为，都要予以严刑镇压。这种重刑轻罪的精神，一直为法家所奉行，至韩非遂进一步发展成“刑以上刑”的理论。

但是李悝不是为罚而罚，而是借助法律的强制力，推行变法的主张，是为一定的政治路线和阶级斗争的需要服务的。因此《法经》表现出来的“严刑峻法”，完全是以国家政策为根据，以地主阶级专政的需要为准绳，否则就无法巩固封建政权。

总体讲，李悝制定的《法经》是我国历史上第一部较为系统的封建法典，它充分地表现了维护地主阶级专政的实质，并初步确立了封建法律的原则和体系。

《法经》是集春秋时期新兴地主阶级主持下各国立法之大成，而且对后人影响极大。商鞅变法实行的“连坐法”就是《法经》中“徒禁”的进一步发展。《唐律疏议》曾记载说，李悝著《法经》，商鞅传授，改法为律。汉相萧何又增户律（婚姻、赋税）、兴律（擅兴徭役等）、厩律（畜牧马牛之事）三篇，谓九章律。这说明《法经》的确是封建法律最

早的蓝本。

总之，李悝不愧为我国历史上改革时代的杰出人物，他的"尽地利之教"和"平籴"政策反映了其重农思想，任人为贤的精神，从而不仅使魏国称雄于诸侯，而且成为整个封建社会中每个王朝治乱振兴的基本国策。而他编著的《法经》，也是中国历史上第一部较为系统的封建法典，印记在我国的历史之中。

（三）李悝变革的启示

1. 为何变法之火首先在魏国引燃？

魏文侯是魏国的建立者，这是一个雄才大略的君主，他善于延纳各类人才为其所用，他将子夏请到魏国来，拜子夏为师，还让他在西河（今河南安阳）聚徒讲学，从学者达三百多人，形成名震一时的"西河学派"。

除了李悝，子夏的弟子中著名的还有田子方、段干木、吴起等，这些人与乐羊、西门豹等名臣、名将一起，后来都为魏文侯所用，其中李悝得到了魏文侯的赏识，直至任命他为相，实施变法。

李悝赴任初期，由于牛耕和铁制农具的普遍使用，生产力水平得到大大提高，奴隶主能够调动富余劳动力在公有制的"井田"之外开垦荒地，从而使得"私田"大量增加。

虽然"井田"名义上不得买卖，但诸侯贵族之间通过相互转让、相互劫掠等各种途径，又将许多公田转化为"私田"。"井田制"的瓦解直接影响到了各诸侯国的财政收入。

而在那个弱肉强食的时代，各诸侯国的军费又是只增不减，统治者不得不想方设法开辟新的财源。就这样，承认土地私有、按土地面积征税成为大势所趋。

从历史地理上看，魏国从原来的晋国分裂而来，它的西边是一河之隔的秦国，北边是赵国，东边是韩国，南边越过中条山和黄河是秦、楚、郑拉锯争夺的地带。所以讲，它是被紧紧裹夹在晋东南一隅，是所谓的"四战之地"。

这样一个小国要想在"国际"上求得生存，没有一种紧迫感和危机感是不可想象的。李悝就是在这样一个时代大背景下，在魏国首先施行一场大变革。而善于审时度势的魏文侯，在促使他的国家获得合法诸侯国地位的同时，起用李悝，实施一场前无古人的变革。

2. 李悝变革具有重大的划时代意义

中国历史上的东周包含春秋、战国两个时代，对于这两个时代的分界，历来有不同的看法，它涉及到中国奴隶制时代的终结和封建制时代的起始问题。

目前，在中国大陆，较多采用郭沫若的划分法，即从公元前770年周平王东迁到公元前476年为春秋时代，从公元前475年到公元前221年秦始皇统一中国为战国时代，划分的依据是，公元前476年周敬王死，其子元王即位，前475年是周元王元年，恰好司马迁的《史记·六国年表》就从这一年开始。郭沫若划分法被学术界普遍接受。

但这种以周天子更替为标准的划分法不一定能准确反映一种社会形态的剧烈变革，因此，另一种较为有影响的划分法认为，应该把春秋、战国的分界放在公元前403年，这一年，基于魏、赵、韩三家分晋的事实，周王承认这三家为诸侯，以此打破了西周以来诸侯国的格局，司马光的《资治通鉴》就是采用这一年代来区分春秋与战国的。

我们注意到，李悝变法发生在魏国魏文侯时期（公元前445年——前396年），虽然确切的起始年份有不同说法，但大体上也就在周王承认三家为诸侯即公元前403年前后，李悝变法吹响了战国时代各国变法的号角，从而导致奴隶制生产关系的崩溃和封建制生产关系的建立。

既然春秋与战国的划分要显示出一种社会制度的变更，又要找到一个标志点，那么，公元前403年应该是一个更趋于合理的年份。

在《史记·平准书》中，司马迁这样写道："魏用李克（即李悝），尽地力，为强君。自是之后，天下争于战国。"

这句话的意思是，是李悝变法拉开了战国时代群雄逐鹿的序幕。换

句话说，不是进入战国后，李悝才开始变法，而是李悝用他的变法，将中国由春秋时代推进到战国时代。

3. 李悝变革的首创性

这主要是从李悝变革的开创性角度讲的。我们知道，上古时期的盘古开天辟地，当然伟大。可历史上开天辟地的人其实也不少。像战国初期在魏国变法的李悝就可以说是一个开天辟地的人物。

我们之所以这么说，是因为李悝做的是前无古人的开创性事业。他第一个在奴隶制的政治体制下实行"干部制度"改革把世袭制改成按能与功受职受禄；他第一个向传统的井田制度挑战，他第一个用明确的法律制度作为治国的准则；他第一个设立平籴制度用"国有经济"干涉市场价值规律。

有了这么多的"第一"，我们把他称为法家的鼻祖完全是实至名归当之无愧的。这么一个影响深远的人物，我们应给予足够的重视。

对这么一个敢于想象敢于实行的重要历史人物，我们确实应当给以适当的研究。可惜，学者们对李悝的研究还太少了些。

更为重要的一点是，李悝变革的柔性。一讲起变革，我们马上就会想到血雨腥风。商鞅变法就杀了七百多人以立威。因为不立威则无人相信无人遵循。

可历史根本就没说李悝在变法时如何杀人立威，可以说他是在相对和平的情况下实行他的改革的。

事实上，李悝是在和平的情况下推行他的改革，而且取得了成效。试想，古往今来，能做到这一点的改革家有几？其手段之高超，其处事之圆通，可以想见。

当然，历史的记载是过分地简略，也许李悝遭遇过反抗，也许他动过刀。可是却不被人提及，可见即使有这种事也不为人所重视。可这也不能说李悝遭遇到的抗力小。

从历史上看，历代王朝实行世卿世禄制，有几千年历史了，如一个"祖宗之法"，要改变很难，可李悝敢对这一传统制度提出挑战，他提出要"因能受职"，"因功受爵"，这完全是一种颠覆性变革，完全可以引起极大的震撼性反抗，可他没有碰到这样的事。

他实行法治，一切政事以法为准则，任何人说了也不算。以往要杀谁，要赏谁，都是由人说了算。

可李悝却说，按法律来办理。而这个法却是他制定出来的。当然决不是他一个人说了算，绝对是集体制作的成果。可是制定出来了人们服，人们遵守，人们不敢去违犯。这么一个全新的东西竟然没遇到反抗就定了下来并且得到实行，这可真的是了不起。

再有，是李悝变革的开创性。众所周知，敢作敢为的人历代不计其数，可敢创第一，想前人之所未想，行前人之所未行，创前人未创之业，成前人未成之事，这种开创的勇气与智慧，确实是非常的了不起。

所以我们讲，这种人才是历史的脊梁，我们的民族能不断前进。依靠的就是这样的社会脊梁在不断地出现。如果今人也只能信守前人的事业，不敢对前人所制定的一切说个不字，那才真的愧对李悝哩！

五 商鞅：为改革请命的法家斗士

在中国历代变革视野中，商鞅无疑是一颗耀眼的"悲剧明星"。后人在提及他时，总是用"惋惜"、"痛心"和"遗憾"等"灰色"字眼来形容内心无以言表的纠结。他于公元前四世纪在秦国主持的变法，结局似乎是人亡而政举，他的事业直到秦始皇还延续，甚至被说成"百代行秦政法"。这与十三世纪以后已成"孔门传心之法"的《中庸》"其人亡，则其政息"的哲理相悖。因而从战国晚期到清末民初，每逢历史面临变革，关于商鞅其人其政，总会旧话重提，所谓"评价"的对立也越发突显。

我们认为，任何历史问题，不争论是不可能的，因为基于历史时代、意识立场和价值判断的差异总会存在。

（一）一位变革者的独自奋斗

这是距今两千多年前的公元前359年，地点是在当时的绝大多数人心目中，都异常边远的秦国首都栎阳。

这天，秦国政府在南门立了一根三丈长的木棒，一位官府人对围观的人群说，如果你们有谁愿意把这根木棒从南门扛到北门，赏给十金。

栎阳虽是秦国都城，但比起今天的镇子，其实大不了多少，南门到北门，也就两三公里吧。这么近的路，这么轻的工作，政府竟然愿意花费"十金"？

围观的人都以为此乃咄咄怪事，七嘴八舌地议论纷纷，却没人敢去。一会儿工夫，对方又加价了：还是这根木棒，还是从南门扛到北门，赏五十金。

好半天，终于有个人抱着试试看的态度，把这根并不沉重的木棒扛到了北门——他果然"意外"地得到了高达五十金的奖赏。

这起关于诚信的"小游戏"的始作俑者是两个人：一个是秦国最高统治者秦孝公，一个是在秦孝公的支持下，主持变法工作的商鞅。

据说，商鞅之所以干出这种令时人和后人都啧啧称奇的怪事，是他怕民众不信任政府，需要通过这种出高价干无聊事的方式来"立信"，以表明政府无论在什么情况下都会说到做到。

所以，这件事的另一个历史名称就叫"徙木立信"。"徙木"是否真的达到了确立政府信誉的预期，时过境迁，我们已经很难进行准确的评估。

不过，以后人的眼光看，徙木事件给了我们另一种深刻的喻示：政府之所以为政府，就在于它为了达到自身目的，从来都不惜采取任何极端的、匪夷所思的措施。

事实上，一言以蔽之，商鞅变法果真就是一场极端的、匪夷所思的从政治到经济，从文化到民风的激进改革，其改革的目标是强国富民。至此，一代伟大的改革家商鞅在秦国百姓眼前闪耀亮相。

其实，商鞅并不姓商。他姓公孙，名公孙鞅，因具有卫国国君的远支血统，又称卫鞅。至于商鞅这个名字，那是多年以后，当他在秦国的变革取得了令人目眩的成效，并率军打败了秦国的世仇魏国后，秦孝公把一片叫商的十五个邑作为他的封地，号商君，后人因而把他叫作"商鞅"。

商鞅时代，社会急剧动荡，天下风云四起。当时，春秋时期的几百个诸侯国，经过几百年大鱼吃小鱼式的兼并，已经只余下了秦、楚、燕、韩、赵、魏、齐七大诸侯和中山、宋等十几个蕞尔小国。

与这一时期风云变幻的"国际"形势相呼应的是思想大师辈出而百

家争鸣，到战国时，这种情况有所改变，当时的知识分子已经不再像思想前辈们那样追求一种钻研学术思想的"快感"，而是热衷于能够迅速获取功名的"权术"。

这种情况下，商鞅像他同时代的众多年轻人一样，对刑名之学非常推崇。于是，他来到心仪已久的秦国。

我们再说秦国，秦国起源于公元前9世纪，当时一个叫非子的人为周王室养马，得到了一小块封地，号为秦嬴，这块地方比较偏僻，非子得以作为周王室的附庸而存在于偏僻的甘肃一带。

一百多年后，非子的后人秦襄公帮助周平王抵抗西戎进攻，并配合平王东迁，平王于是把秦从附庸提升到了诸侯地位。

也就是说，到这个时候，秦国才与东方的其他诸侯平起平坐。但由于秦地处苦寒边远之地，这里文化落后，交通闭塞，民风蛮勇，虽然出现过秦穆公这样的霸主，但大多数秦国国君都碌碌无为，所以秦国一向被东方诸国看不起，"不与中国诸侯之会盟，夷狄遇之"——当时"国际"上根本不把秦国视为平等的成员，而是把它看作未开化的野蛮人部落。

直到公元前362年，秦孝公继位。这是一个只有21岁的热血青年。就在几年前，当他的父亲为国君时，曾经在与魏国的石门大战中大获全胜，这是秦国多年以来对东方诸侯的一次少有的胜仗。

父亲的壮举与秦国的尴尬处境激励着这个企图励精图治的年轻君主。他耻于秦国的落后状况，决心施行改革，以便使被诸侯轻看的秦国强大。

为此，甫一上任，秦孝公就发出了"求贤令"。在其"求贤令"中，他极其沉痛地指出了秦国面临的困境："国家内忧不断，根本无暇顾及外事，三晋攻占了我们祖辈所据的河西，诸侯看不起秦国，这真是莫大的耻辱啊。"（国家内忧，未遑外事，三晋攻夺我先君河西地，诸侯卑秦，丑莫大焉。）

并宣布："不管是我国干部群众还是外国友人，凡是有能力有办法使秦国强大的，我就给他官做，并分封他。"（宾客群臣有能出奇计强秦者，吾且尊官，与之分土。）

商鞅就是在得知秦孝公的求贤令后前往栎阳的。相对于秦国，他是一个"外国人"。而他不远千里来到秦国，不仅是为了使秦国崛起，他还想给自己搏一个出人头地的锦绣前程。

在这之前，卫国人商鞅在秦国的仇国魏国谋生，充任魏相公叔痤的家臣。公叔痤虽已年迈多病，却有识人之明。

他认为商鞅是个人才，极力向魏惠王推荐。但魏惠王对商鞅不屑一顾。无奈，公叔痤又对魏惠王提议，即便你不肯用他，那也必须杀了他，免得他为别的国家服务。

但魏惠王的反应，正如商鞅在获知此事后对公叔痤说的那样：他既然不肯听你的话用我，又怎么会听你的话杀我呢？就在秦孝公继位前一年，公叔痤在与秦国的战争中被生擒。

商鞅在魏国失去了主子，再加上第二年秦孝公的求贤令传来，他便义无反顾地奔赴了远离中原的栎阳，希望在那个被东方文明国家视为蛮夷之地的边远小邦混出个名堂来。

虽说秦孝公下了求贤令，但也不是随便哪个冒充人才，他都会亲自接见。这样，自以为敝衣裹玉的商鞅也不得不找门子走捷径，那就是通过秦孝公特别宠信的近臣景监，请他向秦孝公推荐自己。

关于景监，有人认为他的身份是宫中太监，但至少目前史料还不足以证明或证伪。司马迁只说他是孝公的"宠臣"、"嬖臣"，总之，就是领导身边说得上话的"红人"吧。

史料记载，秦孝公与商鞅在正式确立关系之前，一共交谈了四次。

第一次，商鞅向秦孝公大谈帝道，也就是如何用三代圣君的办法统治国家。秦孝公对此很不感冒，不时低头打瞌睡。

第二次，商鞅向秦孝公讲解王道，也就是儒家提出的仁义治天下的主张。这个还是没能提起秦孝公的兴趣。

第三次，商鞅试着给秦孝公分析霸道，也就是用法令和武力治理国

家。这一回，秦孝公来劲了。事后，他告诉景监，你那个朋友还不错，我还想和他谈谈。

第四次，商鞅终于知道秦孝公要的是什么了，他一上来就摸着了秦孝公的"G点"——他没有耐心去做什么三代的圣君，他要的东西非常实际，就是如何让秦国以最快的方式做大做强。

从商鞅四次改变自己的政治主张，以便适应秦孝公之所需来看，他其实并没有理想。或者说，他的理想只是希望秦孝公在给他施展身手的政治舞台的同时，顺便给他鲜衣怒马的高官厚禄。

与此相反，秦孝公则是有理想的，他的理想就是尽快使秦国强大，不仅不能再让东方诸侯瞧不起，还要进一步使他们臣服甚至干掉他们。

事实上，随着时代发展，尤其是到了春秋战国时期，周王室此时已名存实亡，其"治"下的东方大地诸侯鼎立，相互间争战不断。

本质上说，每个诸侯国的国君，都盼着自己一党独大，成为天下霸主。为此，先后有多个诸侯国，进行了多次政治、经济变革。

在秦国，商鞅一共推行了两次变法。

第一次变法在秦孝公六年（公元前356年），这次变法的主要内容有：

第一，颁布法律，制定连坐法。商鞅把李悝制定的《法经》带到秦国，加以公布实行。并把"法"改为"律"，增加了"连坐法"，从而把秦献公时实行的"什伍制"变成相互监督纠发的"连坐制"。

商鞅的法律规定什伍间要"相牧司连坐"，即一家有罪而九家相揭发。若不揭发，则十家连坐。受到连坐的罪十分重。商鞅制定的法律规定：不揭发检举的"腰斩"，检举揭发的同斩敌人首级一样受到赏赐，窝藏有罪的人与投降敌人同罪。降敌罪的惩罚是本人斩首，全家罚为刑徒做苦役。

第二，奖励军功，禁止私斗。颁行按军功受赏的二十等爵制，为鼓励秦人作战勇猛，商鞅规定国家的爵位按将士在战场上斩获敌人首级的多少来计算。斩得敌人首级一颗的，赏给爵一级。愿做官的，任以年俸

50 石的官职。官爵的提升与斩首级数相称。

爵位从一级到二十级，愈高享受的待遇、特权愈优厚。如升到第十级"五大夫"时，赏赐给 300 户人家的税地。爵位在五大夫以上，除享有 600 户人家的租税供他食用外，还有权收养宾客。

有爵位的人，犯了法，还可以减免，"爵自二级以上，有刑罪则贬，爵自一级以下，有刑罪则已。""贬"是指降低爵位，"已"是取消爵位。

其中，官职和待遇的获得一律取决于军功，使过去的旧贵族，虽是国君的宗室族人，没有军功也不能获得爵位。"宗室非有军功论，不得为属籍"，即不能靠出身就获得爵位，享受特权。这就严重打击了旧贵族的势力。

第三，重农抑末，发展农业生产。商鞅把李悝"尽地力之教"的措施带到秦国，在社会生产中，特别重视农业生产领域。

商鞅根据秦国地广人稀、荒地多的特点，把重点放在开垦荒地，扩大耕地面积来发展农业生产方面。他在变法中规定："僇力本业耕织致粟帛多者复其身；事末利及怠而贫者，举以为收孥。""本业"就是男耕女织的农桑业。"末利"是指制造和经营奢侈品的技巧、刻镂纹绣的一类手工业和商业。

商鞅为了发展农业生产，除制定"复其身"的奖励措施外，还规定凡是一家有两个以上的成年男子，必须分家，各立户头，否则就要出加倍的赋税和劳役，以巩固和发展封建生产关系。把大家庭分割成小家庭，成为户头的成年男子就不能再在大家庭的掩护下，游手好闲。户主为了不被"举以为收孥"，就只有努力耕织。

商鞅发展秦国农业生产的另一个措施是招徕地少人多的"三晋"之民，来秦国垦荒，为此他制定"徕民"政策。

他用法令规定：三晋（韩、赵、魏三国）民众来秦国定居，就有地有房，三代免除徭役，不用参加战争。垦荒的特别优待，10 年不交纳赋税。"令故秦兵，新民给刍食"，让秦国人当兵打仗，新来的人种田解决粮食问题，从而使秦国的兵源和粮食问题都得到解决。

商鞅初次在秦国变法，触犯了旧贵族的利益，引起他们的强烈反对，国都中"言初令之不便者以千数"。但是在秦孝公的有力支持下，新法得到推行。

由于变法的成功，秦国在对外战争中不断取得胜利，秦孝公十年，商鞅由左庶长升为"大良造"，相当于中原国家中的相兼将军的官职。

公元前350年，商鞅又实行了第二次变革，这次变革的主要内容是：

第一，废井田，开阡陌（阡陌就是田间的大路）。秦国把这些宽阔的阡陌铲平，也种上庄稼，还把以前作为划分疆界用的土堆、荒地、树林、沟地等，也开垦起来。并规定谁开垦的荒地，就归谁所有。

第二，实行县制，废除分封制，以县为地方政区单位。分全国为四十一县，县下辖若干都乡邑聚。后来秦在新占地区设郡，郡的范围较大，又有边防军管性质，因之郡的长官称守。

第三，迁都咸阳。为了适应秦国长远发展，商鞅建议把国都从原来的栎阳迁移到渭河北面的咸阳（今陕西咸阳市东北）。

发展民生经济，厘清国体政制。秦国，这艘风雨巨轮正在商鞅这位总舵手指挥下扬帆远航。

当然，我们现实地看，商鞅变法既然是一场深刻的社会变革，就必然激起一部分在变革中将失去原有优越地位的社会阶层的强烈反对。

这就是说，新旧势力的斗争是不可避免的，而历史终将对新与旧、变革与保守、进步与倒退作出公正的裁决。

其实，在这些反对阵营中，有一批保守派的官僚和宗室贵戚撑腰。

据史料记载：秦孝公在颁布第一次变法令后，"百姓苦之"；又载：在变法令施行一年后，"秦民"到国都"言初令不便者以千数"；《盐铁论·非鞅》篇亦云："商鞅峭法长利，秦民不聊生，相与哭孝公。"

这里说的"百姓"和数以千计的到处都哭诉或闹事的示威者，可能有的是出于对新法的暂时不理解，而相当一部分是权益受到损害的贵族子弟、"工商之民"和"游食者"。顿时，秦都栎阳城人潮涌动，反对变革的呼声甚嚣尘上。

这时，年少的太子在保守派的师傅和一些宗室贵戚的唆使下触犯法令，公开站在了反对变革的一边，宫里宫外，密切配合。眼看改革遇到强大的阻力，新法受到挑战，面临夭折的危险。

在严峻的形势下，商鞅不惧阻力，不顾个人安危，果决地向秦孝公陈述自己的意见："法之不行，自于贵戚，君必欲行法，先于太子。"（新法之所以不能贯彻执行，是由于宗室贵戚首先犯法。如果要使新法必行，就须首先将太子治罪。）太子不可施刑，所以下令将太子的两个师傅公子虔、公子贾传来，代太子受刑，其中公子贾被施以面部刺字的黥刑。

第二天，秦孝公治太子罪。令其师傅代之受的消息传开，立即对变革的反对派起到强烈震慑作用，街头抗议的人群逐渐散去，"秦人皆趋令"。

在严刑峻法的威慑下，抗议的浪潮被压制下去，新法得以继续贯彻执行，行之三年，新法初见成效，拥护的人逐渐增多，"百姓便之"。秦孝公"乃拜鞅为左庶长"。"左庶长"在秦国的二十级爵制中列为第十级，这在当时是有军政实权的一个官职。

商鞅变革给秦国的政治、经济带来了蓬勃生机，秦国军事实力随之迅速增长，公元前355年，即实行变法的四年之后，秦孝公与魏惠王在洛水之东（河西地区）的杜平（今陕西省澄城县东）相会。

这次秦魏两国首脑间的高级会晤，打破了长期以来"诸侯卑秦"，"夷狄遇之"，不与之"会盟"的局面。而且，这次会晤实质上是秦魏两国的领土谈判，秦孝公咄咄逼人地向魏惠王提出了归还河西地区的要求。谈判没有得出结果，在两国首脑相互拂袖而去的第二年，秦魏争夺河西地区的战端重开。

公元前354年，秦乘魏进围赵都邯郸之机，以商鞅为将，兴兵伐魏，东征河西地区之元里（在今陕西省澄城县境内，与秦孝公和魏惠王相会之地杜平相距不远）。秦军在商鞅率领下，个个争先，奋勇杀敌，

大败魏军。斩得首级七千，并且乘势攻取黄河西岸的重镇少梁。

同年，秦派公子壮率师侵韩，插入韩魏两国的交界地区，进围焦城（今河南省鄢陵县北）、山氏（今河南省新郑县东北），在这三个地方筑城割据，兵锋所向，威逼魏国的新都大梁（今河南省开封市）。

公元前 352 年，秦孝公提升商鞅为"大良造"。其职权相当于丞相（秦国正式设置丞相职在秦武王二年即公元前 309 年，见《史记·秦本纪》）。

史传"商鞅相孝公"当指从此年开始。同年，商鞅统率大军强渡黄河，兵围魏国。当此时，魏国在东线因中孙膑"围魏救赵"之计在桂陵（今河南省长垣县西南）大败于齐，在西线又屡败于秦，以前魏强秦弱的军事态势已发生重大转变，秦国在河西地区的争夺战中已占据了主动、优势地位。

诚如《商君书·战法》篇所说："凡战法必本于政胜"（战争的胜利必本之于国内政治上的胜利），秦国之所以在对魏、对韩战争中不断取得重大胜利，实是由于国内实力的增长，政治的稳定，统治阶层中新兴力量的崛起，人民的"喜农而乐战"，这些都是商鞅第一次变法所取得的成效。

据《史记·商君列传》载，当此时，秦民对新法"大悦"，秦国境内"道不拾遗，出无盗贼，家给人足，民勇于公战，怯于私斗，乡邑大治"。

在变革的一片大好形势下，原来一些激烈反对新法的人也一反故态，改换言辞。他们甚至再次聚集栎阳城，大唱变法的颂歌，对商鞅尽吹捧之能事。

(二) 悲怆凋谢的法家之花

公元前 359 年，正当商鞅辅佐秦孝公酝酿新变法时，旧贵族代表甘龙、杜挚起来反对变法。他们认为"功不十，不易器；利不百，不变法"（不能提高十倍的工作效率，就不更换生产工具。不能带来百倍的好处，就不改变现有的制度），认为"法古无过，循礼无邪"。

商鞅针锋相对地指出："前世不同教，何古之法？帝王不相复，何礼之循？""治世不一道，便国不法古。汤、武之王也，不循古而兴；殷夏之灭也，不易礼而亡。然则反古者未必可非，循礼者未足多是也。"从而主张"当时而立法，因事而制礼"（《商君书·更法篇》《史记·商君列传》）。这是以历史进化的思想驳斥了旧贵族所谓"法古""循礼"的复古主张，为实行变法作了舆论准备。

由于商鞅之法太过严厉刻薄，因而得罪了一批人，比如以甘龙、杜挚等为代表的守旧势力，再有太傅公子虔复犯法，商鞅施以割鼻之刑。以上二者合为一体，这为他以后人生的悲惨命运埋下伏笔。

正当商鞅心满意足之时，一个噩兆袭来——秦孝公身染重病，"疾且不起"。

秦孝公知道太子与商鞅"夙有仇隙"，而且其他宗室贵戚也对商鞅深怀积怨；如果自己故去，太子继位，君臣发生内讧，则秦国的基业有可能被断送，想到此，秦孝公打算传位于商鞅，以完成自己的未竟之志。商鞅受秦孝公知遇之恩，在秦孝公临终时，岂敢越君巨大防？

而且，夺太子位，名不正言不顺，言不顺则事岂能成？因而"辞不受"。

公元前338年，统治秦国24年的一代英主秦孝公去世。随后，太子驷继位，是为秦惠文王。"一朝天子一朝臣"当时秦国的君主还称得上"天子"，但君位的更迭同样将引起秦国朝臣的重大变动。

何况，秦惠文王在位做太子时险些被商鞅正法。新君与旧臣的夙仇很快就演变成秦国政坛的危机，失败者当然是臣而不是君。秦惠文王继位不久，商鞅就自请隐退，告归其商于封地。

然而，商鞅的杀身之祸已势不可免，以公子虔为首的一批商鞅政敌策划阴谋，他们向秦惠文王说："大臣权力太重就会危及于国，左右侍人太亲就会危及于身。现在连秦国的妇孺都知道商君之法，而不说国君之法。这是商鞅成了一国之主，而您却反为朝臣。而且，商鞅本来就是

您的仇人、愿您及早除掉他。"接着，公子虔等人诬告"商君欲反"，秦惠文王乃"发吏捕商君"。

商鞅知道消息后，携其母及其家人仓皇出逃，行至秦国边境的关口之下，想找个旅店投宿。开旅店的老板不认识商鞅，商鞅那时也不敢说他就是商鞅。

旅店的老板告诉他说：我们国家，商君有一个很严厉的法令，旅店里面的住客如果没有官府开的介绍信，那是不允许住的，住了以后我要受惩罚的，所以我没法接待你。商鞅这个时候就尝到滋味了。他有一句感慨，他说：我没有想到，实行法治，最后是这样的结果啊。成语"作法自毙"由此而来。

无奈，他只好逃到魏国，魏国人因为他曾率兵伐魏而拒绝他，商鞅只好又返回秦国，束手就缚。

商鞅被押解到彤（今陕西省华县西南），秦惠文王早已等候在那里。昔日秦国的大良造，今日成为秦君的阶下囚。

秦惠文王声色俱厉，下令将商鞅车裂示众，并且警告臣下："以后再不要有像商鞅这样的造反者！"随后，秦惠文王又斩草除根，"灭商君之家"……

行文至此，我们感慨万千：一个为大秦扛旗抬轿、开创帝业的改革家，最后竟遭"车裂夷族"的下场，其功其过，其得其失，其感慨与惆怅……这些都留给了后人去评说。

就这样，一朵改革之花悲惨凋谢于他曾经为之鞠躬尽瘁、殚精竭虑谋强的秦国大地上。

（三）商鞅变革的启示

历史会记住这一年：公元前 338 年，在陕西华县，商鞅被残忍地五马分尸，施以车裂之刑。

历史同样会记住 100 多年之后的秦国，这一年天下大旱，中原各国纷纷出现流民队伍，可位处关中的秦国在商鞅的得力变法施政下努力抓生产，促收成，保持了秦国当时的政治和社会稳定。

这就是说，秦国当时在天灾时的稳定得益于始自 100 多年前的商鞅变法。

而细究其变法精髓，概括起来不过十个字：废井田，开阡陌，奖励军功。前六个字是经济体制改革，其要旨是让新兴的地主阶级发展起来，打破奴隶主阶级对土地的垄断和土地使用的低效率；后四个字是政治体制改革，就是要打破贵族世袭制对权力的垄断，让有才能的人进入管理层。

因此可以说，商鞅变法使秦国劳动生产率迅速提高，粮棉充裕。同时，能人辈出，猛将如云；天下无人能敌。从而率先结束了奴隶制，跑步进入更先进的封建社会。

而让人痛惜的是，如此一个忠心耿耿为大秦抬轿的"轿夫"竟惨死在座轿里的秦惠文王脚下，而实际上，他本人也正是商鞅变法改革成果的最大受益者。

如此的煮鹤焚琴，如此的暴殄天物，如此的兔死狗烹，如此的鸟尽弓藏，这一切一切的"如此"，只能纠结在后人心头。

商鞅的悲剧对我们有如下启示：

一是改革主张要形成制度。我们知道，封建社会实际上是一个人治社会，有道是，"一朝天子一朝臣"，"一朝天子一朝令"，说的就是这个理。

追本溯源，商鞅本是卫国人，但卫国为强邻所欺辱，已经衰落，有雄心大志的英雄无用武之地。而秦孝公是个有理想的领导者，他想让秦国从内忧外患中走出来，建立春秋霸业。

商鞅到了秦国得其明主，秦孝公如鱼得水，有了秦孝公的"君力支持"，商鞅才能在秦国大地实现自己变法理想。

遗憾的是，他的这一强国方略没被形成后世须循的"宪法"，结果江山易主，商鞅顿失怙恃，秦国当政者又重启"以力兼人"强国路径，可当时的"国际形势"瞬息万变，他们这种以"低成本"（"以力兼人"）来"发家致富"的强国思维还是行不通。

史料记载，在商鞅被五马分尸以后72年，荀况自秦返赵，与赵孝成王及临武君"议兵"，陈述在秦观感，便说出了对秦昭王及其相范雎没有直说的话：

他以为秦国不足畏，可理由呢？荀况说，秦国由孝公到昭王四世，君臣唯知"以力兼人"，受害的首先是秦国士民，普遍畏惧权威，听从当局驱使，充当对外攻城略地的工具，"是故得地而权弥轻，兼人而兵愈弱。"结果是人人"离心"。因而荀况便说出那段千古传诵并引发不绝争议的名言：

故曰"以德兼人者王"，"以力兼人者弱"，"以富兼人者贫"，古今一也。

假如秦惠文王执政后能继承前辈遗志而不杀商鞅，那么大秦在强国之途中也许会少走弯路。但遗憾的是，商鞅的人头在其刀下已落地，这是以"人治"思维为代表的封建社会的最大弊端，也正是历史的局限，所以商鞅注定是要失败的。

二是当一种制度不适应生产力的发展时，就必须顺应时代潮流，对之进行改革。而改革的前提是首先要制定一套与时俱进的（"治世不一道，便国不必法古"）完整可行的（"因事而制礼"）"顶层设计"（改革），这说白了也就是"立法"。

商鞅变法原则至今仍具有普遍的积极意义。它说明社会生产力的发展必将催生与之适应的经济制度和政治制度，也就是"新制度"终将取代一切"旧制度"，而顺应历史潮流的改革事业必然取得胜利，并且不可逆转。

三是社会历史的发展不仅具有阶段性，而且具有连续性。社会发展的阶段性主要表现为生产力水平的不同，经济制度和政治制度的不同；连续性则主要表现为一个民族的传统文化的沿革。

在整个社会活动中，生产力是最活跃的因素，而传统文化则具有先天"惰性"。当经济制度和政治制度不适应生产力的发展而发生变革时，这种变革必然与传统文化发生某些方面的冲突。

也就是说，一种制度不可能造就一种全新的文化，而只能对传统文化因势利导，转变其原有的形态，决定其继续发展的方向。

四是因经济制度和政治制度受生产力发展水平的制约，所以每一种新制度与旧制度相比只具有相对的优越性，而不可能十全十美。而变法改革，正是促进"旧制度"最大限度地接近或"重叠"于"新制度"。从社会发展角度看，新旧制度之间的"位移"是一个非常复杂的过程。如果一种新制度缺少适宜的、丰厚的意识形态的辅翼、制导和调节，那么这一制度的局限或弊病必然迅速地、充分地显示出来，从而造成运转的失序。

这就要求我们必须妥善处理与传统文化（实际上就是守旧文化）的冲突，善于从事传统文化的转型工作，在对传统文化进行批判继承的基础上从事新文化的创造综合，形成自己的意识形态。

六　晁错：史上最让人唏嘘的悲剧改革家

　　在中国历史上，汉朝是第一个统一的强大的封建王朝。在它之前的秦，持续的时间很短，而这个存在时间长达四个多世纪的盛世之邦，在把自己的国号赋予一个民族（汉族）永远的名字的同时，还为中华民族两千年的社会发展奠定了基础，为中华文明的薪火延续和挺立千秋作出了巨大贡献。这一时期，强大的汉朝人才济济，英雄辈出。遗憾的是，这些英雄人物和风流人物，并不是都有一个好的历史结局。他们有的身败，有的名裂，有的身败兼名裂，甚至死于非命，下面提到的晁错，就是其中的一个。

　　晁错是为自己的政治理想和政治抱负而死，而他的这个政治理想，又是在他死后实现的，而且是正在实现他的政治理想的时候，被冤杀了，所以他死得特别冤。

（一）书生问政，他为大汉带来"强国方略"

　　晁错（前200—前154年），是西汉文帝时杰出的智囊人物，汉族，颍川（今河南禹县城南晁喜铺）人。

　　早在汉文帝时，晁错因文才出众任太常掌故，后历任太子舍人、博士、太子家令（太子老师）、贤文学。他在教导太子时"受理深刻"，"才举非凡"，被太子刘启（即后来的景帝）尊为"智囊"。

　　晁错年轻时，曾在轵这个地方向一个名叫张恢的先生学习先秦法家申不害和商鞅的学说。因此司马迁曾说："贾（谊）晁（错）明申商"，就是说他们都是法家。

但是，他们并不是纯粹的法家，因为他们都不同程度地受到了儒家思想的影响。如晁错，曾以文学（指一般的学问）为太常掌故（负责祭祀的太常的一种属官）。

在此期间，他被派到济南伏生那里，去学习儒家经典《尚书》。学习回来以后，就向文帝讲述《尚书》的内容和他自己的一些看法，很得文帝的赏识。不久，汉文帝便任命晁错为太子舍人，后又改为门大夫（这两种都是太子的属官），再升为博士。

在任博士期间，他写了《言太子宜知术数疏》，文章指出：一个君主所以能够建立留传后世的功业，关键就在于通晓"术数"，即治国的方法和策略。

他认为，君主必须懂得怎样统御臣下，使得群臣"畏服"；懂得怎样听取下面的奏报，而不受欺骗和蒙蔽；懂得怎样使万民生活得安定并且得利，那么海内就一定服从。懂得怎样使臣、子以忠孝事上，那么臣下和子女的品行就完美了。

由于晁错善于分析问题，总是能提出中肯的意见，深得太子刘启的喜爱和信任。他的言行，对刘启产生重要的影响。

在文帝朝，晁错除了辅佐太子外，还对当时国家大事发表意见，提出建议。

这些意见和建议，大都切合实际，见识深刻，不但在当时起了积极作用，而且对以后也产生了深刻的影响。如《言兵事疏》、《守边劝农疏》、《贵粟疏》和《举贤良对策》等，都是当时杰出的政论文。

汉文帝对《言兵事疏》很赞赏，赐给晁错诏书，以示嘉奖。晁错接着又向文帝上了《守边劝农疏》和《募民实塞疏》，提出用移民实边的办法来代替轮番戍边的办法，这是一个极为重要的创新的建议。

他首先总结了秦朝戍边政策的历史教训。那时，从远地戍边士兵不服水土，运粮困难，病死不少；加上秦法严酷，误期要判死罪，终于激起陈胜起义，秦朝灭亡。他又分析匈奴军时来时去、经常骚扰的特点，汉军轮番戍边的办法无法对付，缺点很明显。

因此，他提出了移民实边的新政策，其要点是：

一、招募内地百姓到边塞地区，长期安家落户，先由政府供给衣食、住房、耕作器具，规划耕地，直到能够自给为止。

二、按军事组织编制移民，并实行军事训练，平时耕种，战时出击。

三、建筑防御工事，高筑城墙，深挖壕沟，并设滚木、蒺藜。这些措施，切实可行，足以巩固边防。

同时，晁错又在《论贵粟疏》中建议，全国百姓向边塞输纳粮食，以换取一定爵位或用以赎罪，这叫"纳粟授爵"。对晁错提出的移民实边、寓兵于农的政策，文帝立即付诸实施。

这个政策不仅在当时起到防御匈奴的作用，而且开启了历代屯田政策的先河，对后世影响很大。汉武帝时赵充国实行军屯，三国时曹操的屯田政策，都是晁错移民实边政策的继承和发展。

在对地方诸侯王危害西汉王朝的问题上，晁错与贾谊（西汉初年著名的政论家、文学家。18 岁即有才名，年轻时由河南郡守吴公推荐，20 余岁被文帝召为博士。不到一年被破格提为太中大夫）的看法是一致的。因此，晁错曾多次上书文帝，提出削诸侯和改革法令的建议。

文帝虽没有采纳他的建议，但十分赏识他的才能。当时，太子刘启也很赞成晁错的建议，经常请他讲治国理念。

汉文帝后元七年（前 157 年），文帝去世，太子刘启即位，这就是景帝。景帝即位后，立即提升晁错为内史（京师长安的行政长官）。

晁错此后多次单独晋见景帝，议论国家大事，景帝对他言听计从，其宠信程度超过了九卿，当时许多法令是经他的手修订的。

这引发丞相申屠嘉心生忌妒，但他也奈何不了晁错。

正巧，晁错一次因动土私建被申屠嘉抓住把柄：内史府坐落在太上庙（刘邦父亲的庙）外面的空地上，门朝东开，进出不方便；晁错就另开一个从南面进出的门，凿通了太上庙外空地的围墙。

申屠嘉知道后大怒，想借此过失，报请皇帝杀掉晁错。晁错得到消息后，立即单独向皇帝说明情况。等到申屠嘉到景帝面前告状，说晁错擅自凿开庙墙开门，请把他送交廷尉处死时，景帝对申屠嘉说："晁错凿开的不是庙墙，只是庙内空地上的围墙，没有犯法。"

申屠嘉只得谢罪而退，一气之下，发病不起，不久就死了。这样一来，晁错就更加显贵了。

汉景帝二年（前155年），景帝提升御史大夫陶青为丞相，提升晁错为御史大夫。从此晁错位列三公。

这时的晁错位高权重，就向景帝再提削藩的建议，这就是有名的《削藩策》。

主张对犯罪有过错的诸侯王，削去他们的支郡，只保留一个郡的封地，其余郡县都收归朝廷直辖。不久景帝下诏决定：削夺赵王的常山郡、胶西王的六个县、楚王的东海郡和薛郡、吴王的豫章郡和会稽郡。

（二）恃君自重，最终被皇帝出卖的替罪羊

朝廷讨论削吴国封地的消息传到吴国，早有反心的吴王刘濞就赶紧策划发动叛乱。他先派中大夫应高到胶西王刘卬那里去密谋，约好以声讨晁错为名，共同起兵，并夺天下，"两主分割"。

不久，刘濞与刘卬私下悄悄订立了叛乱的盟约，刘卬又发使串联齐地诸国，相约一起反叛。

汉景帝三年（前154年）正月，吴王刘濞首先在都城广陵（今江苏扬州市）起兵叛乱，并向各诸侯王国发出了宣言书，以"清君侧"为名，攻击晁错"侵夺诸侯封地，专以劾治污辱诸侯为事，不以诸侯人君之礼对待刘氏骨肉，所以要举兵诛之"等等。

同月，胶西王刘卬带头杀了朝廷派到王国的官吏；接着胶东王刘雄渠、淄川王刘贤、济南王刘辟光、楚王刘戊、赵王刘遂，也都先后起兵，共同向西进攻。这就是历史上著名的"吴楚七国之乱"。

消息传到朝中，景帝非常惶恐，这时，朝中有人进言，说"七国"打"清君侧，诛晁错"旗号，我们如果把晁错杀了，他们自然没理由不

息兵。

对此，景帝曾一度犹豫，但在反对派的劝说和诱使下，他终于作出决定：先派中尉到晁错家，传达皇帝命令，骗晁错说让他上朝议事。

听到皇帝召见的消息，晁错赶快穿上朝服，跟着中尉上车走了。车马经过长安东市，中尉停车，忽然拿出诏书，向晁错宣读，这个忠心耿耿为汉家天下操劳的晁错，就这样被腰斩了。

杀了晁错以后，景帝就赶快派袁盎以太常官职出使吴国，告知已杀晁错，并恢复被削封地，要求吴王退兵。

这时刘濞已打了几个胜仗，夺得了不少地盘。和袁盎同去的宗正先见刘濞，要他拜受诏书。

刘濞狂妄地大笑说："我已为东帝，还拜什么诏书？"于是不肯见袁盎，却把他留在军中，想让袁盎参加叛军，任命他为将领，袁盎不肯。

吴王刘濞就派一名都尉带五百兵把袁盎围守在军中，还想把他杀了。袁盎得到消息后，连夜逃出吴军营地，最后回到长安。这样，吴王刘濞就自己揭穿了所谓"清君侧"是一个骗局。

惜哉晁错，一生为汉朝规划棋局，奈何自己却成了一颗弃子。

（三）晁错变革的启示

晁错走了。

他在小人诬陷他，敌人诋毁他，皇帝出卖他，利刀斩过他中轻轻地走了，带走一个"精于谋国"而"不善保身"的晁"错"，带走了他对大汉的一腔热血忠诚，带走对如此一个寡情薄义的糊涂天子的无限寒心。

他的死，给当朝活着的和后世的我们些许酸楚思考：

1. 谁应该为他的死负责？

这也是千百年来人们一直争论的话题。有人认为是袁盎，是他"独斩晁错"的馊主意，害得晁错惨遭酷刑。但就当时的现实来讲，如果没有汉景帝最后拍板，谁也奈何不了晁错。当年晁错刚当御史时，敢把当朝丞相活活气死，而正是有汉景帝为他撑腰，晁错才能如此"神通"。

而在今天，还是这个晁错，他的命运还是掌握在景帝手中，所谓"君叫臣死，臣不得不死"，没有景帝的首肯，谁能诛杀晁错？也就是说，只有汉景帝才能定夺晁错的生死。

让我们再把前文所陈史实还原一下：

晁错死后，有个叫邓公的将领回京述职，汉景帝召见他时问，你从前方回来，晁错已经死了，吴楚能罢兵吗？

邓公回答："吴为反数十岁矣，发怒削地，以诛错为名，其意不在错也。"然后，邓公又补充说："陛下能杀了晁错，我想天下有志之士都会把嘴巴闭上了。"

汉景帝忙问原因，邓公说，晁错主张削藩是"万世之利也，计画始行，卒受大戮"，既然一心为国的忠臣是这样的结局，以后大臣哪儿还敢冒死进言呢？"臣窃为陛下不取也。"

汉景帝听了"默然良久"，说："公言善，吾亦恨之。"

估计汉景帝后悔也是真心的。

汉景帝当初接受袁盎的建议，并委派袁盎到吴楚大营去劝说罢兵。

吴国的中大夫剖析得比较中肯：这只是刘启的缓兵之计罢了。一旦诸侯"各返其国"，中央政府就可以各个击破，削藩就算在汉景帝手里完不成，只要皇帝的名分在他手里，他的儿子也会把削藩进行到底。虽然进军前景不甚明朗，但罢兵的结局是一目了然的。

刘濞接见袁盎时说得更直接：你回去告诉刘启，我也要称帝了，而且是东帝，很快就跟他平起平坐了。

刘濞跟刘启闹到这个份儿上，哪儿是杀不杀晁错所能解决的？

不过汉景帝运气不错，他有一个始终支持他的弟弟——刘武，刘武封国在梁国（今河南商丘一带）。

如果汉景帝败了，刘武肯定死无葬身之地——刘武和刘启是一母同胞，刘濞怎会放过他。

因此，"七国之乱"时，梁国始终和朝廷保持一致。当吴楚联军逼

近梁国时，刘武率韩安国、张羽等将领御敌，人不卸甲，马不离鞍。

吴楚叛军攻入城内后，刘武亲率援军将叛军赶出城，并将吴楚联军牢牢牵制在梁国，为最终平定"七国之乱"创造了有利条件。

刘武在商丘牵制吴楚联军主力的同时，太尉周亚夫率汉军主力突入齐鲁大地，一举平定了那里的叛军。

随后，周亚夫又派轻兵南下，在泗水（今江苏省洪泽县）截断吴楚联军的粮道，在下邑（今安徽省砀山县）与吴楚联军展开决战。吴楚联军大败，刘濞率少数亲兵逃到东越国（今福建一带），最后被东越人杀死；楚王刘戊兵败自杀。"七国之乱"的平息，标志着景帝削藩成功。

遗憾的是，一生都致力于削藩靖国的晁错，却没有看到削藩的成果。

2. 他为何必须死？

其实，司马迁和班固都很准确地回答了这个问题。

无论是《史记》还是《汉书》，描述晁错时都用了四个字"峭直刻深"——这不是个褒义词，而司马迁使用类似字眼描述的人物，因为他们基本都是一种人：法家人物。

众所周知，法家讲究的是性恶论，即人性是不可改变的，只有用法律强制约束才能治国。

基于这样的理念，法家人物才以冷峻的面目出现，以至于班固评论其"法家者，无教化，去仁爱，专任刑法而欲以治，至于残害至亲，伤恩刻薄"；太史公也说他们"严而少恩"。

从法家"三巨子"申不害、慎到、商鞅到后来集大成者韩非，法家人物都属于一个类型，用严酷的刑罚严酷地要求别人和自己，"不避亲疏，不殊贵贱，一断于法，则亲亲尊尊之恩绝矣"，这样的结果是，基本上把同僚全部得罪光了，完全是个"孤臣"。

事实上，法家人物的结局都很悲惨，他们总是以性恶的心态推论同僚，以残酷的刑法处罚同僚，最终引得大家群起攻之。商鞅变法得罪了秦国贵族，而韩非下狱，源于他率先攻击李斯、姚贾等人。

而晁错仗着汉景帝为他撑腰，气死丞相，又"更令三十章"，除了窦婴有外戚身份敢和他争斗外，其他人"莫敢难"——等于把满朝大臣都得罪完了。

更致命的是，七国叛乱后，晁错居然提出把袁盎当间谍治罪的想法——这就太不顾全大局了。

吴楚联军逼近中原，中央政府的头等大事应该是团结起来，一致对外，晁错显然没意识到这点。

这时的汉景帝考虑的不仅仅是吴楚联军能不能罢兵的问题，他还要看没有造反的诸侯的反应，而诛杀晁错，起码可以稳住这些诸侯。更重要的是，"牺牲"晁错，可以让大臣团结一致抵御叛军——汉景帝调兵遣将，派周亚夫统率汉军主力，曲周侯郦寄率军攻赵，将军栾布攻打齐国，大将军窦婴屯兵荥阳——这些肩负重要使命的大臣基本上都跟晁错不对付。

也就是说，只有"牺牲"了晁错，吴楚联军才失去了旗号；只有"牺牲"晁错，举棋不定的诸侯才不会叛乱；只有"牺牲"晁错，前方将领才不会担心后方有人告黑状，才会拼死保卫刘姓江山。

因此，晁错必须死。

事实上，晁错为了削藩而死于削藩，虽然身后争议不断，但他公而忘私、国而忘家的爱国之情，千年以来一直为人赞颂，司马迁云："敢犯颜色以达主义，不顾其身，为国家树长划。"班固也说："为国远虑，而不见身害。错虽不终，世哀其忠。"

世哀其忠，或许这对晁错来讲就够了。

3. 现实解读两个关键词：声音、政治

我们说，自古以来，文人问政、秀才造反，多是形不成气候的。

削藩是汉王朝不得不行的策略，而且此策略越早越好，秦汉之前的周朝就是因为封建制的积害日久而导致后来的诸侯争霸，王权架空，最后导致周朝的灭亡。

事实上，汉景帝朝本有削藩的基础，汉高祖刘邦实行的是郡县与封

建的双轨制度，在皇城的周围都是中央直属的，而且离皇城最近的封地梁国是当时汉景帝的亲弟弟，为京城的屏障。

削藩的好处文帝早就看到，但是"得"与"失"时机上他还没把握掌控，当时晁错也曾向他提及，但所谓"不当家不知柴米贵"，作为一个高瞻远瞩的英明君主，他应该会比研究学问出身的晁错有政治智慧，所以他决定先放弃。这就是所谓的"术"，或者叫"策略"。

所以，汉文帝时已经初步实行"柔削藩"策略，将一些大的诸侯国都逐渐拆分，同时剥夺了一些小的诸侯国。但晁错削藩还是操之过急，在明知削藩令一下，诸侯必反，而当时朝廷仅有一个周亚夫数万兵马可调，在敌人重兵环伺的情况下，他仍心存侥幸，没有制定相应预案而贸然行之。

这一事实告诉我们，在大汉政治舞台上，有所作为的前提是必须能安身立命。

晁错是一个杰出的政治理论家，也是一个忠臣，在忠孝难以两全的情况下，他选择了前者，因为他有封建文人士大夫身上特具的"公民意识"：无论何时何地何事何况，都要忠于自己的理想和信仰。

但他不能算是一个杰出的政治实干家，他所信奉的法家使他刻薄寡恩，史称其"峭直刻深"，而犯了众怒。事实上，我们看凡历史上的法家基本都没有什么好结局，吴起、李斯都是前车之鉴；他所崇尚的儒家，过于空谈，没有任何实际的操作的成功案例，这说明什么？

"政治经验"也！

就说这次削藩，你明明知道有"吴王造反"的风险，为何不制定详细周密的应对预案？这也许是文人性格中"凡事往好处想"的侥幸心理作祟使然。

所以说，在改革涉及国内诸多利益集团这个大是大非面前，必须要有对风险的科学评估，必须能在可以掌控的范围内，并制定得当预案。否则车翻人亡的悲剧就在眼前，后世的王安石也是如此。

而他所遇的汉景帝算是一个"准明主"，但非霸主。在听到"八王"

"清君侧"的口号时，居然跟这班政治流氓讲江湖义气，幻想杀一晁错而以谢天下，殊不知晁错杀否，都无关于大局，这在政治上是何等的幼稚！

所以司马迁认为："晁错为国远虑，祸反近身。"

而有些人却觉得晁错的削藩措施过于激进草率，如同自捅马蜂窝，惹祸上身。也有人假设，如果换成贾谊，然后再给他长十几年寿命，也许用他的主张就能妥善解决中央与诸侯的对抗关系。

这说明施行改革还要有必要的"妥协精神"。所谓"妥协"，不是"退缩逃避"，而是"战略后撤"，在"知雄守雌"、"知白守黑"中韬光养晦。

我们再说景帝，仔细算来，他从汉惠帝七年（前188年）生到前157年登基，也就是说他是31岁时当皇帝坐上宝座的，在三年后的景帝前元三年（前154年）由晁错削藩而引发"七国之乱"而决策诛杀晁错。

这就是说，他是在34岁时诛杀晁错的。就这件事来讲，我们从政治角度考察，他当然是大汉最高统治者，但他不是一个合格的政治家。

首先，从生理期角度看，他这个年龄已走过意气用事，冲动癫狂的"愤青阶段"。

其次，他久居皇宫，朝廷臣工在天子庙堂前议论天下国是，他在这种氛围下耳濡目染，经过多年政治历练，所以说，他此时应该成熟。

然而，在处理诛杀晁错这件大事上却犯下一个何等低级的政治错误：以诛杀一个与己与国均为忠尽瘁的绝世良臣晁错为条件换取七国退兵。

结果不想人家起兵之意不在"错"，如此给一群强盗流氓大讲"江湖义气"，足见他在政治上幼稚到了何等地步。

当然，在这一时期由于国家富裕，而被后世称为"文景之治"，但这一件事，永远是他身上抹不掉的诟病。

按一般常理，晁错在世时，总会给皇帝提意见，一天到晚在皇帝跟前噪噪聒人，这下好了，景帝耳根清静了。

更重要的是，他的死，也会让大汉朝廷庙堂之上的卿相臣工们在"杀鸡儆猴效应"中不敢"发声"，在如此一个人人自危明哲保身囊括守禄、万马齐喑的环境中，这群子孙后世们在先人荫护下前赴后继走完各自的"万岁人生"。此后，在中国历史的天空下，再也听不到大汉的"声音"，再也看不到一丝改革亮光。

4. 这是一场没赢家的博弈

随着晁错在东市人头落地，三个月后，以刘邦之侄吴王刘濞为首发动的一次同姓王联合（楚王刘戊、赵王刘遂、济南王刘辟光、淄川王刘贤、胶西王刘昂、胶东王刘雄渠）大叛乱被彻底粉碎了。

其中，刘濞逃到东越，为东越王所杀。那么，谁是这场博弈的胜利者呢？有人说是朝廷，是汉景帝，其实在我们来看，他也不是最后的赢家。

我们先说晁错，他已为削藩亡躯，临走还搭上老父的性命。

再说"七国"，由吴王刘濞为首发动的叛乱已烟消云散。

最后说大汉、汉景帝自己。

第一，诛杀晁错使"国失良臣"。

关于晁错，鲁迅先生评论他："为西汉鸿文，沾溉后人，其泽甚远。"晁错这个人很有治理国家的能力，早在文帝朝的时候，晁错便为太子令，号"智囊"，他上疏言兵事，分析汉匈形势，发动战争的利弊，提出了以夷制夷的对匈策略，随后又上书叫文帝募民迁徙塞上，熟悉匈奴地形而攻之。紧接着又提出了徙民塞上的具体措施与军队编制问题。

在经济方面，晁错建议汉文帝"广蓄积，以实仓廪，备水旱"，重农抑商，拜爵入粟于边者，而后又建议文帝减民税以勤农。

这一系列政治主张体现在他的政论《募民徙塞下书》、《论贵粟疏》里。晁错当时对于国家的时弊不仅敢于直言不讳，而最重要的是他在分析原因之后，还提出了具体应对措施和解决方法。

有道是，"千夫诺诺，不如一士谔谔"，今天，端坐龙椅，手抚旧臣晁错所作《论贵粟疏》的汉景帝，不知能否在睹物思人中懊悔因为自己的一纸糊涂圣旨而让大汉失去一位旷古绝今的"谔谔之士"。

可悲的是，堂堂一位创造"文景之治"圣世的大汉竟容不下一位对大汉忠心不贰的绝世能臣。

第二，诛杀晁错使"君失信义"。

晁错与景帝之间的关系之密是众所周知的，汉景帝刘启 31 岁时即位当皇帝，他甫一即位，便锐气抖擞发誓在朝廷大展宏图，这正对晁错的铆，他对晁错提出的一些政见言听计从，可以说，在为政理念上二人"战略相惜"。

当时汉朝庙堂之上，一对君臣之间如此"志同道合"、如此"高山流水"，的确是少见的。

按常理，二人除了君臣之道外的私交友谊也当然"水涨船高"。作为一名标准的封建士大夫，晁错也会用极其强烈的报国情怀来展示对景帝的忠诚，以示回报皇帝的知遇之恩。

然而，他的这一"恩"还未来得及报，竟换来那晴天霹雳的斩腰一刀，他没死在敌人的屠刀之下，却倒在自己除了父母之外最信任、最亲近、最知心的朋友——汉景帝脚下。

当然，事后邓公上书言军事，指出诸侯王造反的实际目的，说景帝不应该错斩晁错，这样做的后果会"内杜忠臣之口，外为诸侯报仇"，景帝听了喟然长叹，说："公言善，吾亦恨之！"这句话的意思是"你说得对，我现在非常后悔（当初那样做）"。

可惜晁错人首既已诛，万事皆无回头之路。决策如此鲁莽，可见这位新皇帝的确缺乏管理国家的经验。然而误斩晁错，对于景帝来说是一次教训，对于国家却是一种损失。

想必在九泉之下的晁错听到此言，也不无是"死得其所"。因为最起码这是在他人性深处一点最珍贵的悔悟怜悯之心——公言善，吾亦恨之！

但无论如何，堂堂一国之君竟把自己与无信无义的江湖混混画上等号。可以想象，假如当朝臣工不经意看到晁错倒下那一幕，大家对这位

当朝国君会作何感想？

第三，诛杀晁错使"臣得教训"。

从史料中看，自晁错被杀后，整个大汉庙堂之上从此以后就出现了人人噤若寒蝉明哲保身的局面，这谁都明白怕自己成为"晁错第二"。这是汉景帝后期的事。

再后来，这种万马齐喑的局面一直持续下去，在这里，一代开国枭雄刘邦的子子孙孙们把从父辈传承下来的江山社稷就这样在日将月就中茫然地守持着。

也就是说，从晁错倒下那一刻起，整个西汉包括东汉几百年国史上都再也没出现过类似晁错式的人物，我们再没听到过关于那个时代发的任何声音，再也没看到一丝改革亮光。

晁错在历史上是一个争议颇多的人物。晁错当然不是完人，他的缺点很明显，但是，在那个时代，他确是一个进步的杰出的人物，是一个政治家。

明代李贽曾说："晁错可以说他不善谋身，不可说他不善谋国"，热情赞扬了晁错为了国家利益而不顾个人安危的献身精神。应该说，这种精神是很可宝贵的。

到了武帝朝，很多正直的大臣们屡次上书为冤死的晁错平反，并且纷纷继承晁错生前的政治主张，"务摧抑诸侯王"，不断上奏，揭露诸侯王的过错。

其实，此时的汉朝，因平叛诸侯造反争斗，已经元气大伤，况且到了武帝朝，中央政府的统治更为巩固，那些于天下一隅的诸侯王很难再与中央抗衡，此时朝中大臣再无得罪诸侯引起诸侯公愤的忧虑，当然可以跑到皇帝面前畅所欲言，以博皇上看重。而景帝朝的时候，又有几个人能像晁错一样直言天下利弊呢？

七 王莽："悲壮失败"的社会改革家

在中国历史上，人们对王莽这个人的评价最耐人寻味：要么褒之，要么贬之，对他的评价度总是集中在两个极端之间。比如，在白居易看来，他是一个大野心家。因此他得到的都是诟骂和鄙夷。但因为他的"谦恭俭让"，"礼贤下士"，所以在西汉末年社会矛盾空前激化的大背景下，王莽则被朝野视为能挽危局的不二人选，被看作是"周公再世"。事实上，在近代帝制结束之后，王莽被很多史学家誉为"中国历史上第一位的社会改革家。"

我们认为，基于历史现实，在这个陈述句中，还应该加几个字："悲壮失败"，即"中国历史上第一位'悲壮失败'的社会改革家"。

赠君一法决狐疑，不用钻龟与祝蓍。

试玉要烧三日满，辨材须待七年期。

周公恐惧流言日，王莽谦恭未篡时。

向使当初身便死，一生真伪复谁知？

这是唐代大诗人白居易在其诗作《放言五首（其三）》中关于王莽的描述。

显然，白居易在这首诗中，是把王莽看作一个大野心家的。其实，在历史上对他作出如此评价的，岂止是白居易，在他之前和之后的许多

史家都是如此来评价王莽的。

事实上，从东汉班固之后的一千多年间，王莽成为了人们诟骂和讽刺的对象。

王莽（公元前45—公元23年），字巨君，中国历史上新朝的建立者，在位时间仅为15年（公元8年—23年）。

历史上的王莽身份很特别，他并非皇室成员，而是西汉外戚王氏家族的成员，但其人谦恭俭让，礼贤下士，在朝野素有威名。

到了西汉末年，整个社会矛盾空前激化，而王莽则被朝野视为能挽危局的不二人选，被看作是"周公再世"。

公元9年，王莽代汉建新，建元"始建国"，宣布推行新政，不想政令一出，整个社会鼎沸冲天，各地群雄豪杰起而攻之。新莽地皇四年，更始军攻入长安，王莽死于乱军之中。

仔细算来，王莽在位共15年，死时69岁，而新朝也成为了中国历史上最短命的朝代之一。

王莽是一位在中国历史上备受争议的人物，如果以古代史学家"正统"的观念，认为其是篡位的"巨奸"。

一些学者对王莽有过许多新的研究，如胡适在所写的《王莽》和《再说王莽》两篇文章就认为，王莽一千九百多年前是一个社会主义者，我们应该替他申冤，历史学家翦伯赞所写的《秦汉历史上的若干问题》一文中也肯定了王莽是一个独具卓见的人物。

可惜的是，这些真知灼见得不到学界的重视，得不到人们的认同。

事实上，关于对他的客观评价，毛泽东早就曾指出："关于王莽变法，汉时一般做史的人——范晔、班固、班昭等——因为他们吃的是汉朝的饭，要给汉朝说几句话，把王莽说得怎么坏，其实王莽也不是怎么不得了的一个坏人"（《毛泽东评点二十四史》）。

这就是说，即使不是汉代的史学家，只要他骨子里接受的是封建正统思想，就同样也不可能对王莽有一个公正的评价。事实上，在近代帝制结束之后，王莽被很多史学家誉为"中国历史上第一位的社会改革家。"

我们认为，基于历史现实，在这个陈述句中，还应该加几个字："悲壮失败"即："中国历史上第一位'悲壮失败'的社会改革家"。

(一) 一位"愤青国君"的"乌托邦"梦想

今天我们评价王莽，就不应该再纠缠在他的篡汉是多么虚伪、卑劣等问题上了，而应该多看看他的改制在中国历史上是多么伟大的事业，尽管这个改制最后是彻底失败了，他自己也为此付出了生命的代价。

其实，王莽的篡汉当皇帝跟刘邦、刘秀、赵匡胤等人的争天下、当皇帝是不同的，后者只有一个目的，那就是获得至高无上的权力和荣耀，来满足个人的私欲，刘邦羡慕始皇时所说的"嗟乎，大丈夫当如此"就表达了自己的心声。

而作为儒家学派忠实信徒的王莽，他有自己的政治抱负，他的篡汉当皇帝只是一个手段，他要获得无上的权力来达到自己的目的——把儒家的政治学说——实践，缔造一个理想的大同世界。

于是，在他如愿登基后，在国体制度上力求破旧立"新"，在政体法秩上强调革故鼎"新"，而为了与旧汉划清界限，他把国号也改为"新"，总之，一切都是"新"，包括强国方略。

1. **政治方面**

王莽建"新"后为了表示改朝换代，革汉立新，废刘兴王。王莽根据儒家经典，将一大批政府机构和官职改换名称。如在中央官职中，更名大司农为羲和，后改为纳言，改大理为作士，太常为秩宗，大鸿胪为典乐，水衡都尉为予虞，光禄勋为司中，太仆为太御，卫尉为太卫，执金吾为奋武，中尉为军正。

地方官职的名称也多有改动：太守改为大尹（或卒正、连率）、都尉改为太尉、县令（长）改为宰。等等。此外，王莽还增加了许多新的官职，如在中央新置大司马司允、大司徒司直、大司空司若，列于九卿；置大赘官执掌舆服御物，后又典兵，位上卿；设司恭、司从、司

明、司聪、司睿等五大夫；在地方，州置牧副、部置监副，等等。

2. 经济方面

（1）推行王田制

始建国元年（公元9年），王莽颁行了王田制的诏书，指出古时行井田制，国给民富，秦汉以来破坏了井田制，土地兼并严重，"故富者犬马余菽粟，骄而为邪，贫者不厌糟糠，穷而为奸"。

所以他提出了王田制方案：所谓王田制，实质上是个均田的制度。这是针对土地兼并和贫富分化，打算做到"一夫一妇田百亩，什一而税"，以缓和阶级矛盾的土地制改革的方案。

（2）奴婢政策

王莽在颁行王田制诏书中，指责买卖奴婢有违于"天地之性人为贵"之义，而规定"奴婢曰'私属'，皆不得买卖"。这是承认奴婢为人而不是牲畜，通过禁止买卖而加以限制的奴婢政策。

但到了始建国四年，王莽在宣布土地可以买卖的同时，也令"犯私买卖庶人者，且一切勿治"。新奴婢政策也废止了。稍后，天凤四年（公元17年）王莽下令："三公以下，储有奴婢者，率一口出钱三千六百。"这是为了搜刮钱财，但也寓有限制奴婢之意。

（3）五均六筦（管）

始建国二年（公元10年），王莽下令"开赊贷"，张五均，设诸斡者。"五均"的主要内容是：在长安及全国五大城市洛阳、邯郸、临淄、宛、成都设立五均官。长安分东西市，设令，各市有长，令、长皆兼司市，称五均司市师；下设交易丞五人，钱府丞一人。

五均官的任务一是按工商各业的经营情况征收税款；二是管理市场的物价，各地五均官在每季度的第二个月，评定出各种货物的标准价格，称"市平"。

如果物价高于"市平"，政府就将控制的库存物资按平价出售，以平抑物价；市场价格低于"市平"，则听任百姓自由买卖。

赊贷是由政府办理贷款。具体办法是：如果百姓办理祭祀、丧葬或欲经营工商业而无资金者，可以向政府借贷。祭祀借贷须在十天内归还，丧事借贷须在三个月内归还，以上两项借贷不收取利息；工商贷款每年交纳不超过所借数额十分之一的利息。

在实行五均和赊贷的同时，王莽还设六筦之令。"筦"即"管"，就是由政府管理六种经济事业，即：酒、盐、铁由国家专卖，铸钱由国家专营；向取利于名山大泽的养蚕、纺织、缝补、工匠、医生、巫、卜、樵夫、渔民、猎户及商贩征收山泽税；加上五均赊贷，合称为"六筦"。

科学地讲，王莽推行五均、赊贷及六筦等措施，其目的在于利用政府力量控制经济事业，平抑物价，限制商人囤积居奇，从而使贫民免受高利贷的盘剥。

（4）改革币制

王莽共进行了多次币制的改革。一次是在他即位前的居摄二年（公元7年），下诏在五铢钱之外增铸大钱、契刀、错刀。

新朝建立后，王莽又在始建国元年（公元9年）进行第二次改革，废除五铢钱及刀币，另外发行宝货，计有五物（金、银、龟、贝、铜）、六名（钱货、黄金、银货、龟、贝货、布货），共二十八种货币。

但由于货币种类太多，换算起来又十分困难，因此流通非常不便。所以人们仍在暗地使用五铢钱。为推行新币制，王莽采取强制措施，下令严禁私铸钱，甚至民家藏有铜、炭者，都被指为私铸货币，一家盗铸，五家连坐。即使这样，也无法使新货币顺利流通。

结果此令推行一年以后，王莽被迫废除刚刚施行的二十八种货币，只留小钱值一和五钱五十两种继续使用。

第四次改革是在天凤元年（公元14年），废大、小钱，另作货布、货泉两种。货泉重五铢，货布重二十五铢，但一货布却值二十五货泉，货币价值的比例十分不合理。

这次改革，非但没有理清混乱的货币体制，反而加剧了混乱。而且，这些改革都是以新铸的劣质货币代替质量较高的旧币，然后又以更劣的货币代替原来铸造的货币，每更换一次货币，百姓就要遭受一次

盘剥。

由于这些货币无信誉可言，所以在王莽施行货币改革期间，物价飞涨，社会经济十分混乱，黎民百姓深受其害。

3. 对外关系方面

在同周边各民族的关系上，王莽一改西汉自昭宣以来建立的平等友好关系，妄自尊大，使中央政府与周边国家的关系日趋恶化，直至爆发连年战争。

始建国元年（公元 9 年），王莽称帝后，以天无二日，土无二王为由，将西域各国的王改封为侯，从而引起了西域诸国的普遍不满。

此后，王莽在一系列同西域的关系问题上都处置不当，西域诸国先是互相征伐，继而攻杀西域都护。天凤三年（公元 16 年），王莽派五威将王骏等人率兵出征西域，被西域诸国联合袭杀，几致全军覆没。

还有，王莽将少数民族王贬为侯的命令也引起了"西南夷"的不满。封地在今云南广南县一带的句町王怒不从命，被王莽处死。于是，句町王之弟承便率众起兵，饱受王莽政权压迫的西南各族人民趁机起而响应。

尽管当时王莽曾派几十万大军一度将句町的反抗活动平息，但西南各地的武装反抗一直延续到东汉初年。

王莽为准备对匈奴作战，在征发内地兵员的同时，还向臣服于汉的高句丽征兵。这便引起了高句丽人民的反抗。始建国四年（公元 12 年），王莽派严尤出兵，征服了高句丽，将其改名为下句丽。

王莽掌权后，为表现其"威德至盛异于前"，便改变了这种友好的态度，始建国元年（公元 9 年），他命使臣收缴西汉时发给的"匈奴单于玺"，而代之以"新匈奴单于章"，不但在匈奴前加以"新"字，且以"章"代"玺"，表明王莽试图降低匈奴单于的政治地位，将匈奴从前与汉天子的平等关系降为与王莽新室诸王同样的地位，从而使匈奴成为新室的附庸。

这自然引起了匈奴单于的不满，加上其他一些纠纷，平静多年的北方边境开始紧张起来，战争一触即发。

在这种情况下，王莽不但不采取缓和措施，反而下诏令匈奴单于改名为 降奴单于 ，接着又下令分匈奴全国为十五单于，这就引起了匈奴单于的公开反对。匈奴开始侵扰边塞，边境地区吏民被掠杀者不计其数，形成了"千里无烟，无鸡鸣犬吠之声"的局面。

总之，王莽当政后，在教育、祭祀、法律、音乐、漏刻、建筑、历法、度量衡、车辆制作的方面也有革新措施。

（二）他大力改革却造就短命王朝

从上文可以看出，这位西汉末年著名政治家、改革家，以复古为特色的政治体制改革的总设计师在强"新"之路上的脚步是"坚定有力"的，可是，现实告诉我们，他失败了，而且为之付出生命代价。

后人谈起王莽及王莽改制，大多数人都持否定态度，其实我们看待历史和历史人物都应一分为二、实事求是，不能偏颇，王莽也有其可取之处。

首先，作为孝顺仁义的表率的他，出生后父兄皆英年早逝。家中虽然有贵为皇后的姑母，但也未能够得到皇家的封赏，甚至可以说，王莽的童年生活比穷苦人家的孩子更为可怜。

俗话说，穷人的孩子早当家，小王莽就养成了尊卑有序、谦逊有礼而且勤奋节俭的好习惯。

汉成帝阳朔三年，即公元前 23 年，王莽的伯父王凤病休在家，王莽前后几个月衣不解带地侍奉左右，为避免药液烫伤伯父，他甚至亲口为伯父尝药，孝顺程度超过了王凤的亲生儿女，也深深感动了这位独掌朝政的伯父。

于是，王凤临死前请求皇太后和成帝委任王莽官职，不久，王莽做上了黄门郎，随后又被提升为射声校尉（相当于地方的郡守）。

此时，王莽年仅 24 岁。永始元年，即公元前 16 年，王莽的叔父成都侯王商请求成帝将自己的户邑分封给王莽。

同时，很多名士也联名上书，盛赞王莽的人品和才德。汉成帝顺水推舟，封王莽为新都侯，晋升为骑都尉、光禄大夫、侍中。

其次，作为节俭清廉的好典范，他的官职虽然越来越大，俸禄越来越多，但在生活方面却依旧简朴。他家里从不留余财，将自己的俸禄全部拿来赡养、救济名士，甚至连自己的马匹衣服都拿来分给宾客。

除了孝顺和节俭，在为官方面，王莽也非常廉正。曾有一段时间，王莽的表兄淳于长（王太后的外甥）胆大包天，竟敢调戏许皇后，还经常写调情的信件。

面对此事，王莽大义灭亲，举报淳于长的行为并导致淳于长在狱中被成帝杀死。还有一次，他的亲生儿子在家杀了一名奴婢，王莽痛斥后逼令其自杀。

可以说，在为官方面，王莽真正做到了"王子犯法与庶民同罪"。

再次，他是贫苦百姓的福音。王莽出生于贫困的家庭，当官以后，他一刻也没忘记贫苦百姓。

公元2年，出现了波及全国的大旱情，而且蝗虫为祸，许多地方颗粒无收。王莽十分着急，一边派遣官吏了解民情，一边筹措救灾钱粮。

同时，他还积极奏请太皇太后，裁减用度，为万民做榜样。在此期间，王莽自己不吃荤，以示与百姓同甘共苦。

其四，作为众望所归的成功者，他于公元5年（平帝元始五年）被汉王朝加封九锡。

也就在这一年，一个推举王莽代替刘氏当皇帝的"拥王运动"开始兴起。为什么无能的刘氏后人永远坐江山，而这样的圣人却不能当皇帝呢？

当时绝大多数臣民一致认定，只有王莽才能让奄奄一息的国家重新强壮起来。

公元8年11月，王莽在众望所归中即位当了皇帝，改国号为"新"。接着，他推行了一系列超越封建制度的旨在强"新"的"托古改制"。

其后的事实证明，由他主导的这场空前绝后的大改革，在全国人民的反对声浪中彻底失败了。

地皇四年（公元23年）十月初一，响应更始政权的军队入长安城。初三天明，王莽逃往渐台，公卿大夫、宦官、随从还有千余人。

这时守城的王邑日夜搏斗，部下死伤略尽，退至渐台。将士全部战死。王莽的女儿即汉平帝的皇后投火自尽，68岁的新朝开国皇帝王莽也死在乱军之中，落得被乱刃分尸的悲惨结局。在中国历史上仅存在15年的"大新帝国"灰飞烟灭。

王莽改制彻底失败了，但在他山穷水尽、必死无疑时，竟然还会有千余人自愿与他同归于尽，或许能给他一丝安慰，也向后人透露了一点真实的信息。

王莽最终失败了，这一失败，让王莽失去了所有。同时，也让一位敢于挑战的"勇士"永远钉在了"耻辱柱"上。

我们可以试想一下，如果王莽篡位后不进行改革，又或者，他改革的方式一步一步地推行，稳步前进，史书上又将如何记载呢？可以说，他的功绩将超过中国历史上的任何一位皇帝。

但是，王莽的的确确已经失败了。有人说，王莽的失败是因为他对封建势力的估计不足，是一次次的成功让他产生了激进的念头。又或者，有人会说，王莽在当官的时候为排除异己有过激的行为。可我们试想一下，当时的社会，当权者谁又没有这样的做法呢？

所以讲，如果我们真正了解了王莽的时代，了解了王莽的为人，试问，把王莽所做的一切都归结为为篡位作准备，这样的说法能够成立吗？王莽的遭遇，留给后世人们的只有无奈的感慨。

（三）王莽变革的启示

历史地看，王莽改制不仅没有缓解社会矛盾，反而加重了人民的负担，使百姓陷入了更大的痛苦当中：沉重的赋税、严酷的刑罚、残酷的战争以及各种各样的自然灾害，终于激发起了农民的反抗，使王莽充当

了自己及其创立的新朝的掘墓人，王莽改制最终以失败告终。

现实地讲，王莽改制的出发点是好的，他改革的着眼点也确实针对了当时的社会时弊，这说明王莽对产生社会矛盾的根源，认识还是比较深刻的，王莽的许多想法也是有一定的合理性，甚至超前性的。这主要体现在：

首先，王莽的币制改革具有先进性和科学性，他连续不断地改进货币系列，最后形成完备、齐全的货币递级。直到今天，世界各国都在使用。

关于币制问题，汉代士人也认为这是破坏小农经济的重要原因。早在文帝时，贾谊就认为钱币的轻重直接会对农业生产和社会秩序带来不利的影响。为解决钱币问题，汉武帝下令制作工艺考究、重如其文的"五铢钱"。

五铢钱的发行暂时缓解了民间私铸问题，但在生活中具体使用很不方便，西汉每人每年要缴口赋、算赋、更赋、户赋、戍边、献费等计2403钱，如果用汉"五铢"钱或"半两"钱支付结算，1斤钱约为96—100枚，照此一算，一万枚重百斤则需要肩背担挑甚至车运。要解决这些问题，最好的办法就是改变币值，即铸行大额钱。

公元7年，王莽第一次币制改革，推出了3种新币。错刀一值五千，契刀一值五百，大泉五十和原来的值一样的五铢并行。这就解决了大额交易时用币的困难。

例如，买卖一个奴隶，一般需要一两万枚钱，过去需要背上200斤重的五铢钱。现在只需带上三四枚"错刀"就可以方便地当即结算，省去几万钱的点计和背负。这就是大面值钱的优点所在。

公元9年，王莽称帝，废五铢创"小泉值一"，这是"革汉而立新"的标志。第一次币改运行过程中，值一与值五十相差太大，缺少中间分级过渡。翌年，又发行轻重大小各异，总名"宝货"的6种新货币，由此开始出现一整套的系列货币制度。

到第三次币改，铸币已出现从值一、十、二十、三十、四十、五十的大小"六泉"；从一百到九百、值千的十枚"布币"；值万的"国宝金匮"。这样一整套的组合货币，其先进性和科学性，直到今天，世界各国（包括中国）都在使用。

其次，"王田制"体现了儒家均平的社会理想，对后世均田制的创设有积极影响。"王田制"是后世均田制的前身，均田制于485年推行，实行到8世纪，是中国封建社会时期重要的土地制度。

其实，王莽推行"王田制"是有深刻社会背景的：西汉后期，阶级矛盾日趋尖锐，统治集团日益腐朽，农民起义不断发生，形成了严重的社会危机。西汉后期的社会危机，其根源在于土地兼并和奴婢问题。

西汉初，因楚汉相争，人民死亡过半，大量土地荒芜，高祖采取"重农"政策，生产得到发展，土地问题还不严重。文帝时，土地兼并开始严重，很多农民因破产沦为奴婢。武帝时，官僚、地主、大商人三位一体兼并土地，农民沦为奴婢的更多。

西汉后期，皇族、贵戚、官僚、大商人疯狂兼并土地，竟发展到了"强者规田以千数，弱者曾无立锥之居"的程度。哀帝时谏议大夫鲍宣上疏揭露当时"民有七亡而无一得"、"有七死而无一生"。

总体讲，土地兼并是西汉后期的主要矛盾。为了解决日益严重的土地兼并问题。武帝时董仲舒便极力主张恢复三代的井田制。

王莽代汉称帝后，为了扭转当时贫富不均、豪强富贾兼并垄断的不公平现象，平息沸腾的民怨，摆脱政治危机，巩固新莽政权，他称帝第一年就颁布"王田"、"私属"的诏令。

《汉书·王莽传》记载："今更名天下曰'王田'，奴婢曰'私属'，皆不得买卖。其男口不盈八，而田过一井者，分余田于九族邻里乡党。故无田，今当受田者，如制度。"

我们从中可以看到，王田制的目的主要是为了从根本上解决土地兼并问题，同时也体现了儒家均平的社会理想。这与孔子的"不患寡而患不均，不患贫而患不安"思想是一致的。这一思想反映了在古代宗法制度下以家庭为基本劳动单位的小农生产方式的要求。

另一方面，王莽的王田制也是这一时期的民本思想的重要内容。民本思想强调民为邦本，本固邦宁，民为国家根本所在。

所以，汉代思想家看到土地兼并使民生计无着，故主张解决土地问题，随着西汉后期土地兼并的发展，失去土地的农民空前增多，社会的普遍贫困化与大批无地农民的奴婢化，这客观上为社会动乱的加速到来提供了条件。

而王莽将儒家民本思想与挽救社会危机结合起来，其主观意图是将土地收归国有，限制豪富占田，堵塞兼并之路，分豪富之家逾限占有的土地予无田的贫民，以彻底解决董仲舒、师丹等先后提出而又未能解决的限民名田问题。

因此王莽王田制的主旨与董仲舒提出的"限民名田，以澹不足，塞并兼之路"的限田主张，基本精神和根本目的仍是相一致的。所以讲，王田制在中国经济思想史上有着重要的进步意义。

其三，"五均六筦"体现了王莽财政管理上的创造性。

始建国二年（公元10年），王莽"设六筦之令。命县官酤酒，卖盐铁器，铸钱。诸采取名山大泽众物者，税之。又令市官收贱卖贵，赊贷予民，收息百月三。牺和置酒士，郡一人，乘传督酒利"。实行制盐、冶铁、酿酒、铸钱的官府垄断经营，征收山林川泽渔采之税，进行官府商业买卖和高利贷经营等，再加上官府垄断经营制盐、冶铁、酿酒、铸钱和征收山泽之税，合称为"六筦"。

筦者，管也，指由政府对经济进行管理操控。王莽在谈到为什么实行六筦时，阐述了如下道理："夫盐，食肴之将；酒，百药之长，嘉会之好；铁，田农之本；名山大泽，饶衍之臧；五均赊贷，百姓所取平，卬以给澹；铁布铜冶，通行有无，备民用也。此六者，非编户齐民所能家作，必卬于市，虽贵数倍，不得不买。豪民富贾，即要贫弱，先圣知其然也，故斡（管理）之。"所述虽无理论创新，但简洁明了，切中要害。

客观地说，五均六筦政策有着合理的成分，有着调节社会经济结构和社会贫富分化的一定积极意义，确有为普通民众利益着想和限制社会上层贵富集团剥削压迫太甚的考虑。

这些政策有着明确的抑制兼并作用，通过政府对工商业进行垄断经营和强力管制，把原先主要掌握于社会上层贵富集团手中的盐铁酒经营、山林川泽、商业贸易等利益，夺归国家掌握。

王莽标榜实施这些政策以"齐众庶，抑并兼"，并非完全是官样文章。五均六筦政策若能有效实施，也能较好地缩小贫富差距，缓和社会矛盾和阶级矛盾，促进社会稳定。

但是，王莽推行五均六筦政策更为根本的目的，在于更多地搜刮攫取社会财富，以服务于王朝财政，不是真正地为促进社会经济发展而推行。

八 孝文帝：在思想解放的雷达导引下腾飞的改革国君

在中国历史上，有一个不很受人关注但却意义重大而且特别耐人寻味的王朝——北魏。它在五胡十六国的大混战之中神秘地崛起，沿着盛乐—平城—洛阳三级跳的轨迹，在历史上画出了一道漂亮的弧线，在汉唐两座中国封建文明高峰之间的漫长低迷岁月中，在北魏一朝实现了由弱势到强势，由分裂到统一，由胡族到汉化三大关键性转折，逐渐使北方各族融合进了中华文明之中，开启了通向隋唐盛世的大门。

如果我们从深度和广度来看的话，南北朝北魏孝文帝推行的改革措施应该是中国史上少数民族汉化改革最彻底、最成功的一次。他改革的功过在引起了一千多年来争论不休的同时，也引发了人们对民族和文化命运的深层思考。说起来这位皇帝还是一代少年有成的明君，他五岁即位，聪慧机敏。亲政以后，为了巩固北魏封建国家，实行了许多重要的改革，加速了北方各少数民族的封建化进程，为隋统一中国奠定了基础。他在位的二十九年间，最重要也最有争议的举措就是迁都和汉化。

（一）鲜卑血 汉族魂

公元467年，拓跋宏生于当时的北魏首都平城（今山西大同北），两年后被立为太子。这时的拓跋部虽已入主中原，但仍保留着早婚的习俗，拓跋宏出生时，其父献文帝拓跋弘年仅 14 岁。

在拓跋部建立北魏后，学会了中原王朝维持皇权统治的某些做法，比如后宫产子，一旦该子被立为太子，其母就要被赐死，以此来防止吕后那样的悲剧重演。

因此，当拓跋宏被立为太子时，他的母亲思皇后李氏即被赐死。他就在祖母冯太后抚养下长大成人。

拓跋宏的血管里流着的虽然是鲜卑族拓跋氏的血液，但他从小受到的却是汉文化的熏陶与教育，围绕在他身边的大臣也是一批具有极高文化修养的汉族士大夫。他自幼爱好读书，手不释卷，天分极高。

《魏书·高祖纪》说他"五经之义，览之便讲，学不师受，探其精奥。史传百家，无不该涉"。冯太后还亲自创作《劝诫歌》、《皇诰》等文章督促他阅读、背诵，将儒家的忠孝、仁爱、礼义等封建道德思想传授给拓跋宏，并用自己的言行感染、影响他。比如冯太后生活节俭，"不好华饰"，对待下人比较宽慈，拓跋宏也依样仿行。

儿时的生活积淀在拓跋宏内心深处，影响了他的整个人生。此后，拓跋宏一辈子爱好诗文，并创作了大量的诗赋文章（约 40 卷）。

他为政勤奋，励精图治，个人生活相当节俭；他提倡封建伦理道德，讲究孝悌、仁义、忠信，不仅身体力行，也要求臣民如此。这些，都是他日后推行全盘汉化政策的内在基础与指导思想。

当然，拓跋宏并未完全放弃鲜卑习俗。况且，当时南北对峙，战争频仍，也需要帝王具有带兵打仗的卓越能力。

因此，拓跋宏在习文的同时，也练就了一身武功。他从小善射，"及射禽兽，莫不随所志毙之"；臂力也好，十多岁时即能以手指弹碎羊的肩骨。

如此成长起来的拓跋宏既具骑射武功，又富汉文化修养，可谓是文武兼备之才。

公元 471 年，拓跋宏即位，是为孝文帝。

这时的他，面临的是国内矛盾重重，阶级关系对立，社会经济发展

停滞不前。在经济上，北魏的社会发展水平相当落后，底层民众仍生活在原始愚蒙状态。

在政治上：北魏崛起后虽然统一北方，结束了北方分裂割据的政治局面，但社会矛盾依然尖锐，国家随时处于分裂边缘。

他所在的拓拔部是鲜卑族活动在大兴安岭北端东麓一带的一个分支。随着拓跋部不断南迁，在西晋时，部落首脑拓跋猗卢因为帮助当时统治者抗击刘渊、石勒有功，被封为代王，建立了代国。

但不久，代国被兴起的前秦所灭，拓跋部的历史也暂时地中断了。

淝水之战后，前秦统治遭到了瓦解，拓跋部的拓跋珪趁机复国，召开部落大会，即位代王，并改国号为魏，称皇帝，史称北魏。此后几代北魏统治者都致力于统一、兼并战争，先后灭掉了北方仅存的大夏、北燕和北凉，于439年统一了北方。

在民族征服的过程中，北魏统治者对各族人民实行了民族歧视和残酷的民族压迫政策，在征服战争中也常常出现疯狂的民族杀戮，民族矛盾不断激化（改革的必要性）。

到了北魏中期，民族矛盾虽已日趋缓和，但由于统治阶级过度地剥削和压迫，阶级矛盾也日益尖锐起来，农民起义年年爆发，特别是公元445年在陕西杏城的卢水胡人盖吴领导的起义，发动了十余万群众参加起义。

当时北魏政府派出6万骑兵前来镇压，统治者拓跋焘亲临指挥，最终盖吴被叛徒杀害，盖吴起义失败了，却使北魏统治者受到了极大的震动。

此后，农民起义依旧有增无减，而朝廷残酷的镇压非但没有平息人民的起义，反而激发了更多矛盾和斗争。为了缓和社会矛盾和发展国家，孝文帝决定大刀阔斧全盘汉化改革。

（二）他让一个国家在历史拐点深处华丽转身

孝文帝改革涉及政治、经济、文化等各个领域，范围极其广泛，内容也极为丰富。总体概括起来有以下四点：

第一，推行均田制。在均田制的同时又颁布了与之相联系的三长制和租调制。均田制使农民分得了一定数量的土地，将农民牢牢束缚在土地上，成为国家的编户，保证了地主们的基本利益及土地私有制。而租调制则相对减轻了农民的租调负担，改善了农民的生产生活条件，从另一方面促进了生产力的发展。

第二，整顿吏治。吏治的败坏不仅激化了社会矛盾，同时也使统治阶级内部产生了矛盾。在这项改革措施中，以"治绩"的好坏为标准。整肃了官僚机构，巩固了封建统治。

第三，迁都洛阳。为了接受汉族先进文化，加强对黄河流域的控制，孝文帝决定迁都洛阳。495 年正式迁都洛阳。

第四，实行汉制与移风易俗。主要内容有改官制、禁胡服、断北语、改复姓、定族姓、迁都洛阳等。

这一系列改革措施逐渐落实的同时，他又酝酿另一场更大的"政经霹雳"：

首先，他制定了"官吏俸禄制"。在历史上，北魏官吏旧无俸禄，中央官吏按等级得到战争中获得的财物和劳动人口，地方官只要上交一定数量的租税和绢帛等实物，就可以任意搜刮百姓，结果吏治黑暗，贪污成风，造成了十分严重的后果，直接威胁到北魏政权的稳定。

为澄清吏治，巩固统治，484 年，他下诏实行俸禄制。诏书说："故宪章旧典，始班俸禄。户增调三匹，谷二斛九斗，以为官司之禄。均预调为二匹之赋，即兼商用。"（《魏书·高祖纪》）俸禄制就是由国家征收统一的租调，筹集禄银，按级别高低发给官吏，不许官吏自筹。同时将颁行俸禄与严惩贪赃紧密地联系起来，规定了在"禄行之后，赃满一匹者死"的严厉惩治措施。

孝文帝实行的俸禄制，以及与此密切相关的整顿吏治、惩办贪污，使北魏吏治状况开始明显好转，为北魏政权进行各方面的改革提供了一个比较有利的政治局面，成为推动北魏王朝走向兴盛的重要因素。

史书曾称颂孝文帝时代"肃明纲纪，赏罚必行，肇革旧轨，时多奉法"（《魏书·良吏传序》）是符合当时实际情形的。

其次，推行"均田制"。北方自西晋后期八王之乱、永嘉之乱以来兵戈不息，百姓流亡，以致"千里无烟"，土地大量抛荒，政府控制着大量的无主荒地，这就使得均田制的推行成为可能。

为了缓和社会矛盾，发展农业生产，增加国家赋税收入，公元485年，冯太后、孝文帝采纳大臣李安世的建议，颁布均田令，推行均田制。即按一定的标准将国家控制的土地平均分给农民耕种，土地不得买卖。不种则由政府收回。同时，鼓励开垦荒地，发展生产。

均田制的推行影响深远：一方面，这在一定程度上使无地农民获得了无主的荒地，农民有了安居乐业的可能，生产积极性提高，同时大片荒地被开垦出来，粮食产量不断增加，从而积极推动了北方经济的恢复和发展；其次，均田制是封建国家土地所有制，并未触动封建地主利益。总体讲，这一举措有利于国家征收赋税和徭役，同时也全面促进了北魏政权的封建化，从根本上巩固了北魏的统治。另一方面，是均田制的推行极大地推动了北方内迁各族改变原先落后的游牧生活而向封建农民的转化，推动了这一时期北方民族大融合高潮的出现。还有，均田制对后代田制也有很大影响，先后为北齐、北周、隋、唐所沿用，施行时间长达三百多年。这一制度的选择、推行为中国封建鼎盛时期的出现奠定了雄厚的物质基础。

再次，设立"三长制"。为配合均田制的推行，强化对地方的控制，公元486年，朝廷采纳大臣李冲的建议，实行三长制。规定：五家设一邻长；五邻设一里长；五里设一党长，选择本乡"强谨"的人充当。"三长制"是北魏基层行政组织。其职责是检查户口，征收赋税，征发兵役和徭役，推行均田制。"三长制"的推行，一是健全了从中央到地方的行政体制，保证了国家对人民有效地控制，二是有利于推行均田制。

最后，推行"新租调制"。即在实行"三长制"的同时，颁布与

"均田制"相适应的新的"租调制"。具体内容是规定一对夫妇每年向政府缴纳粟二石，帛或布一匹。这一制度使农民负担大为减轻，许多受庇于豪强的农民也纷纷转向政府，成为国家的编户齐民，增加了政府的收入。这些改革措施以发展生产，缓和矛盾，巩固政权为目的，形成了以均田制为中心的一整套政治经济制度。这些制度彼此影响，互相作用，有力促进了北魏经济的恢复和发展，巩固了北魏的政权，为孝文帝后期推行更深层次的改革奠定了基础。

公元 490 年，冯太后病逝，孝文帝亲政，北魏改革进入新阶段，为继续推进改革，孝文帝首先确定迁都洛阳。基于政治、经济和文化价值影响多方面因素考虑，他决定迁都洛阳。

为保证迁都顺利进行，孝文帝进行了周密的部署和安排，以"南伐"之名行迁都之实。公元 495 年，北魏正式将都城迁到洛阳。

随着迁都的进行，大批鲜卑人源源不断地涌入内地，北魏政府又面临着许多新问题：鲜卑人的习俗是编发左衽，男子穿袴褶，女子衣夹领小袖，多数人不会说汉语，这些都不符合中原的习俗；且新迁之民初来洛阳，居无一椽之室，食无担石之储，不擅农业，人心恋旧。

如不及时解决这些问题，将会严重地阻碍各民族之间的交往和经济文化的发展，不利于北魏政权的巩固。在王肃、李冲、李彪、高闾等汉族士人的支持下，迁洛之后，孝文帝立即着手改革鲜卑旧俗，全面推行汉化。主要措施有：

易服装。公元 495 年 12 月 2 日，下诏禁止士民穿胡服，规定鲜卑人和北方其他少数族人一律改穿汉人服装。

为此，孝文帝本人带头穿戴汉族服装，并在会见群臣时，"颁赐冠服"。为了让"易服装"政策深入人心，他让教师利用教材中《北魏掌衡武士》和《北魏文官俑》两幅图片，让学生对比指出鲜卑族服装款式有何变化，使学生从鲜卑族服装变化的感性认识出发，进而形成对孝文帝"易服装"改革措施有力推动了鲜卑族向中原农耕文明的转化和发展意义的理性认识。

讲汉话。孝文帝宣布以汉语为"正音"。称鲜卑语为"北语"要求朝臣"断诸北语，一从正音"。六月，正式发布诏令："不得以北俗之语，言于朝廷，若有违者，免所居官。"下令官员上朝时要讲汉话，但30岁以上的官员一时难改，可仍讲鲜卑话，暂不处罚；30岁以下官员必须严格执行法令，否则要降职。

改汉姓。太和二十年（496年）正月，孝文帝下令改鲜卑复姓为单音汉姓。他在诏令中说："自代郡迁到洛阳的诸功臣旧族，姓或重复，都要更改。"

于是，他带头将拓跋氏改为元氏，因为北人称土为拓、称后为跋，魏主认为他们祖先出于黄帝，以土德王，就姓了拓跋。而土是黄色的，它是万物之元，所以改姓为元。其余鲜卑姓氏也改为汉姓。

改姓以后，鲜卑族姓氏与汉姓完全相同。他还参照汉族门阀制度的做法，来确定鲜卑族的门第高低，并按照门第高低来选拔人才，任命官吏。

通婚姻。为使鲜、汉两族进一步融合，孝文帝还大力提倡鲜卑人与汉人通婚。他带头纳范阳卢敏、清河崔宗伯、荥阳郑羲、太原王琼、陕西李冲等汉族大士族的女儿以充后宫，并亲自为六个弟弟聘室，六个王妃中，除次弟之妻出于鲜卑贵族外，其余都是中原的著名汉族大士族。

通过这种联姻把两族统治者的利益和命运紧密联系在一起，以巩固统治。建议教师引导学生对比汉代"和亲"政策，进一步加深理解这一改革措施对加强民族联系，缓和民族矛盾，促进民族融合所产生的深远影响。并进而认识"政治联姻"是处理民族关系和政治矛盾的一种重要策略。

改籍贯。孝文帝发布诏令，规定迁到洛阳的鲜卑人，死后要葬在河南，不得还葬平城。

于是，从代郡迁到洛阳的鲜卑人开始经营起小块土地，筑起数间房屋，逐渐成为中原地区的个体农民。

自从魏孝文帝建都洛阳起，先后有四位北魏皇帝葬在洛阳北郊邙山一带，即有魏孝文帝的长陵，魏宣武帝的景陵，魏孝明帝的定陵，魏孝庄帝的静陵。

孝文帝崇尚中国文化，实行汉化，禁胡服、胡语，改变度量衡，推广教育，改变姓氏并禁止归葬，提高了鲜卑人的文化水准。是西北地区各民族陆续进入中原后民族融合的一次总汇，对中华民族的形成和发展起了重要的作用。

（三）历史在他手中完美进化

科学地讲，孝文帝的改革是北魏政治、经济发展以及鲜卑族进一步封建化的必然结果。它首先使北方社会经济有了明显发展：农业生产工具得到改进，兴修水利、开垦荒地，粮食产量增多，畜牧业得到发展。手工业生产日益活跃，商业活动也日趋活跃。

其次，政权封建化加速。迁都洛阳以后，鲜卑统治者接受了汉族先进文化制度，大大加速了北魏政权的封建化进程，对北魏社会政治生活乃至整个中国历史产生了深远的影响。

最后，促进了民族的交流和融合：北魏孝文帝改革不仅缓和了民族矛盾，巩固了封建统治，更促进了民族的大融合，他推动以鲜卑族为中心的北方少数民族的汉化进程，为中华民族注入了新鲜血液，鲜卑族及鲜卑文明在一个民族大家庭里也得到了永生。

历史地看，孝文帝的改革体现了民族融合的巨大推动作用。因为整个中华民族的文明就是各个民族不断交流、融合所产生的，中华民族是一个大家庭，我们应该具有高度的民族凝聚力与民族情感，懂得民族间的尊重与友爱。

当然，孝文帝的改革也遭到了鲜卑旧贵族的强烈反对，在孝文帝的坚决镇压下才保证了汉化政策的推行，巩固了改革的成果，由此也可见孝文帝改革的勇气与决心以及高瞻远瞩的改革眼光。

历史不能不承认，拓跋宏为了北魏的国家大业，民族的发展，兢兢业业，勤勤恳恳。他完成了北魏社会的封建化，推动了各民族的融合，

为中华民族注入了新鲜的血液，促进了当时社会的稳定、经济的繁荣与文化的进步。

尤其值得肯定的是，他为汉文化的传承与发展起到了承上启下的作用，为中华大地各民族的融合开了一个好头，为后来的北方民族完全统一中国作出了不可低估的贡献。

从另一个角度讲，我们判断历史的功绩，不是根据历史活动家有没有提供现代所要求的东西，而是根据他们比他们的前辈提供了哪些新的东西。北魏孝文帝作为一个落后民族的统治者，为了政权的巩固，抛弃狭隘的民族偏见，比他的前辈提供了新东西。

一方面，他推行"均田制"，并颁布与之相联系的"三长制"和"租调制"。

历史地看，"均田制"使农民分得一定数量的土地，抑制了土地兼并，有利于国家征收赋税和征发徭役；而"三长制"则使许多农户成为国家直接掌握的编户，有利于中央集权的巩固。同样，"租调制"则相对减轻了农民的租调负担，极大地改善了农民的生产生活条件，促进了生产力的发展。

一方面，他整顿吏治。吏治的败坏不仅激化了社会矛盾，也使统治阶级内部产生了矛盾。通过整顿吏治，整肃了官僚机构，巩固了封建统治。

另一方面，促进民族融合。从历史上看，民族大融合有以下几种方式：

第一种是民族迁徙，如魏晋以来，匈奴、鲜卑、羯、氐、羌等族大批内迁，他们在北方各地和汉族人民杂居相处。

第二种是民族之间为了共同敌人而联合斗争，如西晋末年统治者对各族人民的残酷剥削和压迫，十六国时期的连年战乱，北方经济破坏严重，人民生活困苦，迫使各族人民联合起来，共同斗争，从而使民族之间的联系更加密切。

第三种是民族之间的友好交往，如魏晋以来，我国北方出现过几次统一局面，在和平的环境中，各族人民交往频繁，使民族融合步伐加快（即使在战乱期间这种交往也始终没有间断）。

第四种是少数民族统治者的改革，如北魏孝文帝改革，实行汉化政策，促进民族大融合。孝文帝的汉化改革就属于这种，如他改官制、禁胡服、断北语、改汉姓、定族姓、迁都洛阳等，这是孝文帝改革中最重要的措施。

综上所述，从历史发展视野考察，孝文帝的成功改革，从"速度"和"速率"角度把北魏经济的复苏和繁荣进程大大"正向促进"。

这种进步尤其是体现在农牧业方面，这主要表现在：首先，生产工具的改进：整地碎土工具的复杂化与精耕细作。其次，耕作技术的提高："宁可少好，不可多恶"，"顷不比亩善"；同时，重视兴修水利：有水田之处通渠灌溉，同时经济作物和畜牧业的发展。最后，民间荒地得到更多的开垦，粮食产量提高，人口增殖。

究其原因，一方面是政府政策的调整即孝文帝改革推行的"均田制"、"三长制"和"租调制"。一方面是民族大融合的影响。另一方面，农业生产力的发展包括生产工具的改进，耕作技术的进步，水利设施的兴修等。

孝文帝的成功改革，还表现在国家政权封建化的加速。孝文帝从小熟读儒家经典，建孔庙并亲自祭拜，起用儒家人士，兴办太学，教授儒家经典，培养人才。

众所周知，在中国历史上，儒家文化一直是汉文化的主体，儒学既重外在的行为规范又重内在道德的自律，维护了封建统治和社会秩序的稳定。

同时，他采纳汉族封建统治制度，即仿汉官制，制定北魏官制。修律令，废除一些带有奴隶制成份的落后残酷的法律，保证了汉化政策与制度的施行。

总之，北魏统治者接受了汉族先进文化与制度，大大加速了北魏政权的封建化进程，对北魏的政治生活乃至整个中国历史产生了深远影响。

孝文帝的成功改革，还体现在极大地促进了民族的交流与融合。

这主要表现在：一方面是生活习惯的汉化：鲜卑族经济方式的变化：鲜卑族筑起简陋的房舍，经营小块土地，最终脱离了游牧生活和部落联系，开始转向中原汉族的农业文明；鲜卑族的阶级成分的变化：迁居洛阳的鲜卑族劳动者陆续成为中原的农民，贵族占领良田成为中原的封建地主，有的还兼事工商业；生活习惯也发生变化：汉族风俗习惯成为整个封建社会风俗习惯的主体。

另一方面是鲜卑族优秀文化的融入。其特征之一就是鲜卑族畜牧业生产经验的融入，如北魏贾思勰写的《齐民要术》，总结了北方先进的农牧业生产经验，对北方的经济生产起着一定的影响。其特征之二是服饰与风俗的融入：如诗歌描写汉族女子"褰裙逐马如卷蓬，左射右射必叠双"，如教材插图《汉人胡食画像砖》就是明证。

（四）孝文帝变革的启示

第一，孝文帝改革顺应了时代潮流，符合民族融合趋势和各族人民的愿望。"无边落木萧萧下，不尽长江滚滚来"。历史潮流滚滚向前，任何力量无法阻挡。这是时代发"铁定真理"，孝文帝明察此理，所以才主动践行改革，实为一代明主。

第二，孝文帝改革，是在思想解放雷达引导下，在与时俱进与"势"俱进中的主动进化和"策略发展"，他科学地认识了"先进必然战胜落后；科学必然战胜愚昧"这条颠扑不破的发展规律。所以他冲破阻力，毅然改革。

历史证明，孝文帝改革促进了北方经济的复苏和繁荣，加强了民族大融合，为国家结束分裂、走向统一和封建社会的繁荣奠定了基础。孝文帝是我国少数民族中杰出的政治家、改革家，是中华民族的千古功臣。

九　周武帝：史上图强变革的标准样本

　　从汉末三国时期的公元189年到南北朝结束的589年间，历史的脚步行进了整整四个世纪。在这期间在华夏大地上，除了西晋短短50余年的短暂统一外，一直是战乱状态。地方割据，坞堡林立。汉族与汉族、汉族与外族、外族与外族，残酷混战，漫无止境。这一时期，朝代更迭之快，战争数目之多乃历史上所罕见。能者占国，强者为王，贵族相争，军阀相屠。短命的王朝此起彼伏，你消我长，但都倏忽埋灭在浩瀚的历史长河中。中国历史从此进入了一个动荡、混乱的时代。

　　这期间的南北朝是我国封建社会继续向前发展，各民族纷纷登上历史舞台，相互融合，共同创造祖国历史的活跃时期。在此期间，出现了许多有作为的、值得我们认真研究和总结的历史人物，北周武帝宇文邕（yōng）便是其中较突出的一位。

（一）强君应有强国策

　　周武帝宇文邕生于大统九年（公元543年），是宇文泰之四子。他自幼"聪敏有器质"，"及长，性沉深，有远识"，"朝廷大事，多共参议"，且每"言必有中"。其父宇文泰曾自豪地在群臣面前夸他："成吾志者，必此儿也。"

　　他即位后，北周动荡的政治局面仍未有根本改变。在国内，一些权

老重臣长期把持朝政，使宇文邕处于被架空的傀儡地位；在国外，北齐的存在对北周政权威胁最大，双方战争持续不断。

宇文邕为了亲掌实权，以便政由己出，实现"天下一统"的志向，他"乃苦心焦思，克己励精，劳役为士卒之先，居处同匹夫之俭。修富民之政，务强兵之术"，继续推行其父宇文泰制定的一系列政策，采取许多促进社会稳定和发展的改革措施，致使"五年之间，大勋斯集"，"雄图远略，足方驾于前王者欤"。

1. 策略"潜伏"

宇文邕即位之初，军政实权握在权臣宇文护手中。他深感亲掌政权、加强中央集权的必要，但权衡后认识到自己实力尚不足，便谨慎地继续采取拉拢汉族世家大姓的办法，推行实际上是封建化的汉化政策，借此培植自己的实力，扩大统治基础。

为此，宇文邕曾下功夫研究过儒学及其统治术。他与宇文孝伯"同业受经，思相启发"。还学习《礼记》。保定三年（公元563年），他"以太傅、燕国公于谨为三老而问道"。于谨向他面授治国安邦的所谓"政治之要"："为国之本，在乎忠信。""国家兴废，莫不由之。"

于谨还指出，"明王圣主"要"虚心纳谏，以知得失"，还要"三思而言，九虑而行"，因为"若不思不虑，必有过失"，且"言行者立身之基，言出行随，诚宜相顾"。宇文邕"再拜受之"。

这些传统的汉族地主阶级统治术，对当时年仅二十而又雄心勃勃、渴望有所作为的青年皇帝，无疑起了巨大的启蒙教育作用。

从历史上看，宇文氏政权是以武川镇将为核心，以关陇，河东汉族世家大姓为基础的。宇文邕仍沿袭不变，并进一步巩固、扩大之。对其父辈时的文臣武将，他都多所倚重。

这些人大都以某个家族为主，联合亲朋好友，加入宇文氏集团，是其主要的支持者。宇文邕或使之与宇文氏联姻以相互攀附；或让其子孙荫袭父爵，对功臣子弟中遭到排斥打击的，他能识别良莠，区别对待，对忠于他的人给予充分信任。

此外，他还大力提拔那些出身并非显贵，却忠于自己的有特殊才能或知名的人士，使之为己效力。这些措施加强了他的政治力量，扩大了统治基础；同时在一定程度上也打破了长期以来门阀世族控制官场的局面。

建德元年（公元 572 年），宇文邕即位已十余年，但因处处受制于宇文护而"不得专制"，他又选择了忍耐。

在经过长期、周密的准备之后，便决心除掉当时最大的"绊脚石"宇文护，他"密与卫王宇文直图之。唯宇文孝伯及王轨、宇文神举等颇得参予"。

二月五日，宇文邕在宇文护朝谒皇太后时，借口让他劝谏太后勿多饮酒，乘机"以玉珽自后击之，护踣于地"，"先匿于户内，乃出斩之"，随后将宇文护的党羽一网打尽。

宇文邕亲掌了军政大权。接着公布了讨伐宇文护的诏书。诏书说：宇文护"任总朝权，寄深国命"。但他不仅"不能竭其诚效，罄以心力"，反而"内怀凶悖，外托尊崇"，"任情诛暴，肆行威福，朋党相扇，贿货公行"。

其党羽"未效庸勋，先居上将，高门峻宇，甲第形墙，实繁有徒，同恶相济"。致使"户口凋残，征赋劳剧，家无日给，民不聊生"。诏书最后说："今肃正典刑，护已即罪，其余凶党，咸亦伏诛。氛雾既清，遐迩同庆。朝政惟新，兆民更始。"从此宇文邕的一套"新政"可以推行了。

2. 铁腕改革

宇文邕实际执政后，首先强化法制，巩固皇权。宇文邕为了巩固统治，非常重视法律的制定和施行。保定三年二月，"初颁新律"。建德六年十一月，更颁行了《刑书要制》。

很明显，这是为了防范农民侵犯地主阶级的利益或聚众造反。但是，也有某些条款则是针对豪强地主官僚世族的，禁止他们肆无忌惮地兼并土地和人口。

如他规定："正长隐五户及十丁以上，隐地三顷以上者，至死。"所谓正长，即地方上的闾正和族正。所以，《刑书要制》的这些规定，反映了封建国家同豪强地主争夺劳动人手即剥削对象的斗争。这是中国封建社会里皇权与地方豪强势力长期斗争的焦点之一。《刑书要制》的颁行，在一定程度上抑制了地方豪强势力，加强了中央的权威，也就是巩固了宇文邕的统治力量。

事实上，史称宇文邕"用法严整"，确实如此。他曾在保定元年、五年、天和五年数次"遣大使巡天下"。

建德五年正月，他又"分遣大使，周省四方，察讼听谣，问民恤隐。其狱犴无章，侵渔黎庶，随事究验，条录以闻。若政绩有施，治纲克举"，则可"依名腾奏"。

这就保证了法律的实施和他的集权统治的加强。在当时的历史条件下，宇文邕采取强化法制、巩固皇权的措施是必要的，也是进步的。

其次，改革兵制，加强军队的建设和控制，进行统一北方的战争。

宇文邕非常注意加强军队的建设和控制，首先便对府兵制进行了改革。早在西魏大统年间，宇文泰初创府兵制，历经多年，这支部队已成为一支有较强战斗力的武装力量。

但是，当时的府军各大将领、军令指挥都自成体系，各有"自相督率"之权，粮草、装备等都由各系统分发给将士。一旦条件成熟，这些部队随时都可能发动政变，实行武装割据。

宇文邕看到了这种危险，马上着手采取措施"罢中外府"，又"大选诸军将帅"，"改诸军军士并为侍官"。这样就使所有士兵统归皇帝直接统辖，皇帝成了唯一的最高统帅。

集军权于皇帝一身，有助于加强皇权，也就是皇帝可以利用武装力量保护中央政权，这使自东汉末年以来一直存在的军阀官僚和地方豪强武装分裂割据、封建国家长期不得安宁和统一的局面开始有所改变。

宇文邕亲掌军权后，立即着手扩大兵源，充实军队力量。他鼓励人们率众从军。建德三年十二月，"诏荆、襄、安、延、夏五州总管内，有能率其从军者，授官各有差。其贫下户，给复三年。"在"改军士为侍官"后，还"募百姓充之，除其县籍，是后夏人半为兵矣"。

同时，调整募兵政策"六户中等以上，家有三丁，选材力一人"充任府兵。这样一来，就使士兵的来源大为扩充，不再限于鲜卑族与关陇豪强，使府兵与均田开始结合，开了日后"兵农合一"的先河；保证了宇文邕拥有一支人数众多的武装力量。

另外，他还非常重视军队的训练和建没。在征伐北齐、统一北方之前，他曾多次"大射"、"讲武"，举行大规模的军事演习，据《周书·武帝纪》记载就有十余次。如保定二年十月，"御大武殿大射，公卿列将皆会。"天和三年（公元568年）十月，"亲率六军讲武于城南"。

在经过改革训练后，北周的军事实力有了明显的加强。宇文邕便着手策划进攻北齐，发动了统一中原的战争。

建德四年七月，他"召大将军以上于大德殿"，说："自亲揽万机，便图东讨。恶衣菲食，缮甲治兵，数年已来，战备稍足。……伐暴除乱，斯实其时。"

随后便调集大军进攻北齐，自己"亲率六军，众六万，直指河阴"，克之大城。不久，他因病退兵。转年十月，他又力排众议，"总戎东伐"。在战斗中，他指挥得当，身先士卒，平阳一役，"齐众大溃，军资甲仗数百里间，委弃山积。"

在出征北齐战争中，周军势如破竹，先后攻取晋阳、邺城。建德六年正月，北齐被亡。随后，宇文邕又发兵伐陈，擒陈大将吴明彻，"俘三万余人"，夺得陈淮南之地，北周的势力南达长江北岸。

史称宇文邕"破齐之后，遂欲穷兵极武，平突厥，定江南，一二年间，必使天下一统"。这就是说，他对统一的向往和实践，在当时的历史条件，是应该予以肯定的。

其三，广开言路，兼听纳谏，延揽人才。宇文邕为了"思振颓纲"，"导德齐礼"，即维护其封建统治，曾多次下诏求谏，广开言路。为此，他数次"诏百官及民庶上封事，极言得失"，并"集百官于大德殿，帝

责躬罪已，问以治政得失"。使大家敢于言事。

在政务生活中，他对其臣属要求极严格："所在群官有僧过者，咸听首露，莫不轻重毕陈，纤毫无隐。"为使言路畅通，他还下诏："恐清净之志，未形四海，下民疾苦，不能上达……宜分遣使人，巡方抚慰，观风省俗，宣扬治道。有司明立条科，务在弘益。"这就造成一种比较开明的政治气氛，得以改革弊病，推行新政。史称宇文邕"劳谦接下，自强不息"，确实他很重视并广为延用各方人才。

其四，释放奴婢，最大限度解放生产力。在保定五年（公元565年）六月，宇文邕开始下诏放免老奴婢牌为庶人。他之所以单独放免年老奴婢，是因为当时他尚未掌握全权，需要照顾鲜、汉官僚贵族的利益，避免矛盾激化。

但当他亲揽国政后的当年（公元572年）十月，就立即下诏："江陵所获俘虏充官口者，悉免为民。"

建德六年（公元577年）二月，宇文邕更进一步扩大释放奴婢的范围，下令"自伪武平三年（公元572年）以来，河南诸州之民，伪齐被掠为奴婢者，不问官私，并宜放免。其住在淮南者，亦即听还；愿住淮北者，可随便安置。

其有瘫残孤老，饥馁绝食，不能自存者，仰刺史守令及亲民长司，躬自检校。无亲属者，所在给其衣食，务使存济"。八月，又下令："凡诸杂户，悉放为民。配杂之科，因之永削。"

十一月，再下令："自永熙三年（公元534年）七月以来，去年（建德五年）十月以前，东土（指北齐统治区）之民，被抄略在化内为奴婢者，及平江陵之后，良人没为奴婢者，并宜放免。所在附籍，一同民伍。若旧主人犹需共居，听留为部曲及客女。"

这些"留为部曲及客女"的虽没有被完全释免为民，但在身份上较为自由，人身地位比奴婢有所提高。宣截元年（公元578年）三月，宇文邕最后一次下诏释放奴婢："柱国故臣卢宁征江南武陵、廊平等郡，所有民庶为人奴婢者，悉依江陵放免。"科学地讲，宇文邕将其统治和征服地区内的奴婢、杂户一律释免为平民，是一项极具进步意义的重大行动。在历史上虽自两汉以来有过刘邦、刘秀等数次下诏释免奴婢的先例，但像宇文邕这样明确地将历年来大批的公私奴婢一律释免，尤其是对非本族的人民一视同仁，尚属罕见。

事实上，自东汉末年以来，中原动荡，群雄割据，随着世家豪族大地主势力的发展，各族统治者相互角逐，都以掠夺人口为奴和蓄奴成为风气。在这样的社会历史条件下，宇文邕的这一行动，不管其主观动机如何，都是一种实属不易的举动。这对削弱奴隶制残余，促进封建生产关系和社会经济的发展，解放社会生产力，起了重大作用。

其五，重视发展生产，主张轻徭薄减，关注百姓疾苦，提倡勤俭节约。宇文邕治国的指导思想是："为政欲静，静在宁民，为治欲安，安在息役。"要制止"兴造无度，征发不已"，"频岁师旅，农亩废业"的现象继续发生，同时要大力发展生产。

宇文邕曾多次下令要求各级政府注意农业生产，不误农时；一切可不建或缓建的工程都不建或缓建，确实需施工者则尽量放在农闲时间。如建德四年正月诏"刺史守令，宜亲劝农，百司分番，躬自率导。事非机要，并停至秋"。

建德六年五月，他两次下诏："其露寝、会义、崇信、含仁、云和、思齐诸殿等，农隙之时，悉可毁撤。""三农之隙，别渐营构"。他曾多次"亲耕籍田"，以示对农业生产的重视。此外，他还十分重视水利工程的兴建，保定二年正月，下令"于蒲州开河渠，同州开龙首渠，以广灌溉"。为了保障社会经济的稳定和发展，宇文邕还统一了货币和度量衡。保定元年七月"更铸钱，文曰'布泉'，以一当五，与五铢并行"。

建德四年七月，又"禁五行大布钱不得出入关，布泉，钱听入而不听出"。五年正月，"废布泉银"，令"铸钱者绞，其从者远配为民"。六年八月，又令"议定权衡度量，颁于天下。其不依新式者，悉追停"。根据"宁民"、"息役"的指导思想，宇文邕不搞"杀鸡取蛋"、"竭泽而渔"的横征暴敛，并在一定程度上注意改善民众的生活。

在体恤民生方面，他曾多次下诏减免租赋，赈济百姓，如建德元年三月诏："去秋灾蝗，年谷不登，民有散亡……今自正调以外，无妄征发。"

三年正月，"诏以往岁年谷不登，民多乏绝，令公私道俗，凡有贮积粟麦者，皆准口听留，以外尽案。"

四年正月，"诏鳏寡孤独不能自存者，所在量加赈恤。通租悬调，兵役残功，并宜蠲免。"

六月，"诏东南道四总管内，自去年以来新附之户，给复三年。"

宇文邕推行的这些措施，对于减轻农民负担，促进生产的恢复和发展，无疑起了一定的推动作用。

此外，宇文邕还是一个在历史上以节俭而闻名的皇帝。他把节俭同政治得失联系起来，认为："政在节财，礼唯宁俭。"北齐之亡，"极奢侈之事"是一重要原因。

所以，他"身衣布袍，寝布被，无金宝之饰，诸宫殿华绮者，皆撤毁之，改为土阶数尺，不施栌栱。其雕文刻镂，锦绣纂组，一皆禁断。后宫嫔御，不过十余人"。

他曾多次下节俭诏，涉及范围非常广泛，从宫殿建筑、四方贡献、皇帝饮食到嫔妃设置、婚丧嫁娶都一律要求节俭、从薄。如：保定二年十月诏："今巨寇未平，军戎费广，百姓空虚，与谁为足。凡是供朕衣服饮食，四时所需，爰及宫内调度，朕今手自减削。"建德元年四月，又"诏断四方非常贡献"。他对婚嫁的奢靡非常不满："顷者婚嫁竟为奢靡，醮馈之费，罄竭资财，甚乖典训之理。有司宜加宣勒，使咸遵礼制。""自今已后，男年十五，女年十三已上，爰及鳏寡，所在军民，以时嫁娶，务从节俭，勿为财币稽留。"

他还命人将宫殿拆除后所剩"亮宇杂物，分赐穷民"，"山园之田，各还本主"。这些措施对社会生产的发展、人民负担的减轻，起了促进作用。

司马光曾说："周高祖（即武帝宇文邕）可谓善处胜矣！他人胜则

益奢，高祖胜则愈俭。"

其六，尊儒、灭佛。宇文邕尊儒灭佛，在历史上是很著名的，是其业绩中较突出的一点。他的政治思想以儒学为正宗，尊儒学为官学。

平齐统一中原后，他大力搜集儒家经典，广求儒生，宣扬儒家的"王道"、"德政"，力图以此为指导，实现其大一统的理想。

他曾多次召集官僚、道士、和尚开会，辩论诸教的优劣。建德二年十二月，他"集群臣及沙门、道士等，……辨释三教先后，以儒教为先，道教为次，佛教为后。"

三年五月，他下令："断佛、道二教，经像悉毁，罢沙门、道士，并令还民。并禁诸淫祀，礼典所不载者，尽除之。"平齐后，更是加力推行："既去齐境，还准毁之。"使佛教势力受到一次沉重的打击。

事实上，宇文邕推行灭佛，除了他不信佛的主观原因外，更主要的是客观形势的需要。

从政治方面来说，他要想统一，就必须汉化，而汉化在当时的正统指导思想是儒学。佛教是外来宗教，非中国之正统。所以，他若想巩固其统治，争取统一全国，在政治指导思想上就必然要灭佛崇儒。

从经济方面来说，佛教更是他增强自己实力的极大障碍。佛教自东汉时开始传入我国，由于社会混乱和统治阶级的提倡，到南北朝时有了极大的发展。

就北朝而言，北魏末年，境内佛教寺院有 3 万多所，僧尼 200 多万；北齐境内有佛寺 4 万多所，僧尼 200 多万，史料记载，僧尼人数占编户人数的 1/15. 北齐只拥有黄河中下游的国土，却密布着 3 万多所寺院，200 万僧尼，占编户人数的 1/10。而只拥有北齐一半人口的北周，也有寺院万余所，僧尼百万人，约占编户人数的 1%，北周境内也相差不多。

都市里的华丽寺庙林立，佛像成群，所耗财力物力多得惊人，一尊佛像有的竟用铜多达 10 万斤、黄金 600 斤。寺院地主经济的发展，更成为对北周政权的严重威胁。

建德三年（574 年），他下令毁佛，"断佛、道二教，经像悉毁，罢沙门，道士，并令还民。"灭齐以后，又将毁佛政策推广到北齐境内，使关西山东官私所建所有佛塔扫地悉尽，300 万僧尼还俗，4 万所寺庙被取缔，达到了求兵于僧众，取地于塔庙的目的。

此后，"民役稍稀，租调年增，兵师日盛"，大大增强了北周的经济、军事力量。就在毁佛的第二年，周武帝开始大举伐齐，一年后，灭齐统一了北方。

可以说毁佛为北周灭齐准备了必要的条件，但隋朝以后，唐代帝王对佛教倡多抑少，战乱离苦的五代更为佛教的兴盛提供了适宜的土壤。

因此，与周武帝四五百年之隔的周世宗（柴荣）同样面临着佛教昌滥的弊端。显德二年（955 年），柴荣下令：废除一切未被朝廷特旨许可建立的寺院，禁止私度僧尼，严禁舍身、炼指、挂灯、带钳等野蛮行为，从而把佛教寺院取缔，其中的僧尼转事农桑，原来的消费人口变成了生产人口，增加了政府的财政收入。

综上所述，"沉毅有智谋"，"性又果决，能断大事"的年轻皇帝宇文邕，在位 18 年，真正亲揽朝政仅有六年零三个月，却为"天下一统"做了大量工作。在统一中原后的宣政元年（公元 578 年）五月，他又"总戎北伐"突厥贵族的侵扰。六月，因病重还师，死于归途中，时年 36 岁。他追求建立统一的专制主义中央集权的封建大帝国的夙愿，只能由隋文帝杨坚去实现了。

（二）周武帝变革的启示

有人统计，在中国历史上一共出现了 83 个王朝，共有 559 个帝王，包括 397 个"帝"和 162 个"王"。其中，了不起的皇帝很多，如秦皇汉武、唐宗宋祖、洪武永乐、康熙乾隆等，但是，这些人的皇位得来都比较容易：嬴政即位时，吕不韦也没到一手遮天的程度，朱洪武虽然江山得来不易，但是他大权在手，一步一步走得并不算太辛苦。

而宇文邕作为一个傀儡皇帝，作为一个因废而立的皇帝，他能如此持久地韬光养晦，并夺得权力，这是相当不易的。细数历史上的傀儡皇帝：胡亥、汉献帝、曹髦……光绪帝，没有哪个有好结果，除了宇文邕也似乎没有哪个成功。

事实上，北周自孝闵帝宇文觉开始，历明帝宇文毓、武帝宇文邕、宣帝宇文赟和静帝宇文阐，共5帝，其中的宇文邕一直被后世赞赏。

我们且不说他后来的功绩，只说他一身"忍"的功夫。他543年出生，560年即位，算来他即位时只有17岁。忍耐了12年后，在572年用计将宇文护杀死，掌握实权。

按常理，对于这个年龄段的年轻人来说，浮躁冲动、不稳重是其普遍皆有的"通用天性"。影视剧《汉武大帝》、《康熙王朝》里的汉武帝、康熙帝年轻的时候做事都是很冲动、急于求成。当然，历史人物的性格是怎样我们无从得知，不过按常理来推断他们应该是这样，按常理来推断99％的年轻人应该都是容易冲动。

当年曹髦曾有句名言"司马昭之心，路人皆知"。由于受不了当个傀儡皇帝，他愤然带着几百人去找权倾天下的司马昭算账，结果连司马昭的面都没见着就被人宰了。还有我们最熟悉的光绪帝，如果能像宇文邕一般韬光养晦，那他可能会是中国历史上最有作为的皇帝之一。

所以，宇文邕这么年轻，却如此的老成，如此的隐忍，这一忍就是13年，真可谓是前无古人、后无来者的"坚忍之帝"。

取得政权后，宇文邕首先开始着手整顿军队，增强武备，北周的军事改革侧重于军事制度的更动，宇文邕从即位到亲政的曲折经历，使他透彻地体悟到在更易主帅如同儿戏的动乱年月，控制兵权是头等重要的大事。

为此，他亲政后首先废除都督中外诸军事衙门，又"改军士为侍官"，使府兵成为皇帝直接控制的工具；又扩大兵源，从均田户中的六等以上的人户中征选士兵，并招募部分汉人平民为兵，扩大了军事力量。所以从另一个角度看，周武帝所以灭齐统一北方，其推行的成功的军事制度和成功的改革方略是其中的重要因素之一。

宇文邕的强势改革，扫除了自北魏以来积聚的社会流弊，使北周力量逐渐强大，打破了与北齐的均衡之势，仅三个月就完成了统一北方的战争，而且尽占陈的淮南之地。周武帝正值壮年饮恨而亡，他未能完成使"天下一统"的"经营之志"，但他的改革和军事征伐为隋灭陈统一全国铺平了道路。

综观周武帝宇文邕的一生，他兢兢业业，励精图治，采取种种改革措施，而这又顺应历史发展的要求，促进了生产力的解放，对当时经济的恢复，社会的安定，起了积极作用。从而最终实现了对北方的统一，为隋朝的建立和统一全国奠定了基础。

有史家说："宇文邕之政，洋溢简册，若驾汉文、景、明、章而上之。"是颇不为过的。在当时的社会条件下，他的所作所为确实是"顺大道而推亡"，顺应了社会历史发展的潮流，对我国封建社会由分裂割据的混乱状态逐步发展到统一安定、繁荣昌盛的隋唐时代作出了开创性的贡献。

因此我们说，宇文邕是时代的产物，民族大融合的结果，是我国封建社会历史上一个有作为并且具有一定影响的封建帝王。他对中华民族的形成、国家的统一和社会的发展作出了贡献。

十　隋文帝：西方人眼中
最伟大的中国皇帝

公元六世纪诞生的隋朝，是公认的中国最强盛的朝代之一。这一时期，隋朝"是时天下凡有郡一百九十，县一千二百五十五，户八百九十万有奇。东西九千三百里，南北一万四千八百一十五里。历代之盛，极于此矣"。在这个"国泰民安、经济繁荣、文化昌盛、社会安定，户口锐长，垦田速增，积蓄充盈，甲兵强锐，威动殊俗，幅员万里"的东方帝国面前，包括东瀛日本在内的东南亚、西北亚诸国曾对中国称臣朝贡，这是中国历史上唯一以国之强重，而让日本称臣的朝代。

其开国皇帝杨坚也是被西方人深深折服并称为"最伟大的中国皇帝"。然而，天不作美，这个存在仅仅 37 年的盛世王朝即消失在历史长河中。今天，虽然那位"最伟大的中国皇帝"和他的朝代已远离我们而去，但他以在位时矢志改革、锐意进取的强国实践向今天的我们传递着积极意义。

隋朝（公元 581 年—618 年）是公元六世纪诞生的中国历史上最伟大的朝代之一，也是全世界公认的中国最强盛的时代之一。

这个"国泰民安、经济繁荣、文化昌盛、社会安定，户口锐长，垦田速增，积蓄充盈，甲兵强锐，威动殊俗，幅员万里"的中华帝国，正以其疆域之辽阔宏大超过了以往的所有朝代雄踞世界东方，"是时天下

凡有郡一百九十，县一千二百五十五，户八百九十万有奇。东西九千三百里，南北一万四千八百一十五里。历代之盛，极于此矣"（《资治通鉴》）。

史料记载，这个时期是中华文化、政治、经济、外交等方面都达到登峰造极的全盛黄金期，是当时世界上最强大的国家。

它对当时东亚邻国包括新罗、渤海国和日本的政治体制、经济文化等方面亦有很大影响，这个朝代也是日本对中国称臣朝贡的朝代。

而其开国皇帝杨坚（541—604），则是被镌刻在中国历史上的一个闪光的名字，一个唯一被西方人深深折服并称为"最伟大的中国皇帝"。

他以在位时矢志改革、锐意进取的强国实践向今天的我们传递着某种现实昭示和积极意义。

（一）历史拐点深处的改革亮光

隋文帝杨坚15岁时因父亲的功勋被授官散骑常侍、车骑大将军、仪同三司，封成纪县公。

公元580年五月，他入宫辅政。581年二月，他逼迫周静帝让位，建立隋朝，定都长安，取年号为"开皇"。

公元589年，隋文帝完成了南北统一，结束了自西晋末年以来延续近300年的分裂局面。中国历史从此进入一个新的阶段。

隋朝建立初期，是一个百废待兴、百乱待治的局面。隋文帝一登上金銮宝座，就施展他的雄才大略，在多方面进行了一系列重大改革。隋代建立以后，在政治、经济等制度方面进行了一系列重大改革。

1. 修订开皇律

杨坚掌握北周政权时就曾经进行过改革，亲手删定《刑书要制》，但不太彻底。隋朝建立后，开皇元年隋文帝下令参考魏晋旧律，制订《开皇律》。开皇三年，隋文帝又命苏威、牛弘修改新律，删除苛酷条文。修订《开皇律》时废除了一些酷刑，如枭刑——斩首悬于木杆上；辗刑——车裂；宫刑——破坏生殖器。

同时，他又减省一些刑律，减去死罪八十一条，流罪一百五十四条，徒、杖等罪千余条，保留了律令五百条。刑罚分为死、流、徒、杖、笞五种（死刑、流刑、徒刑、杖刑、笞刑）。基本上完成了自汉文帝刑制改革以来的刑罚制度改革历程，这就是封建五刑制。

这个新的封建法律，是维护统治阶级利益的。明文规定贵族官僚享有法律特权。凡在议亲、议故、议贤、议能、议功、议贵、议勤、议宾，即所谓"八议"范围内的人和七品以上官吏，犯罪都可以减罪一等。九品以上官吏犯罪，可以用钱来赎罪。

《读通鉴论》这样赞评道："古肉刑之不复用，汉文之仁也。然汉之刑，多为之制，故五胡以来，兽之食人也得恣其忿惨。至于拓跋、宇文、高氏之世，定死刑以五：曰磬、绞、斩、枭、磔，又有门房之诛焉，皆汉法之不定启之也。政为隋定律，制死刑以二：曰绞、曰斩，改鞭为杖，改杖为笞，非谋反大逆无族刑，垂至于今，所承用者，皆政之制也。"

死刑复奏制度是从开皇十五年形成定制的，隋文帝规定凡判处死刑的案件，须经"三奏"才能处决死刑。《隋书·刑法志》："（开皇）十五年制，死罪者三奏而决。"隋文帝还下诏："天下死罪，诸州不得便决，皆令大理复治。"《开皇律》对后世律法影响深远，隋文帝修订的法律唐朝都基本上继承了。

2. 确立三省六部制

隋文帝废除不合时宜的北周六官（天、地、春、秋、冬、夏）制。北周的官僚体制基本上是效仿原来西周时期的《周官》即《周礼》的形式，很原始、极混乱。六官制，称谓复杂，职掌不明，办事效率低下。杨坚恢复了汉魏时期的体制，基本上确立了三省六部制度。

杨坚在中央设立三师、三公、五省。三师、三公只是一种荣誉虚衔。掌握政权的是五省，即内侍省、秘书省、门下省、内史省和尚书省。内侍省、秘书省在国家政务中不起重要作用。内侍省是宫廷的宦官机构，管理宫中事务。秘书省掌管书籍历法，事务较少。起作用的是其

他三省，内史省、门下省、尚书省都是最高政务机构。内史省负责决策，门下省负责审议，尚书省负责执行。

这就是后来被唐朝继承的三省制。

尚书省下设吏、民、礼、兵、刑、工六部。每部设尚书，总管本部政务。

具体办事机构就是这六部：吏部，掌管全国官吏的任免、考核、升降和调动；民部，掌管全国的土地、户籍以及赋税、财政收支；礼部，掌管祭祀、礼仪和对外交往；兵部，掌管全国武官的选拔和兵籍、军械等；刑部，掌管全国的刑律、断狱；工部，掌管各种工程、工匠、水利、交通等。

开始的时候，六部叫作六曹，即六个办事机构。六部的长官为尚书，六部的设置成为后代封建国家中央政权的固定制度。三省六部制分工明确，组织严密，加强中央集权。

这对唐及以后历代王朝影响都十分巨大，隋文帝建立的这一整套规模庞大、组织完备的官僚机构，表明封建制度已发展到成熟阶段，自隋定制，一直沿袭到清朝。

3. 简化地方官制

在隋初，杨坚在确立了三省六部制的中央机构后，又对地方机构进行了改革。南北朝以来，由于郡县设置过繁，形成了"民少官多，十羊九牧"的局面。隋初沿北齐、北周制设州、郡、县三级地方机构，开皇三年，杨坚从杨尚希的建议，废郡，改为州、县二级制。州设刺史，县设县令。

公元590年隋文帝杨坚诏府兵入州县户籍，兵农合一始此。杨坚对于地方机构也进行了改革。他采纳杨尚希提出的"存要去闲、并大去小"的建议，将原来比较混乱的地方官制从州、郡、县精简为州、县两级，撤销境内500多郡。同时，裁汰了大量的冗官，将一些郡县合并。大大节省了政府的开支，提高了行政效率，也减轻了人民的负担。

为了更好地行使权力，控制地方，杨坚下令，九品以上的官员一律由中央任免。官吏的任用权一概由吏部掌握，禁止地方官就地录用僚佐。而且每年都要由吏部进行考核，以决定奖惩、升降。后来，又实行三年任期制。

杨坚简化了地方行政机构，初创科举制。隋文帝命令各州每年推选三个文章华美、有才能的人，到中央受官。

杨坚开创建立的科举制度，在中国历史上留存长达 1300 多年，直到清朝末期才废除，使当时的美英等国称奇并借鉴了这种选拔制度作为政府文员的聘用方法。

4. 领均田令

杨坚推行均田制，整顿户籍，实行了"大索貌阅法"，要求官吏经常检查人口，编制"定簿"，以此为依据来收取赋税。

开皇三年，清理出阴漏丁男 44.3 万人，共计 164.15 万口。"高祖令州县大索貌阅，户口不实者，正长远配，而又开相纠之科。大功已下，兼令析籍，各为户头，以防容隐。于是计账进四十四万三千丁，新附一百六十四万一千五百口。"

这些举措防止地方豪强和官僚勾结，营私舞弊。将从豪强手里依附的人口解放出来，增加了国家的劳动力，调动贫苦农民的生产积极性。使国家掌管的纳税人丁数量大增。

5. 设置粮仓

在隋朝政府各地都修建了许多粮仓，其中著名的有兴洛仓、回洛仓、常平仓、黎阳仓、广通仓等。存储粮食皆在百万石以上。贞观十一年，监察御史马周对唐太宗李世民说："隋家储洛口，而李密因之；西京府库，亦为国家之用，至今未尽。"此时，隋朝已灭亡了 20 年，也就是隋文帝已经死了 33 年，可那时的粮食布帛还没用完。1969 年在洛阳发现了一座隋朝粮仓——含嘉仓遗址，面积达 45 万多平方米，内探出259 个粮窖，其中还有一个粮窖留有已经炭化的谷子 50 万斤。

6. 倡导节俭

隋文帝节俭爱民。他小时候生长于寺庙之中，素衣素食，生活节

俭，这使他养成了崇尚节俭的性格。如今他虽贵为天子，但却食不重肉，不用金玉饰品，宫中的妃妾不作美饰，是中国历史上最为节俭的皇帝。他深知节俭的重要性，教育太子要节俭，说国家没有因为奢侈腐化而能长治久安的。

此外，他还提倡官员节俭。因为节俭，剥削较少，民众能够安居乐业，户口和财产剧增，又加上其他一些促进生产的措施，在很短的时间内，百业兴旺，经济繁荣景象由此而生。他的车马用具不做新的，只是修补一下而已。他留意民间疾苦，有一年，关中闹饥荒，他看到百姓吃糠拌豆粉，就让大臣们看，责备自己没有治理好国家。

7. 整顿了府兵制，加强中央对军队的控制权

西魏、北周建立的府兵制，士兵另立户籍，完全脱离生产，实际上是地方豪族的武装，统兵权不归中央。

隋文帝改变了这种情况，规定军人户籍属州县管理，平时参加生产，兵农合一化。使府兵制和均田制结合起来，既保证国家的兵源，又加强了对农民的奴役和控制。

其中，中央政府设立十二卫，各卫设大将军，为府兵最高将领，归皇帝统管，加强了封建国家对军事机构的直接控制权。

8. 建立科举制，废除九品中正制

开始，隋文帝命令各州每年推选三个文章华美、有才能的人，到中央受官。后来，隋文帝又下令，京官五品以上，地方官部管刺史，要由有德有才的举人担当。

到隋炀帝时，定十科举人，开设进士科，以考试诗赋为主，选择"文才秀美"的人才。这标志着科举制度的产生。

科举制度的创建，重才学而不重门第，削弱了门阀大族世袭的特权。这种"任人唯贤"的改革，对后代影响很大。

总之，隋文帝所进行的一系列改革措施，对削弱地方豪强势力，加强中央集权起了积极的作用。在隋文帝统治的后期，国家富足强盛，编户大增，仓储的丰实为历史所罕见；全国安宁，南北民众得以休息，社

会呈现空前繁荣景象。隋文帝所创隋制，为唐朝以后各朝所遵循，在历史上作出了巨大的贡献。

（二）他缔造了属于一个时代的强国传奇

自汉朝灭亡后，中国经历了漫长而混乱的四分五裂的时期。汉民族陷入了长达三个半世纪的厮杀战乱之中。

中原大地仿佛进入罗马帝国灭亡后的欧洲的黑暗时代。这时在中国占统治地位的已不是汉人，而是被汉人称之为蛮夷的民族。

到了南北朝时期，各种蛮族大批进入中原，其总人数已经多于中原人。就是说入侵者已经占据统治地位，把中原瓜分了。这一时期，先后昙花一现地诞生了一些政权：

公元306年，氐族人李雄称帝，定都四川成都，国号大成，史称成汉。

公元315年，拓跋族人猗卢称王，国号代，占有蒙古地区。

公元319年，汉臣刘曜称帝，定都陕西西安，改汉为赵，史称前赵。

公元337年，东晋臣鲜卑人慕容晃建燕，史称前燕。

公元351年，后赵臣氐族人符健称王，定都陕西西安，国号大秦，史称前秦。

公元384年，前秦臣鲜卑人慕容泓称王，国号燕，史称西燕，占有山西地区。

同年，前秦臣鲜卑人慕容垂称王，国号燕，史称后燕，占有河北地区。

公元386年，前秦臣羌族人姚苌称帝，定都陕西西安，国号大秦，史称后秦。

同年，前秦臣拓跋珪称王，国号魏，史称北魏。

公元407年，匈奴人赫连勃勃称大单于，国号大夏

……

　　这就是史上有名的"五胡乱华"。这时的中原人已不是汉时的"中原人"，汉朝的人口早已不足原有人口的一半。也就是说，这时的中国已开始蛮夷化，比起汉朝完全是一种经济文化的倒退。

　　多年的战乱使中国的文化、建筑遭到严重破坏，多少历史悠久的文明古城成为灰烬。多少文化典籍遭焚毁。战国、秦汉时期的文化艺术基本上看不到了。

　　而外来的宗教文化逐渐统治中国，中原大地上到处兴建大大小小的庙宇，供奉着外来的神。外来的佛教已远远地压过汉人推崇的儒教。异族的音乐、舞蹈、佛教的雕塑、绘画完全统治了中国。

　　这时，在中国黑暗的历史天空出现了一个闪光的名字，他就是隋文帝杨坚。

　　公元581年（大定元年）废胡人的北周建立隋朝。公元589年隋文帝杨坚统一中国，同年琉球群岛归降隋朝。

　　隋朝的建立，结束了中国长期混乱的局面，兵燹四野的中国又回到了和平年代。

　　"鸿恩大德，前古未比。""七德既敷，九歌已洽，要荒咸暨，尉候无警。于是躬节俭，平徭赋，仓廪实，法令行，君子咸乐其生，小人各安其业，强无凌弱，众不暴寡，人物殷阜，朝野欢娱。二十年间，天下无事，区宇之内晏如也。考之先王，足以参踪盛烈。"

　　这就是隋书里的"开皇之治"。

　　以今天的眼光看，在中国历史长河中，有两个曾经辉煌的短命王朝消失在史海烟云中，一个是存在时间只有15年的秦朝（公元前221年—公元前206年），另一个是只有37年国史的隋朝（581—618年）。而这两个朝代的开拓者秦始皇和隋文帝更深得历史西方学术界"眼重"。

　　仔细对比两个朝代，我们发现嬴政的大秦帝国消亡的有点太快，实在让人感到不解。追究其原因，从表象上看，大秦政权被轰轰烈烈的农民起义军所瓦解，后来经过楚汉战争让刘邦夺取了天下，但是从本质上来说，秦帝国的灭亡是历史的一种选择。

　　首先，嬴政在商鞅变法基础上所建立的封建国家管理模式虽然代表了当时先进的生产力，但在其生产关系的处理上有待改善，也就是说封建国家管理职能还不健全，比如对知识分子的压制，文人没有大规模地进入政府机关，其实嬴政的焚书坑儒早已伤透了天下读书人的心。

　　其次，刚刚退出政治舞台的旧贵族势力还没有善罢甘休，处心积虑地重返他们昔日的统治地位，这给秦帝国的统治设置了重重困难，尽管历史已经抛弃了他们，但其破坏作用依然不可小视，比如荆轲行刺嬴政，就是秦帝国当时社会背景的一种缩影。

　　但我们依然不可否认，嬴政已经给我们创建了封建国家管理体系的基本框架。怎样去完善这个框架，怎样让这个框架更加有利于社会生产力的发展，这的确给嬴政以后的历代帝王出了一个不小的难题。

　　这个难题谁解决得好，谁就能使中华帝国繁荣昌盛，比如两汉时期的文景之治、光武中兴；反之谁解决不好，谁就能使中华帝国走向内乱以致分裂，比如三国两晋南北朝、五胡乱华等衰落局面。

　　然而纵观秦以后的历史的发展，我们发现，将封建国家管理体系基本框架走向质的飞跃的却是隋朝的开国皇帝——隋文帝杨坚。

　　在说杨坚之前，我们要先说曹操。

　　东汉末年的曹操曾经用毕生的经历来实现自己的政治思想，那就是彻底废除士族世袭这一腐败落后的管理方法，于是他用了法家的思想来进行政治上的改良，招纳代表社会进步势力的庶族阶级进入政府机构来管理国家，并取得了不朽的成绩，这也使后来的魏国成为了三国中实力最强的一个国家。

　　但曹操的改革思想最终失败了，追究原因还是他脑海中的法家思想不适合当时的社会环境，代表最广泛人民利益的庶族阶级在经历短暂的辉煌以后再次被曹操后来的统治者所抛弃，但历史没有放弃他们。

　　在经历了三国两晋南北朝的混乱之后，人民再也无法容忍士族的腐朽了，于是历史准备把士族这帮寄生虫彻底清理出政治舞台，历史把这一伟大的任务交给了杨坚。

其实，曹操和杨坚的政治思想是一样的，但实现的方法却迥然不同！杨坚吸纳了儒家的思想，用自己所创立的科举制度一举将士族势力斩于马下，大量的寒门子弟进入了中央政府。

他们用自己的智慧治理着国家，每制定一项管理措施他们首先做到这项政策必须符合帝国的发展，必须做到让广大人民群众所接受。

于是三省六部，科举制度等历史名词写进了我们的教科书。文人治国的思想终于确立了，一个使中华文明走向繁荣昌盛的宏伟蓝图在杨坚的手中描绘了出来。

这就是说，今天的杨坚已经不需要等待了，于是他指挥着千军万马越过波涛滚滚的长江，用摧枯拉朽的实力将最后一个代表士族腐朽政权的南朝陈帝国扔进了历史的垃圾堆中，从此以后大江南北代表着都是最先进的封建文化。

纵使后来长江南北的割据也只能说是局部暂时的分裂，而再也不是政治上的鸿沟了。

而此时等待杨坚的将是一个高度繁荣，高度文明的封建帝国。从此以后中华文明进入了让每一名华夏子孙都铭记的隋唐盛世。让我们记住杨坚，是他引领着我们的中华帝国迈进了世界最高文明的门槛儿。

从史上看，杨坚开创的"地广三代，威振八纮"的大隋王朝存在的时间尽管只有37年，建立正式行政区域实施有效管辖的范围却超过了以往。事实上，唐朝到630年也未完全恢复隋朝的疆域。

当隋朝的军队歼灭或重创了突厥、吐谷浑、契丹、高丽……拖延阻止了异族的强大与崛起时，一套为日后盛唐崛起亮相的嫁衣，已经做好了。

《剑桥中国隋唐史》这样评价道："隋朝消灭了其前人的过时的和无效率的制度，创造了一个中央集权帝国的结构，在长期政治分裂的各地区发展了共同的文化意识，这一切同样了不起。人们在研究其后的伟大的唐帝国的结构和生活的任何方面时，不能不在各个方面看到隋朝的成就，它的成就肯定是中国历史中最引人注目的成就之一。"

　　客观地讲，唐朝是隋朝的延续，因为唐朝的国家体制政治经济制度都是照搬隋朝。而短暂的隋王朝，留给我们子孙后代的财富、对后世中国造成深远的影响却很多……

十一 周世宗：乱世中的短暂亮光

　　周世宗柴荣被史家称为"五代第一明君"，堪称照耀黑暗时代的一颗璀璨明星的王者，他15岁从军，24岁拜将，33岁称帝，39岁去世。他在位时不仅精明强干，而且节约简朴，赢得了人民广泛的拥戴。在其既有狂飙炾庚又有"烹小鲜"式的治世方略下，后周国力日盛，为日后龙起的赵宋奠定了坚实国基。

　　面对历史，人们往往更注重结果而忽视过程。神武雄略的一代英主周世宗柴荣作好了扫平天下、开创盛世的一切准备，却英年早逝、功败垂成；而宋太祖赵匡胤正是延续了柴荣制定的策略一统天下，结束了兵祸连年、饥馑遍地的乱世，迎来了文化灿烂的赵宋之世。因此，赵匡胤的事迹广为人知，柴荣这个为他人做嫁衣的奠基人却往往被疏忽和冷落。

　　国学大师陈寅恪曾说过："华夏民族之文化，历数千载之演进，造极于赵宋之世。"

　　宋代军事虽弱，但文化之灿烂却为汉唐所不及，达到了我国古代文化的最高峰。正因如此，赵匡胤作为赵宋王朝的缔造者，颇受后人推崇。

　　其实，"赵宋之世"的实际开创者并不是赵匡胤。而赵匡胤是踩着巨人的肩膀登上高峰的，为他搭桥铺路、奠定基业的，就是流星般划过历史天空的短命天子后周世宗柴荣。

柴荣是五代时期最英明的君主，也是对中国历史进程影响最深的人物之一。

五代后汉乾祐三年（950年）至四年正月，枢密使兼邺都留守、天雄节度使郭威起兵，攻入东京（今河南开封）灭亡后汉。起兵攻入开封，十一月二十一日（951年1月1日）后汉隐帝被杀。

次年正月，郭威即帝位，是为太祖。改国号周，史称后周，仍都开封。史载后周盛时疆域约为今山东、河南两省，陕西、安徽、江苏的大部。后周历三帝（二姓），共十年。

郭威即帝位后，针对前朝弊政，进行了一些改革，刑罚有所轻减，某些苛税被废止，部分官田散给佃户，这些措施在一定程度上减轻了对人民的压迫剥削。

周太祖是邢州尧山（今河北隆尧）人，出身贫寒，读过一点书，知道民间疾苦。即位后，免除了不少后汉时的弊政，使呻吟在战乱暴政下的民众，得到了喘息机会。

同时，周太祖留心搜罗人才，先后得到魏仁浦、李谷、王溥、范质等人。他用李谷管理财政，魏仁浦、王溥、范质参与机谋。这班文臣都能尽心奉职，遵守法度，君臣合力，国家安定。

周太祖能虚心纳谏，保持节俭生活，他曾对宰相王峻说："我出身于寒微，备尝艰苦，遭时丧乱，一旦为帝王，岂敢厚自奉养以害百姓！"于是他停止州县献珍美食物及特产。

他即位不久，到山东曲阜参谒孔子庙，他将下拜时，左右说："孔子是陪臣，不能让天子下拜。"周太祖说："孔子是百世帝王之师，敢不尊敬吗？"于是拜孔子庙，又拜孔子墓，并访问孔子、颜渊（孔子弟子）的后代。周太祖如此言行，比起前朝那些残暴好战的武夫，当然要优胜得多。

（一）"草根天子"的改革情怀

公元 954 年，周太祖病死。周太祖没有亲生儿子，养子晋王郭荣继位，就是周世宗。周世宗本姓柴，是周太祖皇后的养子柴守礼之子，所以历史上多称他柴荣。

周世宗柴荣刚即位时，正值五代黑暗动荡的时期，54 年间先后历经了 5 个朝代，走马灯般更换了 8 姓 14 个皇帝。柴荣即位还不到 10 天，便有北汉勾结契丹大举入侵。他综合分析当时的"国际局势"，发现契丹内部也非铁板一块，好战的努氏毕部落仅为契丹诸多部落中一小分子，而其中公道正派的勃尔只斤部落不仅是契丹民族中最大的部落，而且军事实力更可左右时局。

柴荣在理性评估敌我实力后，决定亲自领兵去抵御，当时群臣认为他从来没有打过仗，也没有表现出什么军事才能，都劝他不可轻动，尤其是宰相冯道极力劝阻。

但他力排众议，决定联勃抗努，他精选良将，周密部署，并亲自出征领兵驻扎在泽州（今山西晋城县）东北。北汉军驻扎在高平（今山西高平县）南。当时北汉兵多，后周兵少，周军将士都有些畏惧。周世宗披甲骑马上阵督战，士气高昂。刘旻见周兵少，挥军进攻。

双方交战不久，周右军将领樊爱能、何徽即领骑兵先逃，右军溃败，步兵千余人解甲投降北汉。周世宗见军势危急，自率亲兵冒矢石督战。亲军将领赵匡胤对同列说："皇上这么危险，我们怎能不拼死战斗！"

他率领 2000 人奋勇进攻，身先士卒，冲在最前面，士兵亦死战，以一当百，北汉兵大败，刘旻昼夜奔驰，逃回晋阳。这就是史上有名的"高平大战"，这一战，周军大捷，不久，周世宗擢升赵匡胤为殿前都虞侯。

而周世宗的英武果敢，开始为群臣所信服，因而得以行施他的政治抱负：对后周进行大刀阔斧的改革，扫除唐末以来的政治弊端，同时，他关心百姓疾苦，大力发展经济，短短数年使国力迅速增强；他整顿骄将惰卒，亲率兵马南征北战，几乎战无不胜。

与此同时，在对外交往方面，他又区别对待，主动与他国修好，为后周的生存赢得了和平局面，表现出一个仁厚贤君的禀性特质与策略天赋。"高平大战"后，周世宗即着手整顿军队，准备统一天下。

他下令检阅禁军，留用精锐，斥退老弱，又广募天下壮士，组成一支精悍而富有战斗力的军队。他还积极恢复和修筑陆路水路交通，并大规模建设开封城。

按自己的人生规划，周世宗希望能做三十年皇帝，具体就是用十年开拓天下，十年休养百姓，十年获得太平。

周世宗进行统一战争，用兵步骤就是采用王朴《开边策》的建议。

基于当时"国际形势"，王朴主张先取江淮，再逐步消灭南方割据势力，最后平定北汉。

公元955年冬，周世宗开始伐南唐。在此前，南唐先后灭了闽和楚，成了南方一个大国。周世宗以李谷为淮南前军部署，王彦超为副，率领韩令坤等十二将伐南唐。南唐主李璟令大将刘彦贞、皇甫晖，姚凤领兵抵御。结果后周军队大败南唐兵于寿州城下。

周世宗令赵匡胤领兵袭取滁州。赵匡胤跃马挥军涉水，直抵滁州城下。守滁将领皇甫晖列队而出，赵匡胤奋勇冲杀，在阵中擒获皇甫晖及部将姚凤，攻下滁州。此时南唐的精锐部队已丧尽。

在这场战斗中，有些将士不尽力，赵匡胤一边督战，一边用剑砍他们的皮笠。次日，发现皮笠上有剑痕的数十人，全部斩首，从此以后，后周将士都不敢贪生怕死。

赵匡胤每次打仗，都以红缨装饰战马，铠仗鲜明。部下对他说："这样会被敌人认出你的。"

赵匡胤听了后说："我正是要让他们认出来。"在攻南唐的战争中，赵匡胤因战功被周世宗迁升为定国节度使兼殿前都指挥使。

进攻南唐的战争从公元955年冬开始，一直持续到公元958年夏，

南唐主李璟因屡战屡败，奉表称臣。而周世宗急于进攻辽国，收复失地，只要南唐江北土地，无意渡江取南方。后周取得淮南江北共十四州，六十县，与南唐划长江为界。

南唐主李璟改名景，去帝号，只称"唐国主"，奉后周为正朝。后周取淮南不久，淮南发生饥荒，周世宗下令将米借贷给饥民，有人说："老百姓贫穷，恐怕不能偿还。"

周世宗说："百姓是我的儿子，哪有儿子受苦难而父亲不为他们解救的！难道要责令他们一定偿还吗？"在进攻南唐的同时，周世宗攻取了后蜀的阶、成、秦、凤四州，后周的疆域更加广阔了。

公元959年，周世宗下诏亲征，收复北方失地。他率领赵匡胤、李重进、韩通、韩令坤、陈思让、孙行友、刘重进等将领分水陆进攻。

周世宗到沧州，即日率步骑数万出发，直入辽境，辽军守将纷纷投降。周军很快攻下益津关（今河北霸县）、瓦桥关（今河北雄县），乘势收复莫州、瀛州、易州。辽国君臣恐惧，赶快令辽兵退幽州职守。

周世宗会合诸将商议取幽州。诸将说："陛下离京四十二日，兵不血刃，取燕南之地，这是莫大的功绩。现在辽国骑兵聚集幽州之北，我军不宜深入。"

周世宗听了不高兴，督促先锋都指挥使刘重进先行，占据固安城（今河北霸县北），自己亲自下令造桥，准备进攻。但当晚，周世宗得病，只好停止进军，自率大军回开封。

回开封后，周世宗自知一病不起，于是布置后事。封七岁的儿子柴宗训为梁王，将重要的职务委任给魏仁浦、王溥、范质、韩通等。周世宗北征时，曾在文书囊中发现一块长三尺多的木块，上面写着"点检作天子"五个字。

当时周太祖的女婿张永德任殿前都点检，周世宗对此有疑忌。于是去张永德军职，改任宰相，而将殿前都点检一职委任给资望较浅的赵匡胤。周世宗交代完后事便死去了。

历史地看，周世宗是五代时最好的一位皇帝，他改革了不少前朝的积弊，开辟了统一全国的道路。

史书上说，"其御军，号令严明，人莫敢犯。其攻城对敌，矢石落其左右，略不动容。应机决策，出人意表。又勤于为治，发奸摘伏，聪察如神。闲暇则召儒者，读前史，商榷大义"。

他"性不好丝竹珍玩之物，重农恤民，制礼作乐，文武参用，各尽其能。人皆畏其明而怀其惠，故能破敌广地，所向无前"。他死的时候，远近哀悼。周世宗柴荣在位近六年，享年只有三十九岁。

这就是说，上天仅给了他 5 年半时间，就在他几乎要一统天下的关键时候，这位雄才大略、英明果敢的一代英主猝然而逝。

我们在此不妨假设一下，如果上天再多给柴荣几年时间，收复后晋割让给契丹的幽云十六州、一统北方应指日可待，然后再攻取实力较弱的南方诸国更不会有太大的阻力。这样，统一大业就会在他手里完成，而不会把机会留给后来代周称帝的赵匡胤。

（二）周世宗变革的启示

回溯柴荣人生轨迹，这位生于乱世的"草根天子"幼年失怙，在被姑父郭威收为养子前，曾随商人贩茶，往来于南北各地。

后来郭威代汉建周，才兼文武的柴荣被倚为心腹，被郭威收为养子后，柴荣更加勤奋。郭威称帝 3 年后病死，因他的两个儿子早年被杀，柴荣于是奉遗命灵前即位。

我们在此之所以浓墨重彩提及这位历史人物，是因为在他身上，一直闪耀着促使社会和国家始终积极朝着"正向发展"的时代光芒；是因为他施行的政经方略，对今天的我们还有许多借鉴意义；是因为他所操持的矢志不渝的进取志向仍在鼓舞着我们。

如此的铁坚信仰，如此的血性执拗，如此如此如此的一切"如此"，这对今天的我们有太多的、现实的启迪、启发和启示，有太多的、现实的触动、触及和触思。

一是施行仁政。柴荣关心民间疾苦，注重调查研究，在位期间常常

到各地微服私访，了解民情国情，曾下令罢黜正税之外的一切税收，禁止地方官吏和豪绅将自己的赋税转嫁到百姓身上。

他鼓励开荒，主动将无主荒地分配给逃亡人户耕种。同时，他又奉行人道，注重法治，废除了随意处死条款和凌迟之类的酷刑。他以多种人道措施对待犯人，打扫监狱，洗刷枷铐，给犯人充足的饭食，允许探视有病的犯人，无主的病人由官府负责治疗，严禁使犯人无故死亡，私自杀死犯人的官员被斩首。他命人彻底修改法律，制定了较为完善的《大周刑统》，从而对北宋的《宋刑统》产生了直接影响。

如果以今天的眼光看来，他这一系列措施，应了那句"以仁度人，人必仁之，以恶度人，人必恶之"的历史真理。

二是务实求真。一方面，他办事谨慎，虚心求谏，从未因言论而杀一人。他曾极为诚恳地专门下诏要求群臣尽量上书言事，还点名让20多名翰林学士都写两篇文章：《为君难为臣不易论》和《平边策》。这种以命题形式向众多朝臣征求治国之策的做法在历史上是很少见的。

而且他也绝不是哗众取宠，只做做样子，在认真审读大臣的建议后，他欣然采纳了大臣王朴《平边策》中"先易后难"的主张，以此制定统一大计，付诸实践。而为了宣传政情国策，他又身体力行下到民舍田间"走基层"，从庙堂之高到荒野之卑都留下他的"声"和"影"。

另一方面，他凡事率先垂范，甚至事必躬亲。他先后5次亲自领兵出征，每次都亲力亲为，战斗在第一线。有一次，柴荣率军打算从水路进攻南唐，但有段河道无法疏通，将领禀告说河道一旦被掘通，河水必然倒灌，所以无法安全施工。柴荣便亲自前去察看，几番"调查研究"，最后制定了详细的施工方法。工匠依法施行，果然安全地疏通了河道，大军得以出征。

三是勤政笃行。柴荣是位志在四方、有能力收拾旧河山的军事家，更是目光远大、胆识过人的政治家和改革家。

他希望能做三十年皇帝："以十年开拓天下，十年养百姓，十年获太平"。他在位短短的五年间，他清吏治，选人才，均定田赋，整顿禁军，奖励农耕，恢复漕运，兴修水利，修订刑律和历法，还考正雅乐，纠正科举弊端，搜求佚书，雕刻古籍，大兴文教。

同时，他又积极兴修水利，疏通河道，整饬城防。其中，水路交通枢纽地位的恢复，使开封成为当时全国规模最大、设施最完备、经济最繁荣的城市，从而决定了北宋定都于此，对于后来赵匡胤的统一战争意义重大。

四是铁腕改革。五代政治黑暗，官吏极端贪暴。即位之始，他就以务实的态度、宏大的魄力，革故鼎新，大力整顿吏治，破格任用贤才，改革了科举制度存在的弊病，使一批有真才实学的人受到朝廷重用。

他力肃贪污之风，严厉惩处贪官污吏毫不手软，就连亲生父亲的故友犯法也不徇私情。甚至历代享受优待的曲阜孔氏也被取消特权。

回望来途，这位被史家称为"五代第一明君"，堪称照耀黑暗时代的一颗璀璨明星的王者，15岁从军，24岁拜将，33岁称帝，不仅精明强干，而且节约简朴，赢得了人民广泛的拥戴。

在其既有狂飙凸戾又有"烹小鲜"式的治世方略下，他所在的后周国力日盛，这为日后龙起的赵宋江山奠定了坚实的"国基"。

今天，我们回望历史，可以从这位生逢乱世，死于治世，这位一手胆略一手策略、集大智大勇于一身的盖世明君身上，得出几点沉甸甸的思考。

第一，要在重重危境中杀出一条血路，离不开必胜的信念和理性的求是精神。

柴荣生逢一个黑暗、动荡的乱世，作为小国之主，面对周边复杂动荡的"国际形势"，他以高明超群的外交智慧在列国之间合纵连横，巧妙周旋，以一个国贫民弱的区区小邑之"尊严存在"在这场以拳头说话的"战国游戏"中智慧生存，保全了国之体面。

这时有人会问，促使他产生这一系列思想和行为的是什么？

其实，这答案很明白，那就是"必胜的信念"，自古以来，人们干事创业无不在信念与成功之间用必然因果来关联，这对当下处于全球经

济发展一日千里、中国各省区经济发展百舸争流大背景下谋发展的我们颇有不少现实启发。

第二，他以强烈的使命感和紧迫感推行的兴利除弊和革故鼎新，对今天的我们颇有非常现实的昭示意义。

从人类社会发展的角度看，改朝换代也许来得快，也许"更解恨"，"更痛快"，而推行改革，却要比这难许多。

不错，要把那些供在神龛之中散发霉味的古铜色陈账旧册典章制度翻个底朝天，并且涉及某些人（或者是势力）的利益，是何等之难。

而周世宗柴荣要做的，正是被人们认为"难许多"的改革，所以，他总是在与时俱进中破旧立新，在与时俱进中革故鼎新，一切以"新"为出发点，一切以"新"为落脚点，这对仍在强国之路上的我们有颇多现实启迪。

就当下中国现实，我们举发展大业一方面要大手笔规划，这既需要高瞻远瞩，胸中有丘壑，更需要脚踏实地、务中国发展之"实"，求中国国情之"是"。

第三，在矛盾重重的危境中，他能够以冷静务实的科学思维，一分为二地理性研判和分析当时形势，接着不失时机利用矛盾，巧而妙之地化解矛盾，从而逐步走出困境，这对正处于发展之路摸索前进的我们颇有某种启发。

我们知道，在他所处的那个年代，还没出现"辩证法"和"矛盾论"等这些人类思想精华，这是我们后人在总结数千年朝代更迭时事变迁而得之的"发展智慧"，而他却提前一千年在那个时代通过自己的智慧思维和战争实践来准确运用并成功践行，的确让人感到惊讶。

从当下看，在发展前进路上，我们遇到的矛盾是多方面的，基于"一分为二地理性研判和分析当时形势"，我们必须要在成山的矛盾中，科学分析"主要矛盾"和"次要矛盾"，进而研究这些矛盾的主要方面和次要方面，然后抽丝剥茧分析矛盾，对症下药解决矛盾，接着继续前进。

十二　范仲淹：沉溺于"时"与"势"浪涛中的改革薪火

　　我们知道，"先天下之忧而忧，后天下之乐而乐"这句脍炙人口的经典名言，出自宋代文学家范仲淹的《岳阳楼记》。它的意思是：应当在天下人忧愁之前先忧愁，在天下人都享乐之后才享乐。用现在的话说，就是吃苦在前，享乐在后。

　　有道是，"言为心声"，作为大宋文学家的他是如此说的，而作为大宋改革家的他也是如此做的。家境贫寒的范仲淹在入仕之初，就是一位"出乎田垄之间，攻读茅庐之下"的有志青年，他早就把"为大宋之崛起而奋斗"当作自己的人生座右铭，正如其后他在绝世佳作《岳阳楼记》中所说的"不以物喜，不以己悲；居庙堂之高则忧其民；处江湖之远则忧其君"一样。

　　在范仲淹63岁的人生路上，他始终以治理天下为己任，总是以一介平凡"责任布衣"而矢不恤纬忧国忧民，他在大宋庆历年间推行的一系列旨在强国富民的"新政"，成为中国改革史上影响深远的大事。

（一）应"时"而生的强宋方略

　　自宋太祖皇袍加身，至宋英宗时，赵宋王朝立国已有百来年。这一时期，王朝内部一些积弊沉疴，也日渐显发出来，其中最突出、也最为棘手的问题，便是国家用度的紧张。相较于来自北面和西北面的军事威

胁，王朝的财政问题，更让掌权者感到头疼。

随着赵宋王朝在外交上一直处于被动挨打的局面，巨大的财政用缺已让这个曾经繁华昌盛的中原大国在腐败的侵蚀之下瘦骨伶仃。

公元1004年的宋辽澶渊立盟，赵宋每年给辽"捐"帛20万匹、银10万两的"岁币"。时隔40年之后的1044年，赵宋在一连串的军事失利下，不得不承认西夏独立，宋朝还得每年"赏赐"给西夏银5万两，帛13万匹，茶2万斤。

另外，每年还在各种节日赐给西夏银2万2千两，帛2万匹，茶1万斤。此即"庆历和议"。但这些"岁币"只占赵宋财政收入的一小部分。

而在宋王朝内部，所需财政供养的人员过多，加上用度不节俭，才是致使赵宋王朝无法息肩的原因。有资料显示，当时国家军队约计八十多万，仅军饷开支一项，即占财政开支的三分之二。

而过多的地方冗员，也耗费了不少银两。事实上，宋代冗官繁杂，在历史早有名。尤其是科举取仕名额出奇地多。就取仕人数来看，是唐代的5倍，是元代的30倍，是明代的4倍，是清代的3.4倍，可谓空前绝后，这就导致官员数量当然大大增加。但是，科举出身好歹要考一考，还算公正合理。更多的问题，出在"门荫"制度上。"门荫"又称"恩荫"、"荫补"，就是俗话说的"大树底下好乘凉"、"朝中有人好做官"。而皇帝宗室子弟以及外戚后裔封官封爵，乃是历朝通例。

除此之外，还有"纳粟"，即买官。政府扩充军备、疏浚河流乃至赈济救灾，富人出来交钱交粮，可以封个一官半职，这慢慢成了一种制度。

冗官太多，素质自然下降，时任谏官的欧阳修在湖北钟祥调研时发现，当地一把手王昌运又老又病，连走路都走不了，要两个人搀扶着才能办公，3年下来，州政荒芜衰败。

而替换他的刘依，也已经70多岁，耳聋眼花，连当朝宰相的名字都不知道。所以欧阳修给仁宗写报告说，陛下想一想，这样的干部，能够治理好地方吗？

以上因素叠加发酵，共同指向堂堂大宋的气数已接近枯竭，不少有远见的人担心封建国家的命运，连连上疏要求宋仁宗进行改革，可是所上之言却没有能真正医治弊端，多半都是些泛泛之言。

庆历四年，亟待稳定政局的仁宗皇帝，似乎显得格外开朗和进步：他将西线的三名统帅——夏竦、韩琦和范仲淹，一同调回京师，将范仲淹升任为参知政事。

这标志着时由范仲淹领衔主演的"庆历新政"大戏鸣锣开演。

（二）因"势"而溺的改革薪火

在范仲淹新政纲领《答手诏条陈十事》中，他提出了十项改革主张，主要内容是：

1. 明黜陟，即严明官吏升降制度。那时，升降官员不问劳逸如何，不看政绩好坏，只以资历为准。故官员不求有功，但求无过，因循苟且，无所作为。范仲淹提出考核政绩，破格提拔有大功劳和明显政绩的，撤换有罪和不称职的官员。

2. 抑侥幸，即限制侥幸做官和升官的途径。当时，大官每年都要自荐其子弟充京官，一个学士以上的官员，经过二十年，一家兄弟子孙出任京官的就有二十人。这样一个接一个地进入朝廷，不仅增加了国家开支，而且这些纨绔子弟又不干正事，只知相互包庇，结党营私。为了国家政治的清明和减少财政开支考虑，应该限制大官的恩荫特权，防止他们的子弟充任馆阁要职。

3. 精贡举，即严密贡举制度。为了培养有真才实学的人，首先应该改革科举考试内容，把原来进士科只注重诗赋改为重策论，把明经科只要求死背儒家经书的词句改为要求阐述经书的意义和道理。这样，学生有真才实学，进士之法，便可以依其名而求其实了。

4. 择长官。针对当时分布在州县两级官不称职者十居八九的状况，范仲淹建议朝廷派出得力的人往各路（北宋州以上的一级监察和财政区

划）检查地方政绩，奖励能员，罢免不才，选派地方官要通过认真的推荐和审查，以防止冗滥。

5. 均公田。公田，即职田，这是北宋地方官的定额收入之一，但分配往往高低不均。范仲淹认为，供给不均，怎能要求官员尽职办事呢？他建议朝廷均衡一下他们的职田收入；没有发给职田的，按等级发给他们俸禄，使他们有足够的收入养活自己。然后，便可以督责他们廉洁为政；对那些违法的人，也可予以惩办或撤职。

6. 厚农桑，即重视农桑等生产事业。范仲淹建议朝廷降下诏令，要求各级政府和人民，讲清农田利害，兴修水利，大兴农利，并制定一套奖励人民、考核官员的制度长期实行。

7. 修武备，即整治军备。范仲淹建议在京城附近地区召募强壮男丁，充作京畿卫士，用来辅助正规军。这些卫士，每年大约用三个季度时光务农，一个季度时光教练战斗，寓兵于农，实施这一制度，可以节省给养之费。

8. 推恩信，即广泛落实朝廷的惠政和信义。主管部门若有人拖延或违反赦文的施行，要依法从重处置。另外，还要向各路派遣使臣，巡察那些应当施行的各种惠政是否施行。这样，便处处都没有阻隔皇恩的现象了。

9. 重命令，即要严肃对待和慎重发布朝廷号令。范仲淹认为，法度是要示信于民，如今却颁行不久便随即更改，为此朝廷必须讨论哪些是可以长久推行的条令，删去繁杂冗赘的条款，裁定为皇帝制命和国家法令，颁布下去。这样，朝廷的命令便不至于经常变更。

10. 减徭役。范仲淹认为如今户口已然减少，而民间对官府的供给，却更加繁重。应将户口少的县裁减为镇，将各州军的使院和州院塌署，并为一院；职官厅差人干的杂役，可派级一些州城兵士去承担，将那些本不该承担公役的人，全部放回农村。这样，民间便不再为繁重的困扰而忧愁了。

《条陈十事》写成后，立即呈送给宋仁宗。宋仁宗看后表示赞同，随后便以诏令形式颁发全国。于是，北宋历史上轰动一时的庆历新政就在范仲淹的领导下开始了。

有道是，"曲道无顺流"。逆流而上总是坎坷万分。随着范仲淹新政改革逐渐深入，遭遇到的阻碍也越来越大。

特别是新政改革中的"明黜陟"、"抑侥幸"、"精贡举"、"择长官"、"均公田"、"覃恩信"、"重命令"等七事都直接关系到裁冗及其官吏制度的改革。

而要通过"诸道知州同判耄者、懦者、贪者、虐者、轻而无法者、堕而无政者，皆可奏降，以激尸素"，裁汰内外官吏中老朽、病患、贪污、无能之人，改变了过去的官员升迁办法。

现实地讲，这场改革直接触犯了封建腐朽势力，限制了大官僚的特权，因此他们对此恨之入骨，随着新政推行逐渐损害他们的利益，他们便集结在一起攻击新政。在各项新政政令陆续施行的过程中，遭到他们的极力阻挠。

这期间，朝廷上下对范仲淹改革派的谤议愈来愈甚，其间发生的"夏竦伪书案"和"朋党"之争更是让新政的慷慨激昂付之一炬，尤其是他们诬蔑范仲淹、富弼、欧阳修等"结交朋党"，宋仁宗虽然对这件事未必全信，但看到反对革新的势力这么强大，他开始动摇了，渐渐失去了改革的信心。

到庆历五年正月初六，一年前还慷慨激昂，想励精图治的宋仁宗终于完全退缩，这天，他下诏废弃一切改革措施，解除了范仲淹参知政事的职务，将他贬至邓州（今河南邓县），富弼、欧阳修等革新派人士都相继被逐出朝廷。就这样，坚持了一年零4个月的庆历新政终于失败。

（三）杂草挤走良苗——弱宋的悲哀

范仲淹走了，他怀揣着一颗对自己心爱的大宋拳拳强国之心，离开了可以让他去"济天下"的大宋庙堂。带走了一名封建士大夫特有的"进则广济天下"的信仰与主义。

史上把由他主导的这场变法称为"新政"，这其实就是另一种在思想解放雷达引导下推进的改革。

行文至此，引发了我们对"改革"一词的重新认识。那么什么是"改革"？我们认为，所谓"改革"，实际上是对社会各阶层利益的大调整。这中间，百姓大众和统治阶级之间的"利益沟壑"自然要由"改革巨手"把利益既得阶层的"利益高山"抹平来"填海垫沟"，它自然要得到这一阶层的强烈反对。

由此我们可以看到，在宋朝政坛上，的确存在一个无法"返青"的、断裂的"官场生态"带。

事实上，在中国现行的行政学体系中，我们还没发现对"官场"这个词的明确解释，但在今天由于这个词的内涵和外延一直不断丰富着人们的现实想象，以至在大众"俗文化"的表达中占有不可低估的作用和影响。

在此，我们不妨干脆把它的意思进行"直译"："官场"，就是"一个地区内行政机关工作人员工作的场所"。

同样，我们对"官场生态"这个词可以如此诠释："机关工作人员在工作过程中与各自工作环境以及与所处的社会环境之间相互作用、相互影响形成的一种息息相关、相依共处的状态特殊的'气场'，它是由诸多环境因素'相互作用'、'相互影响和制约'的综合体。"

和大自然一样，"官场生态"一旦出现"反生态"现象，将会导致"官场生态"的"失调、破坏以至断裂"。而"官场生态"断裂的最主要、最直接的表现，就是某一特定的阶层群体（主要是封建权贵阶层）基于共同的利益需求而结成的"利益共同体"。

在具体生活中，这个"利益共同体"有一种"系统性"的行为，就是指在某种权力的"有效期"内，当双方交易发展到一定的规模化时，就会导致当权者可以在一个时间段内享受某种特定的、稳定的"权力收益"。

接下来，交易双方要做的工作就是把这种交换方式"稳固化"，进而形成交易的"产业化"。随着利益规模和范围不断扩大，基于从保证这种"产业"持续稳定运作考虑，"利益各方"就通过这种渠道获得利益，从而使利益相关各方会构成一个"利益共同体"。

断裂的"官场生态"产生的负面作用非常大。

一方面，他们利用各自掌控的行政能力和权力支配等国家资源影响国家最高统治者（皇帝）的行政决策。

另一方面，在此基础上，他们再把这种力量扩大到影响国家正常生活。如此一来，断裂的"官场生态"的"官"，他们存在的意义和价值，就是为自己的私利而存在。

在实际生活中，他们"在其位不谋其政"，"在其职不谋其责"，反倒成了"在其位不谋其官"，"在其位必谋其财"。

其次，它会导致一个地区官场"集体性"、"系统性"腐化的"环境场"的成型，进而"孤立"了一些"非腐化"官员。

当断裂的"官场生态"发展到一定程度后，就会形成一种"正不压邪"的局面。在这种情况下，就会导致"官场反生态化"，于是就出现了"杂草挤走禾苗，劣官驱逐良官"的情况发生。

其三，断裂的"官场生态"往前发展的结果是，其"负面作用力"和"影响力"将会波及整个社会，使得民生百姓产生信仰危机，使主流社会一直积极倡导的社会价值观扭曲，使民众对前途和未来失去信心，从而导致社会发展的动力之源枯涸，使得当地社会经济发展进程一度停滞不前。

现在我们要讨论两个问题：

第一，导致范仲淹"庆历新政"失败的主因是什么？

关于导致范仲淹"庆历新政"失败的原因大概有以下两种观点：

一种是"国家体制说"。

北宋统一结束了五代十国的分裂局面，但统治者却从五代历史汲取了消极教训，那就是武人跋扈于国家不利。

为了避免出现这种局面，北宋皇室的政策是抑制武将，其办法一是

重用文人，二是实行"更戍法"，就是人为地制造将不知兵，兵不识将的局面以维护其统治。

客观地讲，实行"更戍法"是为了皇室利益牺牲了国防，而废除庆历新政，则是为了皇室利益牺牲了改革。仁宗罢黜范仲淹的一个原因是范仲淹带过兵，有军事威信，更主要的是朋党之议。

实际上，仁宗也知道这是臣下在互相攻击，但范仲淹确实有些功高震主，而且，同整个士大夫阶层比起来，一个范仲淹再重要，也得忍痛割爱。所以，"庆历新政"失败是必然的，这是北宋政府体制决定的。

另一种是"反对派说"。

庆历三年（1043年）新政推行，在范仲淹《答手诏条陈十事》中，旗帜鲜明地提出整顿冗官，任用贤能。也就是要裁减冗官，精简机构是改革的核心内容。

这一改革在制度上所要作的主要变动，就是要改变赵匡胤的"恩养士大夫"的"祖制"，向参与政治的广大知识分子开刀，打破他们的铁饭碗。

所以，改革将要触动的不是少数人的利益，于是支持范仲淹为圣人的就越来越少了，一批大官僚、地方官和大太监开始暗中串通，组织力量策划铲除范仲淹。

其最主要的手法是栽赃诬陷，前朝老臣夏竦曾遭欧阳修等人弹劾而贬官，因此对范仲淹、欧阳修等十分痛恨。

夏竦本人喜欢书法，精于字形字体的研究，他身边一个丫鬟也迷上了这一道。庆历四年（1044年），他唆使这个丫鬟模仿当代名士石介的笔迹，渐渐以假乱真。

石介是坚决支持范仲淹的大名士，经常写文章和诗赋议论朝政，十分大胆。于是，夏竦竟让丫鬟模仿石介的笔迹，篡改了石介给富弼写的一封信，篡改添加的内容暗含着要发动政变把仁宗拉下马的意思。

夏竦赶快把这封信上交仁宗，也算是"重大举报"。仁宗看了这封信，不太相信，可内心也不由得犯起了嘀咕。

　　这个"特殊利益集团"还有一个致命的阴招，就是告范仲淹等人暗中"组党"，搞"非法组织"。当朝宰相贾昌朝、夏竦等大官僚以及王拱辰等人暗中串通，指使谏官钱明逸向皇帝告状，说范仲淹拉帮结派，结党营私，扰乱朝廷，他们推荐的人，多是自己的朋党。凡是他们一党的，竭力保护张扬；不是他们一党的，一概加以排斥，置之死地。这一告，触到了北宋建国以来最敏感的政治痛点。

　　原来，宋太祖赵匡胤在夺取政权之后第三年（963年）九月，以唐朝牛李党争造成许多后患为鉴，曾下诏书说：凡是及第的举人，严禁称主考官为恩师、老师，也不许自称为门生。

　　所以讲，宋朝统治者最害怕的是大臣之间结合成派系或朋党，发展成皇权的一个离心力量，他们要把互相牵制的原则充分运用到官僚人际关系中。

　　事实上，太祖之后，太宗、真宗及仁宗都在这方面表示了决绝的态度，决不让步。仁宗就曾多次下诏指示朝官"戒朋党"。所以，这实际上成了宋初以来一条"国纪家法"，一道"政治底线"。

　　收到指控结党的小报告之后，仁宗想听听范仲淹的说法。庆历四年四月的一天，仁宗向各位大臣问道："过去小人多为朋党，君子难道也结党吗？"

　　胸怀坦诚的范仲淹竟回答说："我在边防的时候，见到能打仗、会打仗的人聚在一起，自称一党，怯懦的人也自称一党。在朝廷上，正、邪两党也是一样。陛下只要用心体察，就可以分辨忠奸。假如结党做好事，那对国家有什么害处呢？"仁宗对这个回答当然很不以为然。

　　未曾想，就在朝廷中朋党之争甚嚣尘上、范仲淹因此逐渐失去仁宗信任的情况下，37岁的欧阳修一不做、二不休，干脆写了一篇《朋党论》的政论呈交仁宗，并在朝官中传阅。

　　欧阳修的文章，对派别问题不但不稍加避讳，反而承认大伙的确都在结党。有小人以利益相交的"伪朋"，有君子以"同道"结成的"真朋"。欧阳修提出，做皇帝的，应当辨别君子之党与小人之党，"退小人

之伪朋，用君子之真朋"。

这就等于向仁宗宣布，我们已经结成了一个朋党派系，同时这也是向仁宗的底线挑战。从北宋皇帝极深的避讳和忧虑来看，如此理直气壮地宣告结为朋党，对庆历新政来说，就等于自杀。

果不其然，欧阳修此文一出，特殊利益集团弹冠相庆（他们绝不承认自己是结为朋党的），政治局势急转直下。

此文成为庆历新政决定性的转折点，因为对宋仁宗来说，这是一个极为敏感、极其严重的政治问题，庆历五年初六，仁宗于是将"气锐不可折"的范仲淹逐出中央政府。

这一年六月，宋仁宗任命范仲淹为陕西、山西宣抚使（处理地方军政事务的高级官员），范仲淹被迫离开京师。

这就是所谓的"反对派说"。

从我们掌握的资料看，"国家体制说"似乎在导致范仲淹"庆历新政"失败的主因上占了上风。

但我们对此不敢苟同，反而持相反意见，即"反对派说"才是导致范仲淹"庆历新政"失败的主因，理由如下：

第一，"国家体制说"的中心要义是不能重用像范仲淹这些有带兵经历的"武人"。这是一条当朝君臣众人皆知的祖宗家法，而作为臣子敢越此制，将会付出巨大代价，聪明的范仲淹是不会不明白这一点的。

而范仲淹的改革中心目标，是为大宋江山，为这个东方封建大国的"国运邦势"，这就是说，"祖宗家法"和国家利益在这一点上虽然有点"相左"，但还是有某种"重合"的。

再说，作为皇帝，在国家利益天平上反复权衡后，他完全可以基于国家利益和自身皇权（随时决定新政和推行者的命运）来控制事态的发展，所以，他不会以牺牲国家利益为代价来中止新政施行。

第二，从宋仁宗赵祯本人性格弱点来看，他在1022年登基之后，还不算一个坏皇帝，可他的日子并不好过。内外交困的仁宗在巨大压力下不得不考虑改革了。

但他性格上有致命毛病，就是耳根子太软，从善如流，从恶也如流。开始时对范仲淹的确很信任，但对改革阻力估计不足，遇到滔滔反对之声就缩回去了。如此首鼠两端，终致无所建树。

在这一点上，仁宗还真不如他的孙子神宗，因为他始终坚定不移地支持王安石。

正是他，当年信誓旦旦金口玉言铁腕改革，一年之后又自食其言废除新政，由此可见，"反对派"在那个时代的影响力之大，他不会以牺牲皇帝威信而中止新政，这也从侧面佐证了"国家体制说"不是导致范仲淹"庆历新政"失败的主因。

所以，"范仲淹改革遭遇致命阴招，庆历新政毁于朋党之争"才是唯一解释的主因。

第三，"文化强"是大宋之"强"的"推手"还是大宋之"弱"的"祸手"？

提起宋朝，人们自然会把"文化"与之相关联，国学大师陈寅恪曾说过："华夏民族之文化，历数千载之演进，造极于赵宋之世。"

不错，用"登峰造极"来形容华夏民族之文化于赵宋的确如此。这用美国哈佛大学肯尼迪政府学院前院长、全球战略问题研究专家约瑟夫·奈（全球最早提出"文化软实力"概念者）的观点来说就是在当时大宋拥有强大的"文化软实力"。

其实，放眼整个11世纪的环球大地，各地区、各国都在以自身的文化发展与大宋"文化软实力"之强遥相呼应：在亚洲，就在大宋身边，就有一个存在时间长达六个世纪之久的（632—1258）阿拉伯帝国，而这一时间正是经历大宋18帝（960—1279）在位时间的两倍。这个由来自西南亚地区的阿拉伯人建立的伊斯兰国家，中国史书称之为"大食"（西方称之为"萨拉森帝国"）。

在632年建国始初，这个"以伊斯兰教为共同信仰的、政教合一的、统一的阿拉伯国家"出现于阿拉伯半岛，之后他们开始在"圣战"旗帜下对外扩张，先后占领西亚、北非、中亚和南亚次大陆西北部地区

以及伊比利亚半岛地区的广大领土，形成庞大的地跨亚、非、欧三大洲的"封建文化大帝国"，最终以疆域面积三倍于大宋（国土为 460 万平方公里）的 1339 万平方公里出现于世界东方。

我们在这里强调"文化大帝国"，就是因为这个疆域东起印度河流域和帕米尔高原与中国接壤，西临大西洋，南至莫桑比克苏丹国，北迄高加索山国家在以阿基米德、亚里士多德、托勒密等代表的科学家"右出"于地理、医学、化学、物理、天文等领域的科技之"大"和在以《悬诗》、《天方夜谭》故事为代表的"右出"于文学、哲学、历史、艺术、建筑等文化艺术领域的文化之"大"。

也就是说，这是一个在"文化软实力"上可与大宋相媲美的"封建巨朝"。

在这一时期的日本，正值由日本古代文学发展的顶峰——日本平安时代（974—1192 年）向新开幕府制度的镰仓时代（1192—1333 年）过渡的关键节点。

在这期间，由中国传来的佛教得到发展，日本女作家紫式部（又称紫珠）完成了小说《源氏物语》（一本描写平安时代人物"光源氏"人生命运的长篇小说，对于平安时代贵族的男女情事、服装器物、日常生活等有深刻的描述）。

而在大宋西部的印度大地，伊斯兰教已于此期间（1000—1026 年）在这里深根开花。

此期间的欧洲大地，以牛津大学（1168 年始建）、巴黎大学（1105 年始建）和剑桥大学（1209 年始建）等为代表的多座人文地标建筑开始矗立在世人面前。

这就是说，全世界正在进入一个全新的"文化繁荣期"。这期间，各国都在强化文化软实力方面有长足发展，我们现在再回到前文，按奈的观点，文化软实力是一个国家走向富强的重要推手。

然而，奈的这个观点在我国宋代却是个例外：

宋代"文化强"，是人皆可知的事实，可基于宋朝地缘政治考量，在我们的北隔壁，就摊上这样的"文化不强"，对你动辄弄枪使棒要横的邻居——辽。

你"文化强"，可人家就不和你拼文化，这就好比秀才遇到兵，人家不和你比吟诗作画，而是直截了当脱衣服光膀子给你亮肌肉耍二球舞大刀，你说你找谁评理去？

于是，在战场上，人家把"文化强"的宋兵打得落花流水，丢盔弃甲："高粱河战役"（北宋太平兴国四年—公元 979 年），宋败；接着是"岐沟关之战"（北宋雍熙三年—公元 986 年），宋又大败。

如此一战一战地败，直到 1004 年，宋朝以"宋方每年向辽提供'助军旅之费'银十万两，绢二十万匹。至雄州交割"为代价与辽订立了丧权屈辱的"澶渊之盟"，我们才在"文化强"的道路上给隔壁这位"文化不强"的邻居留下"买路钱"，继续来"强文化"。

这就是说，从宋朝的战争实践来看，至少可以证明奈的观点在这里不能成立的。

从另一个角度看，"文化强"还会产生一些"副作用"：

首先，是根深蒂固的"守旧意识"。我们知道，因为有文化规制的教化氛围，才有了所谓的"守"，因为有时间历史的非线性排序，才有了所谓的"旧"。

有了历史文化的长裙，他们已习惯了遇事就动辄"问祖制"、"翻卦谱"，已习惯了"版版六十四"式的循规蹈矩，只知一味"在胡同里深造"。如此一来，他们只能"戴着守旧的镣铐舞蹈"。

其次，是内部耗争。说白了就是"窝里斗"，其对阵双方主角都是当时屈指可数的大实顶尖的"文化精英"和所谓的"国家栋梁"，基于"斗争"的需要，另一种角色人物就应势而出："小人文化。"

从历史上看，"小人文化"一直与传统文化齐头并进，早在春秋时期，孔子在其著作《论语》中就对"小人"进行了无情鞭挞。三国时期蜀汉丞相诸葛亮更是如此，他在北伐中原之前给后主刘禅上书的《出师表》中写道："近贤臣，远小人。"

可见，小人政治已成一种影响国家政治生活的毒瘤，这在后期秦国商鞅变法、晁错变法尤其是在攻击、诋毁范仲淹的庆历新政中就可窥斑见豹。

纵观史上历代变法风云，因小人而失败的变法都是发生在汉族统治时代，如秦国商鞅变法、西汉晁错变法，到了北宋范仲淹、王安石变法，"小人文化"已"昌盛"到了极致。

这与当朝最高统治者——皇帝的姑息与纵容不无必然关系，自赵宋王朝开国以来，怯懦、无能、无主见、目光短浅等这些带有"灰色系"的性格弱点基因就被植入宋太祖赵匡胤的后世"龙子龙孙"们体内，其最主要的一点是耳根子软，无主见。

比如，在范仲淹施行庆历新政期间，有反对派在宋仁宗面前阴谋诬告范仲淹"私结朋党"，如果确认，这在当时可不是一般的罪名，而作为皇帝的他不去下面查一查就"深疑而信"，天下有这等没脑子的货吗？

反过来，假如范仲淹也反告他们"私结朋党"，结果又会是什么样？而事实上，一身正气、矢志改革的范仲淹是不会做出如此下三烂的事。

其三，在宋代，花鸟书画文化已成宫廷画院绘画的重要内容，在艺术上大大超越了唐代。而这一成就的取得，当然离不开"在政期间，扩充画院，兴办画学，鉴藏古画，编纂《宣和画谱》"，并被人们尊为"画家"、"书法家"的宋徽宗赵佶带头践行"强文化"。

从某种角度讲，大宋有此"画家"、"书法家"赵佶，实乃大宋书画文化之幸，而甫甫大宋臣民有此"宋徽宗"，则实乃宋民之不幸。

纵观史上，没一位艺术家"兼"皇帝的，因为国家大事需要他日理万机而不能分心去搞"个人爱好"，因为百姓民生需要他焚膏继晷操劳国事而不能尽性去"闲情逸趣"。

相反，假如作为一国之主的皇帝一天到晚一门心思作画吟诗而不理国事，在方寸天地里自怜自叹多愁善感幽发悲情中印证着那句"玩物丧志"的普世真理：在位期间，他重用蔡京、童贯、高俅等大奸臣主持朝政，三位就放肆大量搜刮民财，穷奢极侈，荒淫无度。

其实，蔡京本人也是一位知名书法家，他能登上相位，主要还是他另一位"同好知音"宋徽宗的委用，把国事与个人性情好恶搅到一起，足见此君的治国能力何等低下，可以想象，甫甫大宋百姓摊上这个黑白不分忠奸不辨的盖世昏君，日子能好过吗？

事后有人说他这是"入错行"：明明是一位卓有成就的"大宋国画院长"，却干上皇帝这一行，如此一来，实在是误国误民，害人害己。

而具有讽刺意味的是，在反对派竭力攻击、诋毁和诽谤下，范仲淹带着强宋大略和万般寒心离开所谓的"文化强"大宋的同时，在大宋的隔壁、自己身边的邻居——由萧太后主持的旨在强国富邦的改革在"文化不强"的辽国大地上取得空前成功。

行文至此，我们只能得出一个结论：在"文化强"与"宋弱"之间不无某种必然联系。也就是说，大宋是被"绵绵不绝"传统思维的"历史长裙"绊住前进的脚！

（四）范仲淹变革的启示

在中国历史上，宋朝是一个很特别的时期，它从公元960年到公元1279年间漫长而曲折的国史被北宋（960—1127年）和南宋（1127—1279年）分期而续。

北宋靖康二年（公元1127年）四月，金兵掳走徽、钦二帝及宗室、宫人四百余人北返，北宋至此灭亡，史称"靖康之耻"。

同年五月，原任河北兵马大元帅的赵宋皇族——康王赵构，在金军退走之后，于南京（今河南商丘南）即位，仍沿用大宋国号，史称南宋，年号建炎，是为宋高宗。

这就是说，南宋王朝是在极其屈辱中建立起来的，其一北（北宋）一南（南宋）两个国号见证着这个朝代有苦难国史。

事实上，南宋王朝自建立以来，一直在金国的威胁之下，后来，金国主灭亡，大宋又迎来更大的悍敌——蒙古兵。

有道是，"天从峰峦缺处明，人在虎豹丛中健"。按一般常理，南宋

君民应当从当年的"靖康之耻"中汲取励精图治、奋发进取的强国之志，这就和战国时期越王勾践不忘在吴国之辱而卧薪尝胆苦心孤诣最终灭吴雪恨。

可眼下这个南宋，愣是被自己身边的几个流氓强盗打怕了——怕得五体投地，打服了——服得没有一点做人的血性。

于是，他们只能在"偏安一隅"中自生自灭。在日出日落中完成一条苟苟生命的"进化使命"。由此足见这个时代的"人性定力"的"尊严底线"的"修炼"到了一种何等的"境界"！

基于此，他们对"偏安一隅"是如此的钟情和虔诚，而"顽固"、"守旧"和"保守"正是其在海面上的冰山一角，所以说，在它的头顶上，不可能再有丝毫的"改革阳光"照耀。

守旧的标志之一是逢新必反。

当年范仲淹推行改革，即遭到守旧势力的拼命反对，明招暗招狠招阴招轮番上阵，原因就是他推行的是庆历"新"政。

我们不妨假设一下，假如推行者不是"范仲淹"，而是"王仲淹"、"李仲淹"，也同样要遭到此劫。但历史不能"假设"，在那个时代，在那个环境，只能有范仲淹基于封建人文士大夫的爱国情怀才能做这件事，也就是说，是历史选择了范仲淹。

而"在那个时代，在那个环境"，他的强国鸿猷注定要失败，道理很简单：当守旧基因已植入这个社会的每一个细胞中时，而这样的土壤是会结出恶之果的。

历史证明，容不下如此一位铿锵文人的时代必定是一个悲哀的时代，当它被守旧的基因植入其肌体的每一个细胞时，这一个守旧的王朝也许只能用"腐朽"来形容，而一个腐朽的王朝必定会完全拒绝一个正确的变革。

事实证明，在大宋这片被海水严重"碱化"的土地上，是不会结出范仲淹这样的"庸中佼佼，铁中铮铮"的"善之花"的。

在一个朝代中，一个 63 年的生命并不算什么，但范仲淹的存在，至少让大宋在中国历史长河中发出思想解放的短暂亮光，这也正是范仲淹的存在价值。

守旧的标志之二是"遇变即拒"。

"变"的对立面是"不变"，而"不变"，在此语境下就是"偏安一隅"之"安"，就是在两耳塞豆、抱残守缺中"安"于现状，就是在迷离恍惚绳趋尺步中随遇而"安"。因为有此"现状"，他们才可以在这个王朝括囊守禄素餐尸位。

"变"的同义词是改革，所谓改革，实际上是一次各方利益大博弈的过程，简单说，这是上层社会中利益既得者向全社会和国家的一次"利益均摊"，所以，它必然会遭到这一阶层的整体反对。

这时，基于国家利益需要，作为最高统治者的皇帝就会利用自己的君权优势来为改革者保驾护航，而失去君权支持，无异釜底抽薪，正反双方力量悬殊。

当然，改革还要有一种"妥协精神"，这不是退缩，而是"战略后退"，"策略迂回"，但改革者都是没心计的文人，话说回来，这种"一根筋"精神正是改革者特具的。

事实说明，在那个"千夫诺诺"，"万马齐喑"的特殊语境中，是不会有范仲淹这样一位"谔谔直言"的骨鲠之士存在的。一个拒绝改革的国家只能在故步自封中走向灭亡，而一个渴望改革的国家定会在与时俱进吐故纳新中走上强盛之路。

但他最终功亏一篑。也就是说，大宋没能抓住从城市文明向商业社会进化的机遇，实现华丽转身。而在将日就月原地踏步中以拒绝改革的方程求证"宋弱"铁定的"必然"。

十三　王安石："中国十一世纪最伟大的改革家"

中国历史在王安石的时代曾经出现过一个巨大的转机——由封建农业文明向科技制度文明的转变。而王安石似乎看到了这一转机，他的思想和实践在某种程度上也适应和推进了这个转变，他试图把中国引向一个崭新的发展轨道。

如果他成功了，中国的命运就会发生重大转变，也许资本主义制度会在中国率先建立，科技与制度文明会战胜马蹄与武力征服，人类历史也许会因此而重写……

在中国历史上，王安石是一面艳亮的文学旗帜，这是今人皆知的事实。而掀开历史的深幕，我们也会看到这位文坛巨擘的另一面："中国十一世纪最伟大的改革家"。

试问古今中外，能够在一个世纪内独享如此绝无仅有荣誉的，除了王安石，有谁？能得到如此一个"最"字号奖赏的，除了王安石，谁有？让我们沿着历史长河逆流而上，走进属于这位文坛大家的改革时代——北宋。

（一）他拿来一个强国安邦的"顶层设计"

宋真宗天禧五年（公元 1021 年），时任江西临江军（今江西樟树市）判官王益喜添男丁。按当时风俗，家里要为这名小孩置办"满月"，仪式举行这天，王家上下喜气洋洋，十里八乡的亲友们纷纷前来看望这位眉清目秀的男孩，庆贺王家的"弄璋之喜"。

这位眉清目秀的男孩就是日后领袖中国文坛、影响北宋政治命运的大文学家、改革家王安石。

出生于仕宦之家的王安石自幼聪明好学，其父王益是宋真宗大中祥符八年（1015 年）的进士，任建安（今福建建瓯）主簿等地方官二十多年，他为人正直，执法严明，为百姓做了不少有益的事。

其母亲吴氏从小好学强记，为人通情达理。良好的家庭熏陶和上进积极的教育环境，为日后王安石的成长奠定了基础。

庆历二年（1042 年），年仅 22 岁的王安石考中进士，历任江苏、浙江、安徽等地的地方官，在此期间，他屡次辞去进京升官的机会，在地方上埋头苦干近 20 年之久。

在此期间，他体察民间疾苦，对基层社会情况有充分的认识，这为他以后的改革实践积累了丰富的经验。

嘉祐三年（1058 年）十月，在多次推辞无效的情况下，王安石被调到京城任三司度支判官。嘉祐五年，王安石被任命为同修起居注。

在京期间，王安石将多年来的想法，写成了著名的《上仁宗皇帝言事书》。文中指出，宋朝内部潜伏着诸多矛盾与危机，并针对这些问题提出了改革的具体意见和办法，希望扭转积贫积弱的局面。

此文不仅是王安石本人政治立场和见解的高度概括，而且是以后指导变法的总路线，对当时的政治经济文化产生了深刻的影响。

在熙宁二年（1069 年）到熙宁九年（1076 年）的 8 年内，王安石围绕富国强兵这一目标，陆续推出了一系列新法。

他的新法大致可以分为四大块：一是扶持农业生产、振兴农村经济，比如青苗法，农田水利法等；二是改革财政税收体系，比如方田均税法等；三是改革具体经济制度，比如均输法，市易法等；四是改革政治和军事制度，比如保甲法，置将法，保马法等。

总的说来，这些新法的主要内容有以下几点：

1. 经济方面

（1）制置三司条例司：这是王安石推动变法第一个设立之机构，原本宋朝的财政由三司掌握，王安石设立制置三司条例司来作为三司的上级机构，统筹财政，是当时最高的财政机关，此机关除了研究变法的方案、规划财政改革外，也制订国家一年内的收支，并将收入定为"定式"（类似现代的财政部，并将之地位提升）。

（2）均输法：均输法推行已久，早在西汉桑弘羊时试行，唐代以后各郡置"均输官"。神宗熙宁二年（1069年）七月，为了供应京城皇室、百官的消费又要避免商人屯积，在淮、浙、江、湖六路设置发运使，按照"徙贵就贱，用近易远"、"从便变易蓄买，以待上令"的原则，负责督运各地"上供"物质。意在省劳费、去重敛，减少人民负担。

（3）青苗法：规定凡州县各等民户，在每年夏秋两收前，可到当地官府借贷现钱（青苗钱）或粮谷，以补助耕作（类似现代的农民贷款）。

（4）募役法：又称"免役法"。由司农寺拟定，开封府界试行，然后颁布全国实施。"免役法"废除原来按户等轮流充当州县差役的办法，改由州县官府自行出钱雇人应役。雇员所需经费，由民户按户分摊。原来不用负担差役的女户、寺观，也要缴纳半数的役钱。

（5）方田均税法："方田"是每年九月由县长举办土地丈量，按土壤肥瘠定为五等，"均税"是以"方田"丈量的结果为依据，制定税数（类似土地税）。

（6）市易法：由政府出资金一百万贯，在开封设"市易务"（市易司），在平价时收购商贩滞销的货物，等到市场缺货的时候再卖出去。同时向商贩发放贷款，以财产作抵押，五人以上互保，每年纳息二分。用以达到"通有无、权贵贱，以平物价，所以抑兼并也"（类似官仓和现代商业银行的混合体）。

2. 军事方面

（1）保甲法：即乡村住户，每五家组一保，五保为一大保，十大保为一都保。凡有两丁以上的农户，选一人来当保丁，保丁平时耕种，闲时要接受军事训练，战时便征召入伍。以住户中最富有者担任保长、大保长、都保长。此制度用以防止农民的反抗，并节省军费，相当于现代的民兵预备役制度。

（2）裁兵法：规定士兵五十岁后必须退役。若禁军不合格者改为厢军，厢军不合格者改为民籍。

（3）置将法：废除北宋初年定立的更戍法。用逐渐推广的办法，把各路的驻军分为若干单位，每单位置将与副将一人，专门负责操练军队，以提高军队质素（类似现代士官制度）。

（4）保马法：神宗时，宋朝战马只有十五万余匹，政府鼓励西北边疆人民代养官马。凡是愿意养马的，由政府供给马匹，或政府出钱让人民购买，每户一匹，富户两匹。马有生病死亡的，就得负责赔偿。

（5）军器监法：设机构专门负责监督制造武器；并且招募工匠，致力改良武器（集中式生产的专业兵工厂）。

3. **教育方面**

（1）太学三舍法：把太学分为"外舍"、"内舍"、"上舍"三等，"上等以官，中等免礼部试，下等免解"，推行此法，旨在以学校的平日考核来取代科举考试，选拔真正的人才。

（2）贡举法：王安石认为"欲一道德则修学校，欲修学校则贡举法不可不变"。所以他要改革贡举法，废明经（即死记硬背之道理），于是他下颁新贡举制，废明经，专以进士一科取士。

如此一个完美无缺的"顶层设计"，如此一个务实高瞻的"图强鸿猷"，也许只能出自王安石手中，也许只能在他所处的那个时代推行。

我们上文讲的"只能出自王安石手中"，说的是他作为一名深受中国传统文化价值观影响的封建文人士大夫特具的"大宋公民意识"和"国家意识"。

也就是说，一方面，他的"存在价值"，为的就是自己心中的那种

永不倒下的"信仰和主义"；而他的"责任存在"，就是为了完成自己的使命改革和快意变法。

另一方面，作为"家事国事事事关心"的、鏊不恤纬的"家国公民"，他自然而然要把个人前途和命运与国家未来紧密相连，然后在思想解放雷达引导下提出一个中兴大宋的"顶层设计"。

我们上文讲的"只能在他所处的那个时代'顺利'推行"，说的是在那个"人治"大于"法治"的封建社会，怀道须世、藏器待时的他，只能在人生际遇中碰到可以一纵改革豪情高天的知己君王——宋神宗。

那么，宋神宗为什么支持王安石变法？因为宋神宗也是个有为青年，并且也是个改革家。

宋神宗名赵顼，原名仲铖，是英宗赵曙的长子，其生母为高皇后。嘉祐八年（1063 年）受封光国公；后又加同中书门下平章事，受封淮阳郡王；治平元年（1064 年）进封颍王。治平三年立为皇太子，次年即帝位，是为宋神宗，时年 20 岁。

神宗继位的时候，宋朝统治已近百年。宋初制定的许多政策，其弊端已经渐渐显露出来，官场腐败盛行，财政危机日趋严重，百姓生活困苦，各地农民起义不断，辽、西夏在边境虎视眈眈。

此时的北宋统治面临一系列危机，军费开支庞大，官僚机构臃肿而政费繁多，加上每年赠送辽和西夏的大量岁币，使北宋财政年年亏空。

据《宋史·食货志》记载，至治平二年（1065 年）亏空已达 1570 多万。在这内外忧患，财政困乏之际，神宗力图"思除历世之弊，务振非常之功"，"励精图治，将大有为"，力求"奋然将雪数世之耻"。

《宋史》载，赵顼自幼"好学请问，至日晏忘食"。做太子的时候就喜读《韩非子》，喜欢法家"富国强兵"之术。

而神宗在即位之前已闻知王安石的政治抱负和才能，还读过王安石的《上仁宗皇帝言事书》，所以对王安石的理财治国思想非常赞赏。

可以说，有了北宋这对神交已久的君臣在强国理念上"英雄"之间的"战略相惜"，于是才有了王安石的"顶层设计"。

（二）他寒心地端走一碗被溷的“改革浓汤”

从王安石的变法内容和方案设计来看，应该说几乎是考虑周全、无可挑剔的，而且也曾经在地方的试验田中获得了极大的成功，赢得了当地老百姓的交口称赞，再加上明君宋神宗和贤臣王安石二人的见识和才干，变法运动在全国推行开。

按道理来说，就算没有取得极大的成功，取得一定程度的成功应该还是比较容易的。可是变法运动的效果却与宋神宗、王安石当初的设想完全相反，变法不但没有成功，没有实现大宋中兴的理想，而是失败了。

在王安石变法的过程中，神宗充分利用君权的力量保证新法推行。熙宁二年，新法逐渐出台、实施，但是马上遭到朝内外守旧势力的攻击。

有人攻击王安石变法是“与民争利”、“侵官、生事、征事、拒谏”，他们不仅从新法的内容、效益上提出非难，而且在思想、道德上指责王安石“变祖宗法度”，“以富国强兵之术，启迪上心，欲求近功，忘其旧学”，“尚法令则称商鞅，言财利则背孟轲，鄙老成为因循，弃公论为流俗”。

在朝议面前，神宗终不为所动。神宗认为这是学术、道德上的争论，“人臣但能言道德，而不以功名之实，亦无补于事”，讲求道德与功名并重，对守旧势力反对变法，空言道德，在政治上无所作为甚为反感。并同意王安石“天变不足惧，人言不足恤，祖宗之法不足守”的主张。

在王安石与守旧势力的斗争中，神宗皇帝坚定地站在王安石一边，他先后罢退一批反对变法的官员：御史中丞吕公著“以请罢新法出颍州”。“御史刘述、刘琦、钱𫖯、孙昌龄、王子韶、程颢、张戬、陈襄、陈荐、谢景温、杨绘、刘挚，谏官范纯仁、李常、孙觉、杨宗愈皆不得言，相继去”。“翰林学士范镇三疏言青苗，夺职致仕”。

与此同时，熙宁三年（1070年）神宗进一步提升王安石为同中书门下平章事。王安石居相位后，农田、水利、青苗、均输、保甲、免役、市易、保马、方田等新法先后颁行天下，这些新法涉及广泛，几乎涵盖社会的各个方面，新法的全面推行使变法进入了高潮。

可以说，在变法的前一阶段，即熙宁七年（1074年）以前，如果没有神宗的支持与配合，王安石在全国范围内实行变法是不可能的。

而正是有了宋神宗的政治抱负和锐意改革的决心，才保证了王安石变法的成功，并改善了当时的社会生产条件，增强了国力，使得宋王朝又重新恢复了生机与活力。

新法的实行，大大增加了国家的财政收入，社会生产力有了巨大发展，垦田面积大幅度增加，单位面积产量普遍提高，多种矿产品产量为汉代、唐中叶的数倍至数十倍，城镇商品经济取得了空前发展。宋朝军队的战斗力也有明显提高。

王安石变法虽然在前一阶段取得胜利，但守旧势力的攻击并没有停止，特别是随着变法的逐步深入，触及大地主、大商人的利益越严重，守旧势力的进攻变得越猛烈了。

与此同时，来自后宫势力的巨大压力也在影响着神宗的变法决策。新法实行中也触及了宗室、外戚的切身利益。

例如，新法变革宗室子弟的任官制度，让不少远房的金枝玉叶失去了做官的机会，招致他们强烈不满。朝廷没收了向皇后父亲的部分财产，曹太后的弟弟也受到了违犯市易法的指控，他们自然十分仇视王安石。

以两宫太后及皇后、亲王为首的宗室外戚抓住一切机会诋毁新法。神宗面对朝廷和后宫的双重阻力，内心的烦躁、矛盾可想而知。

于是，宋神宗开始左右摇摆，他希望在平衡各派势力的情况下，尽力维持新政推行。

还有，自从新法颁行后，各地不断有异常的自然现象出现，如京东、河北突然刮起大风，陕西华山崩裂，一时间人心惶惶。许多人利用这些抨击变法，说天变是上天对人间的警告。

熙宁七年（1074年），北方大旱，久不雨，民不聊生。神宗为此忧心忡忡，也开始相信这是上天的某种预警，并对新法进行反思。

此时，朝内外守旧势力以“天变”为借口，又一次掀起对变法的围攻，围攻得到了仁宗曹后、英宗高后和神宗向后的支持，并对神宗产生巨大影响。

原来英宗、神宗一系并非仁宗嫡嗣，因仁宗无子，才把英宗选为皇储，并最后继承皇位，所以仁宗的曹后和神宗之母高后对神宗有较大的威慑力量。

此时，一个叫郑侠的官员向神宗上了一幅流民图，图中所描绘的景象使神宗大受震动：无数的百姓流离失所，卖儿鬻女，惨不忍睹。神宗本想通过变法，使百姓安居乐业，却万没想到竟然会是这样的结局。

第二天，神宗下令暂罢青苗、免役、方田、保甲等18项法令。尽管这些法令不久在吕惠卿、邓绾等人的要求下恢复，但神宗与王安石之间的“无缝隙默契”开始出现裂痕，二人的互相的信任也受到严峻的考验。

当王安石对所谓的“天变”据理反驳时，神宗不再听从王安石“天变不足惧”的解释，相反他认为“天变”非小事，是因人事不修所致，“今取免行钱太重，人情咨怨，至出不逊语。自近臣以至后族，无不言其害。”

“两宫泣下忧京师乱起，以为天旱更失人心”。四月，神宗终于在曹后、高后再次流涕，向神宗哭诉“安石乱天下”的情况下，罢王安石相，使变法遭受挫折。

王安石离京之后，变法运动由韩绛、吕惠卿等人负责。此时，变法派的中坚力量为了各自的利益开始走向分裂。

吕惠卿是个极有野心的人，王安石离开后，他提拔亲族吕升卿、吕和卿等人，扶植自己的势力。同时打击变法派内部的其他成员，妄图取代王安石的地位。

他打着变法的招牌，肆意妄为，引起朝中大臣的不满。韩绛等人强烈请求王安石返京复职。神宗也认为，只有王安石，才能挽回局面。熙宁八年二月，又召王安石回京复职。

王安石虽然回京，但吕惠卿没有放弃自己的野心。他不仅不协助王安石推行新法，反而处处防碍，公然挑拨神宗与王安石的关系。神宗发觉了吕惠卿的阴谋，将他贬出京城，但变法派阵营已经分裂。

神宗此时将近而立之年，近10年的从政经历使得这位少年天子日趋成熟，对于变法有了自己更深的理解和打算，不再事事依靠王安石。君臣之间的分歧越来越大，"王安石再相，上意颇厌之，事多不从"，变法不能推进。

熙宁九年（1076年），天上出现彗星，守旧派又以"天变"对变法提出非议，神宗更加动摇。他对王安石说："闻民间殊苦新法。"

熙宁九年六月，王安石的爱子王雱（pāng）病逝，在此打击下王安石坚决求退，十月复罢相，出判江宁府。王安石带着壮志未酬的遗憾和满腹的伤悲离开京城，结束了自己的政治生涯，退居金陵，此后潜心学问，不问世事。

总的来说，王安石两次罢相，都是神宗向守旧势力妥协的结果。神宗的政治目标是希望通过变法富国强兵的，但他一怕得罪两宫太后，二怕国家出乱子。

王安石第二次罢相后，终神宗朝，除方田法罢废及部分新法条文被稍作调整外，新法基本上得以贯彻执行。神宗对在外地任职的王安石也多有关照，如熙宁十年（1077年）以王安石为集禧观使；元丰元年（1078年）以王安石为尚书左仆射、舒国公、集禧观使；元丰三年改制，则以王安石为特进，改封荆国公。

王安石离开后，神宗并未放弃改革的既定路线。王安石第二次罢相后，神宗于元丰元年（1078年）从幕后走到前台，亲自主持变法。希望在保持新法既得成果的基础上，在某些方面使改革有所推进。

他绕开容易引起争论的理财问题，而把注意力放在整顿冗官和强化军兵保甲问题上。冗官冗费是宋朝官僚政治的毒瘤，宋初，太祖、太宗二朝为了加强皇权，广授官职以分宰相和省、部、寺、监之权，授官制度复杂，有官、职、差遣之分，造成机构重叠，闲官冗费等弊端。

元丰三年八月，神宗正式启动官制改革，他首先从积弊最深的差遣制度入手，诏令撤销只领空名的官职，原作为虚职的省、部、寺、监各官皆实际任事。并采用旧文散官的名称编成官阶，作为官员俸禄及升降的品阶标准。

元丰五年（1082 年），以《唐六典》为蓝本，颁行三省、枢密、六部新官制。元丰年间中央官制的改革，虽然局限性很大，但表现了神宗维持新政，继续改革的心愿，在一定程度上改变了宋初以来混乱的官僚体制，奠定了北宋后期和南宋中央官制的基本构架。

元丰年间，神宗实行的强化军兵保甲措施，目的在于对外增强对辽、西夏的战斗力，并镇压各地的武装反抗，巩固统治。但这些措施未能从根本上解决问题，因此没有任何实际效果。然而，变法依旧伴随着反对的声音，神宗亲自主持的新法同样遇到朝中群臣的异议。

元丰八年（1085 年）三月，神宗病逝，终年 38 岁，死后葬永裕陵。子赵煦嗣即位，也就是宋哲宗，不久，宋哲宗拜反对派领袖司马光为相，司马光上任第二天，即全部废除王安石变法政策。

一年后，也就是哲宗元祐元年（1086 年）四月初六，王安石在小人诋毁他、政敌排挤他、皇帝冷落他的途穷末路的尽头，带着属于一个时代的强平素宋鸿猷离开了他心爱的大宋，时年 66 岁。

（三）历史只能选择王安石

王安石走了，大宋上空的守旧阴云把隐藏在山巅深处的思想霹雳掩盖后，又重新在日将月就中笼罩着这片土地。

可是，人们却记住了王安石。一个忧国忧民、锐意革新之执着的王安石；一个不修边幅、我行我素、不受约束之洒脱的王安石；一个不谋私利、不依权压人、不报复陷害之正直的王安石；一个集伟大政治家、

伟大文学家、伟大改革家于一身之成就的王安石；一个不信天命、不拘常规、"人言不足恤，祖宗不足法，天变不足畏"之气魄的王安石。

作为文学家，他是成功的。作为"唐宋八大家"之一，他在中国文学大地上已竖起一座后人不可逾越的高峰。

从一定意义上来说，苏轼类李白而王安石类杜甫。从南宋以及随后的明清文学批评家的主流舆论来看，王安石的文学成就没有因为几乎众口一词的政治中伤而被质疑和抹杀。

恰恰相反，文学帮助王安石树立了在独立于传统评论之外的正面形象，这在当时有着苛刻道德标准的文学评论界的确是一种不可思议的例外。

作为改革家，他是失败的。以今天的眼光看，改革是件利国利民的好事，可是，在他所处的那个时代（除了宋神宗，他是王安石变法的支持者，在王安石离开朝廷后，他又试图再推行变法改革，但在各方压力下，只好作罢），在他所为的那个环境，他只能"失败"，他必须"失败"。

在这里，上至国君，下至百姓臣民，一种新的舆论倾向已被这个国家的价值取向、国家观念和普世哲学重新定义。这时，人们发现，大宋这艘巨轮已在没落、麻木和守旧的干扰下渐渐偏离了正向进化航向。

这一点已被一位风华正茂意气风发新任国君宋神宗看到，可这位意图重振大宋国威的青年天子在自己龙椅"左下方"的官僚体系却找不到一个能担此任的人。

我们讲历史只能选择王安石，是基于以下几点考量：

首先，从他所处的外部客观条件看，大宋国家机器已运行100多年，诸多政弊在此时集中爆发，也就是说，大宋此时已到了非改不可地步。可是，怎么改？如何改？这时，他被大宋皇帝宋神宗看中，这是从国家需要方面讲的。

其次，从他自己内部主观条件看，一方面，作为始终关心国事的文学家，他常在文章中抒发自己的改革豪情，这一观点被欣赏其文采的宋神宗认同。

另一方面，作为始终秉持“广济天下”的封建士大夫，王安石身上有一种与生俱来的“公民意识”，这让他始终在以“怀道者”和“抱朴者”身份去“须世”去“待工”。

而此时的大宋，已是政弛势弱、社会危机重重的境地，所谓“国之有难，文学家有责”，而作为封建文人士大夫的王安石，此时必须站出来，必须完成自己的“使命改革”，接着是“使命失败”。

所以，历史只能选择王安石，如大宋只能选择宋神宗。

(四) 王安石变革的启示

一是不仅改革者需要思想解放，全社会都要思想解放。

王安石走了，带走属于他的改革时代，把太多的思考留给我们。

我们在想，发生在距今 1000 多年前的“熙宁变法”，给大宋带来的是什么？是灾？是福？一场改革何以把所谓文明盛世的堂堂大宋上下搅得天昏地暗冲鼎沸腾？

我们退一万步想，假如没这次改革，大宋人的日子会是什么样？

假如没这次改革，大宋皇帝也会在将日就月地在守祖业（江山）中“聊以卒岁”，平稳走完自己的“万岁人生”；朝中臣工吏差也会在大宋通天仕途中尸位素餐，接着攘括守禄而回报自己的“半生戮力”；而终日为生计而奔波的鄙野百姓草根们则在且饥且饱中自生自灭，如此一朝麻木的生灵就这样在自迷自沉接力延续大宋国运邦势。

总之，没有这次改革，大宋人都会生活在私心包裹着的“你好我好大家好”中氤氲而成“一派和气”中自醉自慰且生且灭。

而在北宋熙宁二年（1069 年）到熙宁九年（1077 年）的八年时间内，王安石主导的“熙宁变法”确实在北宋大地上发生过，在这场变法过程中，我们可以通过改革这个万花筒看到不一样的人生百态：

首先，由王安石主导的新法实行中触及了宗室、外戚的切身利益。例如，新法变革宗室子弟的任官制度，让不少远房的金枝玉叶失去了做

官的机会，招致他们强烈不满。朝廷没收了向皇后父亲的部分财产，曹太后的弟弟也受到了违犯市易法的指控。

让人寒心的是，以两宫太后及皇后、亲王为首的宗室外戚等这些"食大宋厚脂"、"享大宋肥禄"的封建权贵们本应该在改革与否此决定大宋命运此大是大非上为大宋分忧，不想却成为反对新法的"急先锋"。

这为的是什么？为的就是自己那一点点"苟苟小利"！如此"自私自利"的"公民觉悟"、如此"自利自私"的"国家意识"，让今天的后人来看，除了感慨，还是感慨。我们姑且把他们称为"自私派"。

其次，就是那位享誉中国文坛的大文豪司马光，在北宋庙堂之上，他是与王安石改革唱对台戏主角。论笔墨文采，他的才能可以和王安石有一拼，也就是两人"不相上下"，论关于改革图强的政治主张，他与王安石更"上下不相"。

总的来说，他与王安石相争，是没有道德因素的"君子之争"，是"不蒸馒头蒸口气"的"蒸"（争），在"自古文人总相轻"的文化语境下，他如此"争"一方面是基于文人的"面子"需要，另一方面，在其"反王旗帜"下聚集了各色心怀各种政治目的的"投机者"，而事实上他本人也甘于"被工具化"。

我们姑且把他们称为"斗气派"。

其三，在王安石变法推行过程中，伴随着他在大宋政坛几起几落，一些为了泄私愤或从中捞好处的投机者如吕惠卿这样的小人乘机兴风作浪，他们有的恶语中伤，有的落井下石。

堂堂清风大宋宗庙圣殿竟成为这般鼠辈小人扇阴风、点鬼火见风驶舵投机渔利的天堂，可见这个发霉的王朝气数腐到了如此的"几何"！

我们姑且把他们称为"小人派"。

总之，在"自私派"、"斗气派"和"小人派"等各方守旧势力的联合绞杀下，王安石，这位全心全意夙兴夜寐鞠躬尽瘁为大宋抬轿的"轿夫"，不得不端走一碗被"瀣"的"改革浓汤"，这，不能不说是一个时代的悲哀。

从另一个角度看，王安石改革是一面镜子，在它面前，照出了那些满嘴仁义道德的所谓社会精英们在等身绫罗绸缎下的"小"和"私"，照出这个标榜所谓"文明"王朝看似盛世繁华实则通体流浓背后的颓相，照出这个被后世人们争先膜拜的"文化圭臬"金玉其外、败絮其中的衰势。

仔细算来，围绕在王安石改革的博弈各方，确实没有赢家：

第一，中国历史文坛之"输"：众所周知，大宋文化软实力的确是强，王、司二人都是当之无愧的中国历史文坛巨擘，二人围绕此次改革而把聪明才智用在互掐互拧上，搞得双方都精疲力竭，让此"文学双璧"头顶的文学光环黯然失色，此谓中国历史文坛之"输"。

第二，大宋国家之"输"：此为最大的输家。

其一输：失去国家栋梁。与封建社会知识分子成长经历一样，王、司二人十年苦读无人问，最后成名入仕，本应该用聪明才智为国效力，报效国家，却用在负气互拧钩心斗嘴上。客观地说，王安石和司马光都是公认的有德君子，他们两个人对变法的不同看法，确实出自不同的政治理念，两人的核心分歧在于强国政见上。

司马光认为，国家的职能就是让老百姓安居乐业地过日子，因此朝廷不生事、少给百姓增加负担就是最好的国家。用现代的语言说，就是不作为、不生事的政府就是好政府。

王安石则认为，国家必须积极进取，国民均应为这种进取承担义务，所以，政府必须有所作为，简言之，有作为的政府才是好政府。

自现代的眼光看来，司马光的观点未免空阔迂腐：你不进取，不强大，你以为人家西夏、辽国、蒙古就不进取、不强大？你以为人家就不打你了？这种一厢情愿的想法是人们无法接受的。

而要进取，就得让全体国民都承担义务，就得向全民敛财，除此之外，别无他途。所谓志不同，则道不合。于是，二人因文结缘，由道而分，一个擎天柱由此被劈裂为两根"小棍棍"。

其二输：围绕此次改革，反对方和支持方都动用各自可以调动的一

切社会资源和国家力量，由此形成的国家内耗相当惊人，人力财力物力自然不必去说。

其三输：使大宋失去向世界强国进军最佳机遇。中国历史在王安石的时代曾经出现过一个巨大的转机——由封建农业文明向科技制度文明的转变。而王安石似乎看到了这一转机，他的思想和实践在某种程度上也适应和推进了这个转变，他试图把中国引向一个崭新的发展轨道。他几乎获得成功，但最终功亏一篑。这是一个巨大的遗憾。如果他成功了，中国的命运就会发生重大转变，也许资本主义制度会在中国率先建立，科技与制度文明会战胜马蹄与武力征服，人类历史也许会因此而重写。由此我们也可以看出封建制度不足：

一方面，政治改革的目的是在思想解放雷达引导下，通过解放生产力延伸至生产关系或上层建筑，从而达到延续一个国家生命目的，所以说，这不是某一帝王的事。

另一方面，在所谓"人治"封建语境下，某位执政者颁布政令后其执行力也局限于"一朝天子一朝臣"和"一朝天子一朝令"，没形成制度约束，不可能持续发展，导致国家在跛脚中前行。

比如宋神宗自己也曾试图推行改革，但因阻力太大，失败了。而到了宋哲宗时，王安石变法的内容就被全部废除了，就说明这个问题。

由此我们想到，思想解放不是改革者一个人的事，而是全社会的事，它需要全社会与改革者一起"和谐共振"，如此一丛丛思想之花与自然万物在氤氲互动中衬托出一个鸟语花香的"改革春天"。

那么，什么是思想解放？简言之，思想解放就是突破旧思维，寻找新的思考方式来解决当前问题。

思想解放要解放什么思想？简言之，要解放的是促使社会加速度正向发展的思想。

至此，我们要问：如何才算思想解放？思想解放的标准是什么？

简言之，思想解放的外在表现特征有两种：一种是促使全社会发生深刻变革，另一种是对某种社会思潮起到了"现实启蒙"和"有效影响"作用。

我们这里讲的"全社会"，一方面主要是指以皇帝为首的国家最高权力阶层和以地方官吏为主体的基层行政阶层，一方面是指以平民百姓大众为主体的草根阶层。

在这两大阶层中，以皇帝为首的国家最高权力阶层由于掌握强大的权力资源而成为决定一场改革"生命"的首要条件。

作为一国之主，他对这个国家拥有至高无上的权力，"普天之下，莫非王土；率土之滨，莫非王臣。"他可以支配这个国家的一切，包括脚下臣民的思想意识。一般来讲，能得到皇帝支持的改革方案，就会在强大的君权轨道上与成功"无缝对接"。

其次，以地方官吏为主体的基层行政阶层由于掌握强大的权力资源而成为决定改革成功与否的关键因素。

在五千年中国史海烟云中，几乎事事都与吏治相关联。所谓吏治，是指古代官吏特别是地方官吏管理和统治民众的方式和治绩。《韩非子》中有"圣人治吏不治民"。

事实上，中国封建统治者历来都很重视吏治，吏治则民治，民治则国家稳定，稳定是发展的前提条件，稳定基础之上才可能有盛世太平。至此，对官吏以德感人，以礼为让的教化，注入了辅之以刑的法治思想。

从历史上看，吏治历来是封建社会的要政之一，是统治者治理国家的主要任务之一，其优劣直接关系到民心向背，政权安危。所以说，这一阶层对改革主张的态度就成为改革成功与否的关键因素。

最后，以平民百姓大众为主体的草根阶层虽然对改革成败影响甚微，但我们认为，在某种条件下，一个正确的改革主张也同样会得到基层人民的拥护，所谓"下下人有上上智"，让人民参与改革，在改革中成长才能达到改革目标。

二是我们如何在人性弱点深处给改革者以"最温暖的宽谅"？

"人之初，性本善"，这是与《百家姓》、《千字文》一起并称为中国

三大国学启蒙读物的《三字经》的开篇首句。

在历代人心目中，这部只有 1145 字，被人们视为学习中华传统文化不可多得的儿童启蒙读物，其内容涵盖了中国传统的教育、历史、天文、地理、伦理和道德以及一些民间传说的"中国版的'三字圣经'"（俄罗斯大诗人普希金语）。

科学地讲，《三字经》的开篇首句关于人性之"善"与人性之"恶"的论述与自然生物（人类）进化理论还是相吻合的。

这就是说，人在生命之初，是没有"善"与"恶"之分的，而后来随着成长环境的熏陶和在社会交际生活中所受的影响，才有了基于共同的普世价值观区分出人性之"善"与人性之"恶"。同时，又在"善"与"恶"之间衍生出"浮躁"、"偏激"、"高傲"、"急躁"等"灰色性格"。

而我们本文中讲到的王安石先生的脾气秉性"卡尺"也许就正好"卡"在这些"灰色性格系"中间。

从脾气性格角度看，王安石在他所处那个时代人们眼中的确是一个性格古怪之人，在其性格表情中，自负中带有高傲，固执中带有偏激。由于他性格比较执拗，所以人们送他一个雅号："拗相公"。

从德行才能角度看，他的确是一个不切实际的理想主义者，他的思想人品异乎寻常；由此衍生的不拘小节在生活中也是如此"个性"：他一心治学而不修边幅，经常蓬头垢面出现在众人面前。

仁宗初见王安石时，以貌取人，认为他是一个"奸诈之人"，于是很不喜欢他。而在保守传统的人们眼中，他的确是个怪诞之人，甚至有人从王安石的面相上断言其"眼中多白"，是"奸臣之相"。

他如此大咧的外在表现自然是与日常生活中"不注重仪表"、"易感情用事"相吻合。而他的急躁自信也被后人喻为"财政经济鬼才"。

从为政理念角度看，他从 22 岁中进士到 46 得势之间，谢绝任命，仅在偏远之地为吏，如此的"深入基层"，如此的"调查研究"，为其日后的"熙宁变法"提供了坚实的改革思想准备。

他的文章很出名，位居太守时，政绩斐然；"初入京，人皆艳羡之"。这在另一位文学家苏洵的《辨奸论》中就详述其事。

从待人处事角度看，他"徒有救世之心，而无圆通机智处人治事之术"，所以，他的性格视野一直局限在自己的方寸之内，除与他自己以外，与天下人无可以相处。

由此我们想到日常生活中人们关于脾气性格与才能因果关系的四种评价：第一种人是"没本事，没脾气"；第二种人是"没本事，有脾气"，第三种人是"有本事，没脾气"；第四种人是"有本事，有脾气"。

第一种"没本事，没脾气"的人，在我们身边比比皆是，说白了就是百姓大众，他们无才无学，无功无过，整日默默为了生计而去四处奔波。比如《西游记》中的"沙和尚"就是这类人，他跟在去西天取经队伍后面不是挑担，就是牵马。

最为可悲的是第二种"没本事，有脾气"的人，在日常生活中，这种人遇到事情总是怨天尤人，接着是一通不着边际的满腹牢骚，所以这种人最不受大家欢迎。

对于第三种"有本事，没脾气"的人，从目前看，在现代社会条件下，这种人还是少见的，我们用"完人"形容这类人也许是恰如其分的。

对于第四种人是"有本事，有脾气"。我们除了佩服之外还要送上理解，因为作为一个"太有才"的人，所以人家总是常有"发脾气"的"本钱"。

王安石就是这类人，一个在别人眼中看来浑身"毛病"的人，而如果没这些所谓的"毛病"，我们心中的"王安石"也许就不是真正的王安石了。

其实，王安石之所以成"王安石"，一方面是因为他首先作为一名文学家所特具的文人的清高与"天下人皆醉唯我独醒"的孤傲的同时，还夹杂有他作为强宋方略"顶层设计"者的"成就感"与"自豪感"。

另一方面，在这双重性格叠加而得的"另类秉赋"因子中，基于传统封建士大夫精神价值观影响和改革者使命责任感，他只能是王安石而

不是"王安石"了。

所以，在他性格身上，就必须叠加为时人看来的诸多"毛病"。当然，这与他作为一名改革家的"功能比重"相比，也似乎显得微不足道。

可是，人们在评价他改革功过时，他身上如此诸多的"毛病"往往被无限放大，如我们在教科书或网上看到的和听到的关于王安石改革失败的评价基本上是"千篇一律"、"众口一词"的，如"得罪权贵"、如何"不会来事"、"脾气暴躁"和"性格孤僻"等。

行文至此，我们也悄悄诘问自己，我们如此"事后诸葛亮"式地评价是不是对这位古人的要求太苛刻了？如果说，把他身上特具的"毛病"全部去掉，也许他能完美些，但事物发展的客观规律又告诉理性的我们：人无完人，而绝对完美的只能是神仙，但请问，天下有如此精忠报国的"改革神仙"吗？

反过来再说，我们能指望一个满肚子阴谋诡计只知拉帮结派、钩心斗角、阿谀奉承、八面玲珑、左右逢源，一天到晚尽思谋算计人整人只算自己的"小九九"的人为国家未来着想？那才日了怪哩！

所以在我们看来，王安石的"倔"，不仅不是一种缺点，而是在当时"荆棘载途"政治语境下的特别"优点"，否则，在当时历史环境条件下他不可能把改革推行下去。

由此可以看出，在推行强宋改革大业上，王安石没有半点私心。正是他的至公至正，才有了他的刚愎，才有了他"拗相公"的"美誉"。

如果说，我们为那个不容忍如此一位没有任何道德瑕疵的铿锵文人的时代而感到悲哀，那么，我何尝不能为我们"鹦鹉学舌"和"人云亦云"式地来评价一位性格如此复杂的文人改革家而悲哀呢？

我们不难想象，如此一个本应该崇尚"民主"、"开放"、"个性"等多元文化的社会生存的他却在宋这个封建制度完美甚至几乎还不容改变的社会，如此一条"无水之鱼"，如此一株"无本之木"，也许他只有就范于自灭的命运。

所谓"地虽生尔才，天不与尔时"，事实上，从人生理想说，他是找一个“与尔时”时代，如果让我建议，也许他出生在我们所处的时代是正确的选择。

无论如何，王安石改革应该对我们有如下启示：

第一，要坚定不移地推进改革实践是社会发展需要，而具国际视野的复合型改革人才更是社会发展需要，这就要求我们任何时候、任何条件下必须千方百计保护改革积极性，绝对不能让守旧势力把改革热情“中和”、“稀释”。

第二，要以最人性的宽容去理解那些“有本事，有脾气”的改革者，所谓“本事”，就是在思想解放雷达引导下始终站在时代发展的最前沿，不失时机推进社会正向发展的改革能力。所谓“脾气”，就是改革者所特具的“锐气”和“芒刺”。

而对这些“有本事，有脾气”的改革者来讲，也许他们的那些“本事”就“潜伏”在这股“脾气”中。否则，把这些“本事”和“脾气”一律毫不留情统统草薙禽狝，则无异于“煮鹤焚琴”。

第三，要营造良好改革环境，积极培育利于改革者成长的土壤和条件，同时要努力营造改革氛围，大力宣传改革，发动群众让人民参与改革，并在改革中教育人民，大力弘扬“以积极改革为荣，以故步自封不改革为耻”的改革价值观。最后把一切改革力量团结在改革发展大旗帜下，在全社会形成拥护改革、参与改革的良好氛围。

十四 萧太后：思想解放不分男女，巾帼一样能撑改革的天

　　萧太后作为一名辽国女性政治家、军事家，不仅统军有方，对外戎马倥偬，纵横沙场；对内亦可行文修治，兴邦安国。她在统治期间积极调整赋税，使辽国农业得到保护和发展，并进一步根据经济发展的需要主持修建了中京城。萧太后还在修订法度、缓和民族矛盾方面发挥了积极的作用；对人才的重视和培养更是她的政治生活中不可忽视的功绩，她推行开科取士政策，并整顿吏治，任人唯贤，有效地促进了辽国文化的发展。经过她多年的努力，辽国不仅扭转了穆宗时代混乱衰败的局面，逐步稳固了圣宗的统治，而且国势昌运，国力强盛。

　　作为辽国第一个"抬头仰望星空的人"，她以卓越的政治、军事才略以"低成本"成功改革在辽国大地演绎着"地也生尔才日，天必与尔时"的历史传奇，而她的祖国——大辽也让这位绝世女杰"物尽其美"。

（一）辽国出了个萧太后

　　公元982年，中国北部的辽国发生了一件影响其前途与未来的大事，这一年是辽乾亨四年，淹淹一息的辽景宗在焦山即将病死。

　　弥留之际，鉴于契丹社会留下的母权遗俗以及萧皇后参与军国要事决策经历，更"以女主临朝"，他下诏"境内刑赏、政事、用兵追讨，皆皇后决之"。

这实际上是他把皇权传给萧皇后（因为他们儿子辽圣宗年纪尚幼），于是，30 岁的萧皇后奉遗诏摄政，统和元年（983 年）六月，辽圣宗率群臣给萧燕燕上尊号为"承天皇太后"。

接下来她以"承天皇太后"的身份总摄军国大政，就此便开始了辽代历史上著名的"承天后摄政"时期，辽国历史的天空将迎来一个"新太阳"。

那么，萧太后是谁？她在中国历史上究竟做了些什么？

下面，我们将从历史帷幕的深处，和大家一起来解读这个从辽景宗身后走来的非凡女人。

辽朝皇室耶律氏和萧氏世为婚姻，皇后多为萧氏。我们说的萧太后，是辽景宗耶律贤的妻子萧燕燕。萧太后名绰，小字燕燕，公元 953年（辽应历三年）出身于契丹贵族家庭。

她的母亲是燕国大长公主（太宗的第二个女儿），父亲萧思温家族在朝中世代为官。萧思温其人不仅足智多谋工于心计堪称干才，而且"通书史"，在太宗至穆宗时曾任南京留守、南京留守兵马都总管，"以密戚预政"，较其他契丹贵族，这个家庭是一个较早开始汉化的契丹贵族家庭。

高贵的出身，独特的家庭环境，以及这个家庭与契丹皇室极特殊的关系，使萧绰早在少女时代就不能不关心契丹王朝的命运，不能不去熟悉和了解契丹所处的形势，而家庭的熏陶和她本人的天资聪慧，又培养了她"明达治道"、"习知军政"等治国治军的才能。

知女莫若父。萧思温早就看出这个三女儿与其两个姐姐大不相同，就连扫地都比别人扫得干净彻底。

她不仅有女人之美，更有男性之刚和过人之智，因此萧思温有意让萧绰多接触政治，以便日后成为得力帮手。

萧氏这种直接参与政治实践的训练让本已"早慧"的她更加成熟而才能凸显。她不仅饱览了父亲的所有藏书，熟读经史，而且诗词歌赋琴

棋书画无一不能，尤其练出一身精绝的武艺。

种种资料表明，她还是一个绝色美人。她出生时，辽立国已 37 年，中经四主。辽景宗皇帝继位后，被选为贵妃，16 岁时被册封为皇后。

景宗名耶律贤，是辽世宗耶律兀欲的次子，自幼多病，因此"多不视朝"，国事皆由皇后（萧燕燕）决之，"帝卧榻间，仅拱手而已"。

萧燕燕不负景宗所望，将政事处理得有条不紊。她和景宗一道推行改革，基本扭转了穆宗时期国力日衰的局面，使辽国有了中兴的转机。

萧燕燕在景宗朝主持国事 14 年，这 14 年，是她政治生涯的重要时期，她由一个 16 岁的年轻皇后，锻炼成日趋成熟的最高统治者。

辽乾亨四年，辽景宗死后，从他身后站起来的萧太后成为辽国朝野注目的焦点，她要以"承天皇太后"的身份总摄军国大机，辽国历史由此翻开新的一页。

（二）铁腕肃政

从历史上看，在与南方的北宋王朝相对峙的北方辽朝之中，萧氏在政治上占据着十分重要的地位，因为耶律氏自从建立辽朝以来，便有一个与萧氏家族联姻的传统，所以辽朝皇后多为萧氏家族的人物。

尽管在汉族的皇室中，一直有着男尊女卑的传统，但是在北方的少数民族却并不歧视女性，这为萧燕燕青史留名创造了良好的外部环境，再加上当时辽景宗继位时，面对混乱的局面，尽管想励精图治，大干一番事业，但由于自幼身体不好，军国大事除了依靠蕃汉大臣之外，更重要的是依靠萧燕燕，这为她登上辽国的政治舞台创造了便利的条件。

公元 982 年，继位刚几年的辽景宗便抛下年仅 30 岁的萧燕燕和 12 岁的儿子（也就是后来的辽圣宗）离开了人世，临终颁下了军国大事听皇后命令的遗诏。

次年，辽圣宗即位，萧燕燕被尊为皇太后，开始摄政。公元 983 年 6 月，辽圣宗率群臣给萧燕燕奉尊号为"承天皇太后"。

萧燕燕以承天皇太后的身份总摄军国大政，就此便开始了辽代历史上著名的"承天后摄政"时期。

尽管从被封为皇后之时起，萧太后便开始了其长达 13 年辅助辽景宗治理国家的生涯，但是辽景宗的死，意味着她不再是以辅政的身份，而是直接以统治者的身份登上辽国的历史舞台。

萧太后执政后，即在朝廷内大刀阔斧进行改革。尤其值得一提的是，她任汉官韩德让总宿卫事，"加开府仪同三司，兼政事合"。

由于韩德让能够体察民情、进贤辅政，备受萧太后宠信，在朝履见升迁，统和十七年（999 年），任北院枢密使，官拜大丞相，晋封为齐王，位兼将相，总揽辽朝军政大权。

萧太后曾先改韩德让为"韩德昌"，统和二十二年（1004 年），又赐其契丹姓名为"耶律隆运"，命圣宗"以父礼事之"。

在"耶律隆运"鼎力辅政下，萧太后开始大力改革，总的来说，其改革内容分以下几部分：

第一，改革吏治，选贤任能。

承天皇太后深谙"国以民重"的治道，着力在打造一个上和君心、下遂民意的统治集团上下功夫。

一方面，识才选贤。她提拔有经国之才的耶律斜轸为北院枢密使参决大政。又任命在管理政务、戍边治军等方面颇有建树的耶律休哥总管南面军务，以便宜从事。"休哥智略宏远，料敌如神。""戍兵，立更休法；劝农桑，修武备，边境大治。"（《辽史·耶律休哥传》）

另一方面，体恤下属。这一点承天皇太后做得非常突出。《辽史·圣宗纪》载："统和元年春正月丙寅，荆王道隐有疾……是日，皇太后幸其邸视疾。""统和元年八月甲午，上与斜轸于太后前易弓矢鞍马，约与为友。"

作为一朝帝王母后，能以万乘之尊探病于臣僚，亲自到有功之臣家赏赐慰问，并令国君与大臣盟誓结友，实在是开明之举。

不仅如此，她还提出为朝政、为国事献身的官员荫其子孙。即："诏诸道举才行，察贪酷，抚高年，禁奢侈，有殁于王事者官其子孙。"

并亲自为无后的臣子安排子嗣，这在历代帝王将相中是不多见的。

同时，重用汉官。在承天皇太后看来，要彻底扭转穆宗以来辽朝"中衰"局面和圣宗初年不稳定的政治形势，必须重用汉人，学习汉人的封建统治经验。

于是，她以战略家的眼光，决心改变"共国任事，惟耶律、萧三族而已"（《辽史·卓行传》）的贵族统治格局，大胆任用一批才智过人的汉官，像韩德让、张俭、马德臣、王建忠等，使他们积极为契丹社会的封建化改革献计出力。

其中韩德让（赐姓耶律，名隆运）已经成为当时统治集团中极为重要的人物。

据《辽史·耶律隆运传》载：韩德让"重厚有智略，明治体，喜建功立事"。当年景宗病情加剧，临危嘱以后事：立梁王（圣宗）为帝，皇后为皇太后摄政，韩德让、耶律斜轸辅政。太后用韩德让管理皇宫警卫诸事，并"加开府仪同三司，兼政事令"。

当时，辽朝守旧派势力"雄强"，他们"拥兵握政，盈布朝廷。……内外震恐"，是当时契丹社会发展的逆流。承天皇太后利用汉官韩德让"易置大臣，……夺其兵权"（《契丹国志·耶律隆运传》）排除了守旧派贵族势力对新政的阻挠。

承天皇太后还在辽朝首次开科取士，笼络汉人地主阶级参政，"善驭左右大臣，多得死力"，以巩固自己的统治。

第二，廉政善政，整饬纲纪。

承天皇太后在治理朝政的实践中，主持制定实施一系列改善辽朝统治的政策，达到了革故鼎新、移风易俗的目的。

一方面，推进廉政。摄政之初，承天皇太后就号令百官：要以国事、公事为重，对上级官员不能搞阿谀奉承那一套，无论上边哪一级官员提出无理要求都不能盲从。

统和九年，又进一步提出要查处贪官酷吏，禁止奢侈腐败行为。由于承天皇太后的教导和影响，以后在圣宗单独治国时期，也十分强调廉政、善政。

据《辽史·圣宗纪》载：开泰六年"十二月辛巳，诏北南诸部廉察州县及石烈、弥里之官，不治者罢之。诏大小职官有贪暴残民者立罢之，终身不录；其不廉者，虽处重任，即代之；能清勤自持者，在卑位亦当荐拔；其内族受赂，事发，与常人所犯同科"。在这里廉政已经成为提拔和处罚官员的一把尺子。

另一方面，实施善政。承天皇太后非常重视营造良好的社会风气。《辽史·圣宗纪》载："统和十一年二月癸亥，霸州民妻王氏以妖惑众，伏诛。"

她还对抢掠民财、破坏社会治安的不法行为进行严惩。"统和十三年三月戊辰，武清县百余人入宋境剽掠，命诛之，还其所获人畜财物。"对这次大规模强抢事件的严惩，不仅警示民众不能做不法之事，而且有利于宋、辽边地安定团结。

此外，承天皇太后还提出"有孝于父母，三世同居者，旌其门闾"，也就是要求孝敬父母、尊敬老人。尤其是解放奴隶新法的出台，这对形成一个良好的社会风气，造成一个稳定祥和的社会环境都是至关重要的。

同时，特别强调赏罚分明，破除封建等级制度，对有功之臣论功行赏，对触犯刑律者也严惩不贷。《辽史·圣宗纪》载："统和元年七月辛巳，赏西南有功将士。"统和十二年五月甲寅，又给北皮室（皮室是辽朝当时一种军制）老兵免去一切劳役的赏赐。甚至破格提拔有功的奴仆为刺史，体现一种用人导向。

在赏赐有功者的同时，对违反刑律者根据罪行情节进行严惩。《辽史·圣宗纪》载："统和六年二月丁未，奚王筹宁杀无罪人李浩，所司议贵，请贷其罪，令出钱赡浩家，从之。""统和六年十二月甲寅朔，横帐郎君达里劫掠，命杖之。"正因为她能"赏罚信明"，才能达到"将士同命"的目的。

最后，从善如流，积极采纳民众的建议，尤其在官员去留方面表现

得十分突出。《辽史·圣宗纪》载：统和八年四月，"严州刺史李寿英有惠政，民请留，从之"。

统和十五年夏，"广德军节度使韩德凝有善政，秩满，其民请留，从之"。她摄政期间多次做到"留心听断"、"多合民心"。这些举措都大大加快了契丹社会的封建化步伐。

第三，关心黎庶，倡导耕牧。

承天皇太后从巩固统治地位的目的出发，虽然袭用了封建租税制度，但还是采取了赈济灾民、移民垦荒等一些促进生产发展、符合社情民意的政策。

据《辽史·圣宗纪》载：统和元年"九月癸丑朔，以东京、平州旱、蝗，诏振之"。"丙辰，南京留守奏，秋霖害稼，请权停关征，以通山西籴易，从之"。又载：统和十五年夏四月壬寅，"发义仓粟振南京诸县民"。免征官税，并给灾民发放义仓粮米，这就为受灾百姓开辟了一条生路。

承天皇太后还根据当时契丹人以牧为主的生产特点，以改革家的气魄，倡导发展农业生产，并给予优惠政策。《辽史·食货志》载：统和七年二月壬子朔，迁徙三百户居民到檀、顺、蓟三州，选择肥沃的土地，给牛、种谷。

这种大批移民，又助牲畜耕种，搞开发式的农业生产，直接拉动了经济发展。统和十五年三月戊辰，"募民耕滦州荒地，免其租赋十年"。进一步起到了鼓励农业生产的作用。

承天皇太后不仅劝农桑，薄赋徭，还"诏疏旧渠"，兴修水利，"诏诸道劝农种树"等一系列措施，调动了农民积极性，推动了辽朝农牧业生产的发展，使辽朝达到鼎盛时期。

萧太后以其卓越的政治、军事才能，叱咤风云40载，辅佐儿子圣宗在契丹社会进行了全面封建化改革，确保了社会政治稳定及经济的发展，使辽朝国力进入了一个前所未有的鼎盛时期。

辽圣宗也在萧太后的言传身教影响下，成为一代开明圣主。她卓越非凡的政治、军事才能，至今仍使人望其风采。她无愧为我国古代历史上一位杰出的巾帼豪杰，堪与历朝历代的女政治家相媲美。

（三）她抓住了"低成本"改革的最佳时机

在中国历史上，契丹民族不仅建立了强大的辽国，而且契丹文化影响深远，如在中古英语、俄语、希腊语、欧洲大多语系中，整个中国均被称为"契丹"。由于契丹的名声远扬，国外多数学者至今仍然把中国称作"契丹"。

如西欧文献"契丹"就写成 Khitay。转写成俄语字母就是 Китай（kitai）。所以俄文称中国为 Китай（kitai），就是来自契丹；古英语也用"Cathay"的雅称来表示中国，如"Cathay Pacific"（香港国泰航空至今仍然沿用"中国太平洋航空"）。可见"契丹"一度是中国的代名词，曾经在中亚和欧洲存有广泛影响。

事实上，而在风起云涌的辽国时代，要施放"低成本"改革的"火箭"，还没找到几扇像萧太后执政时代那样最佳"发射窗口"。

从萧太后设计的改革坐标看，她是基于辽国的国情国力实际和其地缘政治局势的科学判研，最后在这个"时空交汇"的最佳切点上，她为辽国划定了一条无穷接近于"零斜率"的强国路径。说白了就是抓住了"低成本"改革的最佳时机。

展开讲，这个"时机"首先就是"势济"。萧太后奉诏总摄国政后，她所面对的辽国情形是这样的：内部矛盾重重，民生凋敝，国力羸弱，外有敌国列强环伺。

此境此况，就迫使其以举国力把旨在以强国为目标的改革大略上升为国家层面的最高意志，在这种情况下，施行改革就容易得多。这是"低成本改革"关键条件。

其次，这个"时机"就是"国弱"：自古辽国地瘠民贫，国内经济举步维艰，其综合国力可想而知。而这对施行改革来讲不无积极意义：在如此一张白纸上从头设计，也就是"白手起家"，这样就有了一种改

革的"成就感"。同时，这也为改革举步腾出足够的"闪步余地"。这是"低成本改革"必要条件。

其三，萧太后在辽国施行的是一种自上而下的"垂直型改革"模式，作为辽国最高统治者和核心决策者，她可以把自己的改革理想用绝对威性的君权力量贯彻施行。从中国历代成功改革案例看，这种方法最容易成功。这是"低成本改革"核心条件。

其四，讲究科学理政、和谐治国。萧太后摄政后，就采取了一系列整顿和改革措施，在调整民族对立情绪的同时，又着手调节和缓和国内阶级对立。

比如，在辽国政坛上，大范围任用汉人，在农业上，积极减轻农民的税收负担，鼓励农民垦荒耕种；军事上，严明军纪，赏罚分明；经过这一系列的改革措施，辽国迅速走上中兴发展之路。

总之，作为辽国第一个"抬头仰望星空的人"，她以卓越的政治、军事才略以"低成本"成功改革在辽国大地演绎着"地也生尔才日，天必与尔时"的历史传奇，而她的祖国——大辽也在这位绝世女杰手中"物尽其美"。

（四）萧太后变革的启示

想当年，圣宗即位时年仅 12 岁，萧皇后晋升为太后，奉遗诏摄政，"临朝称制凡二十七年"。圣宗初即位之初，辽朝处于"母寡子弱，族属雄强，边防未靖"的局面。

展开讲，一方面是辽国内政不稳。在国内，一些居心叵测的诸王宗室时刻窥伺皇位，蠢蠢欲动。

而萧太后身边没有兄弟帮衬，所以没有外戚力量可借助，而此时诸王宗室近百人都拥兵掌权，可谓是个个虎视眈眈。

与此同时，由于国内各阶层之间矛盾重重，导致辽国社会发展裹足不前，国贫民乱，民乱国贫，整个国家处于崩溃边缘。

另一方面，在其南部，有常年与之屡屡交兵劲敌北宋，随时可能乘机发大军而来。在其西部隔壁，还有日渐强大的金兵，也就是说，国家随时处于战争状态。

总之一句话，她对内要应付旧势力的反扑，对外要抵御外敌的进攻。在这种"寡子弱，族属雄强，边防未靖"的严重局面下，她必须破釜沉舟绝地反击，必须以强硬手段铁腕执政。

而要想执掌江山，必须亲自控制兵权。她分别任命自己的心腹大臣韩德让（后赐姓名耶律隆运）、耶律斜轸为南、北院枢密使统领御林军并主持朝政，任命耶律休哥为南京留守，负责边防军事。通过一系列的改革措施和缜密安排，萧绰逐渐增强了军事实力，巩固了自己的政权。

可以说，在她 27 年之久的执政生涯中，无一次不是在枪林弹雨中挫折性走向成功的，无一不是在逆境奋起走向强大的。也就是说，"危机意识"正是其大力肃政改革动力。

公元 1004 年（宋真宗景德元年），辽萧太后与辽圣宗亲率大军南下，深入宋境。

宋真宗本想迁都南逃，因宰相寇准的劝阻，才勉强至澶州督战。宋军坚守辽军背后的城镇，又在澶州城下射杀辽将萧挞凛。

当时辽害怕腹背受敌，提出和议。宋真宗只盼不惜代价换取辽军的撤退，对辽主动提出议和当然求之不得，于是欣然应允，遂派使臣曹利用为代表前往辽营与萧太后和韩德让进行正式和谈。

第一次和谈因辽提出割地的要求以及对宋使曹利用的轻视而告破裂，后经多次谈判才最终达成协议，并交换了誓书。协议约定：辽宋结为兄弟之国；宋朝每年向辽输银十万两，绢二十万匹；两朝罢兵，各守旧界，两地人民不得交侵，不得收容对方的盗贼逃犯；两朝城池依旧，不得增筑城堡，改移河道；在边境开设互市贸易等。此次和谈史称"澶渊之盟"。

自此，宋辽之间为争夺燕云十六州而进行的长达 25 年之久的战争宣告结束，并且在以后的一百余年中，基本上没有发生过大的战事。

这次和谈是在辽宋势力相当的情况下签订的和平协议，但它的"和

平"实际上是以宋朝的屈辱妥协来换取的，但是从整个中华民族的发展史来看，它也有积极的意义。

首先，它的订立使双方边境地区在相对和平稳定的状态下得以发展生产，两地人民得以免受战火兵燹而休养生息。

其次，协议中双方互市的约定使辽宋通过"榷场"进行经济交流和商业贸易，对南北经济文化的发展和提高提供了大为有力的契机，总之，它开创了宋辽两朝友好关系的新局面，这与萧太后高远的眼光和厚重的谋略是分不开的。

科学地讲，萧绰作为一名女性政治家、军事家，不仅统军有方，对外戎马倥偬，纵横沙场；对内亦可行文修治，兴邦安国。她在统治期间积极调整赋税，使农业得到保护和发展，进而促进了手工业和商业的兴旺，并进一步根据经济发展的需要与圣宗主持修建了中京城，使辽宋两朝使者互访更为频繁，两朝的友好关系进入了全新时期。

此外，萧太后还在修订法度、缓和民族矛盾方面发挥了积极的作用；对人才的重视和培养更是她的政治生活中不可忽视的功绩，她推行开科取士政策，并整顿吏治，任人唯贤，有效地促进了文化的发展。

经过她多年的努力，辽朝不仅扭转了穆宗时代混乱衰败的局面，逐步稳固了圣宗的统治，而且国势昌运，国力强盛。这一时期，是辽朝在它统治中原的二百余年间最为鼎盛的辉煌时期，这一切的实现，萧太后功不可没。可以说，萧绰的一生将永远是辽史中最闪亮的一页。

十五 金世宗：隐没在
历史深处的思想亮光

金世宗所处的时代，正值一场以文明进步为标志的变革浪潮在世界范畴蔓延之时，在这股变革声浪的推逐下的欧洲大地，英国诞生了象征世界民主与自由的"自由大宪章"，同时，牛津大学、剑桥大学和巴黎大学等一批象征人类文明薪火传承体相继建成。

在此时的东方大地上，也同样诞生了一位推动一个国家以加速度的姿态"正向进化"的伟大国君，他就是金世宗。他在位29年，力推29年改革，他以如此一个"既环保又绿色"的催化性进化的方式，把大金带上国富民强的康庄大道上。

（一）明君出山

金世宗完颜雍是金王朝的第五个皇帝，他女真名叫"乌禄"，是金太祖阿骨打的孙子，是阿骨打庶出子左副元帅宗辅助之子。

他与金熙宗、海陵王同为太祖诸孙，"乌禄"于天辅七年（1123年）生于金上京会宁府，是金王朝诸帝之中在位最久、寿命最长的一位皇帝（1123—1189），也是一个有作为的"治世明主"。

元朝中书右丞相、参与《金史》的编纂者阿鲁图在《进金史表》中说："非武元之英略，不足以开九帝之基。"可见金世宗在金朝的地位是非常重要。

金世宗的父亲完颜宗辅，是阿骨打的第三子。宗辅比较有头脑，当

金太祖带兵出征时，宗辅经常跟随阿骨打身边，潜心学习父亲运筹帷幄的战略战术，是阿骨打在政治、军事上的主要参谋之一。

天会五年（1127年），宗望（太祖第二子）病故后，他代替宗望为统帅，屡建功勋。

但由于军旅劳累，日久生疾，金太宗天会十三年（1135年）宗辅40岁那年，病死，那时完颜雍只有12岁。

也就是说，完颜雍在童年是不幸的，他10岁多一点就没有了父亲。然而，完颜雍又是幸运的，那就是他有一个不同寻常的母亲，这就是《金史》中记载的有名的贞懿皇后李洪愿（1094—1161），她是金代皇族中一位德才兼备、教子有方，颇有独到见解的杰出女性。

李洪愿是东京渤海（辽宁省辽阳市）人，出身于渤海名门望族。其祖父和父亲都是辽朝的重要官员（祖父官至宰相，父亲官至桂州监察史，并受到辽朝、金朝的特殊礼遇。祖父救辽朝帝舅舅；父亲在帮助金太祖阿骨打抗击东京高永昌兵变中战死）。

李洪愿的弟弟李石，以足智多谋著称。世宗朝，官至尚书令，在金世宗夺取和巩固政权过程中，是一位举足轻重的人物。

李洪愿从小受到良好的教育，儒学根底甚深，不但能诗善文，而且甚懂佐夫教子、贞女烈妇之道。23岁时，李洪愿成为大金国三太子宗辅的妻子（侧室）。

李洪愿虽为侧室，但她为人谦恭和蔼，不卑不亢，言不妄发，周给贫之，敦睦亲族，敬长爱幼的礼节和佐夫持家的贤良品质很快赢得了金廷皇族上下的好评。

入宫后的第七年，也就是李洪愿30岁那年，生了爱子乌禄（世宗）。她见儿子相貌奇伟，并且胸前有七颗黑痣，如北斗七星，心中甚喜。作为对儒学很有研究的李洪愿，认为这是主贵之相。因而对儿子的前途充满信心。于是把全部的心血都倾注在抚育和培养儿子身上。

特别是天会十三年（1135年）宗辅突然病死后，出于对儿子教育的考虑，李洪愿铁心不按女真直接续婚的旧俗（"兄死，弟可妻其嫂；

弟死，兄亦如之"），巧妙地赢得了金熙宗的同意，在辽阳为她建立清安寺，出家为尼，全身心地承担起对儿子进行全面教育的重任。

皇统五年（1145年），笃信佛教的金熙宗来东京辽阳巡视，李洪愿趁着熙宗高兴，向熙宗提出打算在辽阳削发为尼，为熙宗盛世多积功德的想法。

听了这番话，汉化程度很深，又深信佛教的金熙宗一口答应，并从府库拨出30万两银子，为李洪愿修建禅寺，熙宗亲书"清安禅寺"，赐李洪愿"通慧圆明大师"之法号，还赐紫袈裟一袭。

李洪愿选择辽阳建禅寺，主要是为儿子准备今后发展的牢固的根据地。早在完颜雍长大成人之时，在李洪愿的支持下，将胞弟李石之女给自己的儿子当妻子，将渤海很有势力的贵族张玄征的女儿也娶过来。李洪愿通过这些精研苦思的政治联姻，意图以姻亲关系形成完颜雍皇族"一姓连三族"的强大势力。事实证明，李洪愿的这种深谋远虑的政治眼光和运作之功为儿子日后推翻海陵王创造了条件。

公元1161年，金世宗即位后，一方面停止了长达数十年的侵宋战争，一方面励精图治，革除了金海陵王完颜亮统治时期的很多弊政。

更值得称道的是，金世宗生活十分朴素，不穿丝织龙袍。即使此时的金朝国库充盈，但他依旧布衣蔬食，《金史·世宗纪》赞扬他说："即位五载，南北讲好，与民休息"，"上下相安，家给人足，仓廪有余"。

这一时期，金朝的国力达到鼎盛时期，实现了"大定盛世"的繁荣鼎盛局面，他自己也被后世称为"小尧舜"。

（二）"小尧舜"金世宗的强国策

世宗即位后，大金国运还算基本平稳，但他清醒地意识到，朝廷政局并不坚稳，天下尚未太平，因此，必须重典肃政。于是在上任之后，采取了一系列卓有成效的改革措施。

首先，他通过"拨乱反正"，"以德易暴"，解决"上合"与"下合"问题。

在金朝朝廷，内部斗争仍在悄悄进行，当年宗干、宗弼与宗翰，希尹之争，是新旧两种势力斗争的体现；熙宗晚期肆意残杀兄弟、叔侄、子孙、皇后与嫔妃，亲自导演了宗室亲人间的骨肉相残。

金世宗即位后一反金熙宗和海陵帝滥杀宗室贵族和反对派的做法，他下诏历数海陵杀皇太后、太宗及宗翰、宗弼子孙，毁上京等几十条罪过，把他贬为炀王。

然后给完颜亶除掉东昏王的称号，恢复名誉，加谥号为熙宗，改葬于思陵，又修复被海陵毁掉的会宁府宫殿，恢复上京称号。

此外，他还多次下诏令，对那些被无辜杀戮大臣的家属、沦为奴仆的，恢复他们的身份；对那些大臣的遗骨，派人到各处去访求，得到以后，由官府收葬；那些被海陵无故削职、降职的官员，给予改正，量才录用。

这些措施都起了安抚、笼络女真宗室贵族的作用。史书记载金世宗"临御（统治）三十年，绝少诛夷宗族之事"（《廿二史札记·金记注官最得职》）。

这确是事实，对于原来反对过他而有才能的人，金世宗不忌前怨，仍然重用。海陵时的尚书左丞、右领军大都督纥石烈志宁，很有才干，金世宗即位仍委以重用。

海陵时任东京路转运使的张玄素，也很有才能。他曾在海陵面前告过完颜雍的状。世宗即位后，张玄素去见他，世宗对过去的事"一切不问"，反而升任他为户部尚书。

海陵时曾任宰相和南京留守的张浩，是金代几朝老臣。金世宗即位后，拜他为太师，尚书令，封南阳郡王，让他入朝可以不拜，还给他在大殿的东边专门设了座位，对他十分尊敬。

金世宗不忌前怨的任人政策，使得女真贵族和海陵手下的官员，纷纷前来投奔，最高统治集团很快就稳定了。这就从根本上解决了"上合"问题。

我们再说"下合"问题，所谓"下合"，也就是下层社会、底层社会。金世宗即位时金朝的政局不稳，主要表现在金朝境内布满了各族人民的起义。

海陵帝时，女真族贵族大量侵夺当地人民的土地，因而激起人民的反金斗争。同时，海陵帝伐宋，在民间"征敛烦急"。女真、契丹和奚三个民族的壮丁，全部要应征入伍，这还不够，又强征汉族壮丁。

如此一来，丁男不能从事农业生产，而军队需要大批粮饷，就产生了经济危机。这也激起各族人民的反金斗争。其时"盗贼蜂起，大者连城邑，小者保山泽"（《金史·李通传》）。人民的起义动摇着金朝的统治。

金世宗即位时，从对宋的战争看，金朝正处于失利的局面。海陵帝的伐宋，不像金朝初期，女真贵族处于奴隶社会时代，奴隶主贵族为满足掠夺的贪欲，都积极支持伐宋战争。

这时的女真已向封建社会过渡，大部分女真贵族大多已沉溺于富贵享乐的生活之中，不愿再去战场冲锋陷阵。

此时的金朝的军队，大部分是从各民族征来的壮丁，自然也不愿打仗。而海陵帝不顾政治上的动乱，经济上的贫困和从上到下的厌战情绪，仍一意孤行伐宋。

金世宗即位后，首先停止对宋战事，接着安抚国内起义民众，并以优厚条件对待归降者。

对起义军首领则进行分化瓦解政策。对民愤极大的数次大败金军的起义军首领窝斡斩首示众。对参与起义者，一律免罪归田，并加强土地所有制的改革。

这种刚柔相济，以柔克刚的宽缓之治，使大金境内很快出现了相对稳定的局面。"下合"问题也基本解决。

其次，整饬吏治。金世宗明白，要保证国家机器的正常运转，必须强化各级官吏的素质，他一方面从任人唯贤唯才入手。金朝自太宗以后，选官以资历为标准。而世宗则认为："止限资级，安能得人"。他对臣下常说，对奇才、大才，必"当才用之"。

同时，对人事制度进行改革，规定官吏的升迁以政绩为准，反对苟且因循。世宗认为对官吏应"察其勤奋则升用之"，凡是"苟简于事，不须任满，便以本品出之"。

有一次，金世宗去金上京，一路所过州郡，当地官吏都征发众多的民夫，大修桥梁驰道，以博得金世宗的欢心。唯独同知北京（今辽宁凌源西）留守刘焕，只派少量的人把道路修得平整一些，与其他州郡的劳民耗财大搞排场的做法形成鲜明的对照。

金世宗经过了解，发现刘焕这个小官政绩极好，深得人心。世宗大加赞赏，就地提拔刘焕为辽东路转运使。正因为世宗选吏以政绩好坏来要求，因此，在他统治期间，涌现出了一批政治上有作为、正直清廉、富有政治远见的官吏。而那些官场"混子"和"权谋家"，都逐渐被淘汰或限制。

另一方面，他还规定官吏到了一定年龄，就应当辞官。他认为人到晚年，精力总是不足的，他常以自己为例说"朕今年五十有五，若过六十，必倦于政事"。

因此，他规定朝中大臣"许六十致仕"。也就是允许六十岁辞去官职。但也不是一刀切，宰相移刺道年到六十世宗不允许他退，入拜平章政事。同时还作出一项有创意的规定，那就是地方和中央官吏要经常交流。

在改革吏治的同时，金世宗还在官制、法制方面，也进行了改革，并进一步发展了科举制。他即位以后，在熙宗、海陵改革官制的基础上，着眼于集权于皇帝，又进行了改革。

新订的官制，以尚书令、左右丞相和平章政事为宰相官，左右丞、参知政事为执政官。宰相增员，可以分散宰相的权力，以集权于皇帝一人，也可以使更多的官员参与政事。在法制上，金世宗主张择善而从。

他认为旧的法律条文有不合适的地方，应当更改，唐朝、宋朝的法律有可用的，就用。他还对臣下说："（我们）制定法律条文，不要只局限于按照旧律，而且一些条文还很难让人看懂，历代的法律都在不断地修订、补充，文化低的百姓，常因不懂法律而违法。如果对那些难懂的条文，加以删改，让百姓一看就明白，不是更好吗？所以，我们修订法律，务必让大家明了。"在他的倡导下，金朝的法律经过修订，更加完善了。

再次，重视通过科举选拔人才。金世宗即位不久，有人向他提出要求罢科举。世宗就召张浩来商议，在大庭广众面前问张浩："自古帝王有不用文学之士的吗？"张浩回答说"有。"金世宗又问："谁呀？"张浩说："秦始皇。"金世宗看看左右的大臣说："怎么可以让我成为秦始皇那样的人呢！"这样一来，科举制不仅没有罢，反而进一步发展了。

大定四年（1164年），金世宗下令："进士文优则取，勿限人数。"大定六年（1166年）开始设置太学，学生最初只有160人，后发展到400人。

大定十六年（1176年）又设置府学17处，有学生上千人。金世宗对状元、进士，不仅要求其有才，而且要求人品要好，他规定，状元品行不好的，要除名。

对中状元的人，先要访察，他在乡里的品行，品行好的，才能按状元的待遇对待（政审不合格者，不能进状元）。这样在世宗朝中，官吏有很大一部分人来自科举考试，进一步充实了统治集团。

也就是在这一年，金世宗主动提出和宋朝议和。从此，金、宋双方休战了约30年。

最后，东巡金上京，追继女真精神。

大定十年（1170年）金世宗生日，南宋遣使来贺，宫中举行招待宴会。会上，在护卫中选善射者与宋使进行比赛，结果宋使中50，金护卫中7，这说明女真子孙原本以能骑善射的民族基因明显退化了。

金世宗看在眼里，急在心上。他认为要振奋起女真民族精神，要从皇族抓起。大定十三年（1173年）世宗51岁了。

这年正月，他对宰相们说："会宁是国家兴王之地，女真人根脉之所在，我在上京所受到的女真淳朴风俗的哺育，至今难忘。现在宫廷内

使用的宴饮音乐等全是汉乐，非所我爱。这时的皇太子已经不大知道女真遗风，由于我还在，刚健质朴的风俗还能保存些，将来要是完全改变，对国家前途不利。我很想亲率子孙重返会宁府一次，使他们亲身体会到女真古朴风俗的美好。并把这种好传统继承下来。"这是史料记载的金世宗最早提出准备东巡金上京的正式谈话。

同年七月，他下令恢复会宁府的上京称号。恢复上京留守司衙门，派宗室元老谷英出任上京留守，实际上确定金上京的陪都地位。

大定十六年（1176 年）正月，他再对亲王、宰辅谈话，阐述了女真优良传统的内涵。"女真民俗最为纯正质朴，虽然那时没有文字，可是在祭祀天地，恭敬亲族，尊重老者，接待宾客，信任朋友等方面，情义深厚而礼节周到，并且出于至诚自然。这种良好的道德风尚，与汉人圣贤经典所教导的并无不同，你们应该了解和继承女真的好传统，不能忘掉。"

大定二十一年（1181 年）东巡的准备工作正式开始。这一年在上京设提举皇城司，掌管修缮城堡等施工事务。

次年，仿中都亲军，在上京设守卫军，修复旧宫殿，又新建部分宫殿，还建了城隍庙、皇武殿（殿前有击球、校射的场地）、光兴宫（世宗寝宫）、光德殿（举行朝拜礼仪的大殿，可以容纳 1700—2000 人）。

大定二十三年（1183 年）重修上京城墙，用砖包砌原来的土墙。现在的金上京遗址的城墙，主要是金世宗东巡时重修的遗址。大定二十四年（1184 年）三月，世宗实现东巡金上京的梦想，实现了他弘扬女真质朴自然精神的目的。在行至太祖伐辽誓师之地得胜陀（今吉林扶余县石碑崴子）时下令立碑。

金世宗虽行"仁政"，但并不是忽视法制的作用。金世宗在执法上以身作则，不徇私情，处理公正。他反对执法时"止务从宽"。

他对宰臣说："太尉守道论事止务从宽，犯罪罢职者多欲复用。若惩其首恶，后来知畏。罪而复用，何以示戒。"对那些坏官、恶官，罢职之后，坚决不用。即使在朝廷大赦天下时，这些人也不在被赦之列。

　　金世宗对皇室子孙管束也非常严格。如有贪赃事件发生，不仅其本人受处分，而且往往罪及僚佐。

　　越王永功在任北京留守期间，因有徇私违法批地行为，给予撤职处分。荆王文在为大名府尹时，以职权将驽马换猛安谋克良马，买百姓的东西压价，贪污公款一万九千贯，被夺职，降德州防御使，僚佐亦皆坐不矫正而解职。

　　李石是金世宗的舅父，国丈，又是他做皇帝的决策人，论功最高。大定三年任参知政事时，李石在国库用旧米换新米，官职由平章政事罢为御史大夫。大磐（大昊子）为左卫将军时，诏求良弓，磐多自取，改任亳州（在安徽省，远离京城）防御使。

　　在加强政治改革的同时，他也在经济领域进行"有效推行"。金世宗即位时，北方的农业生产同金灭辽和北宋时相比，有所恢复，但由于海陵发动攻宋战争，造成"兵兴岁欠"、"仓廪久匮"。而要想巩固统治，社会兴旺发达，必须恢复和发展北方的经济。他先从减轻农民的兵役、徭役和赋税负担着手。

　　海陵时农民的徭役、兵役负担很重。为营建中都和南京，他曾役使人夫工匠达300余万；发动对宋战争，征发壮丁达27万。金世宗即位后，于大定二年（1162年）正月，命河北、山东、陕西等路被征发攻来的步军，"并放还家"。至大定五年（1165年），对宋战争结束后，又命除留守江淮的6万戍军外，"余并放还"。

　　在徭役方面，他极力主张减轻农民的负担，要求各地把差科负担的详情，向他如实上奏。大定三年（1163年），他了解到河南、陕西、山东、北京以及北边州郡，"调发甚多"，而地方上仍然照例征收赋役，造成百姓负担过重、影响正常生产的现象，就规定免去百姓的一部分负担。他还提出："凡有徭役，均科强户（应当让富户分担），不得抑配贫民（不要让贫民分担）"（《金史·食货志二》）。

　　经过一段时间的努力，到大定十三年（1173年），"民间科差，计所免已过半矣"（同上）。在赋税方面，海陵后期为攻宋，增加了许多杂

税，有菜园、房税、养马钱，等等。金世宗时南北议和之后，宰相宗尹建议罢去杂税，金世宗立即同意了，"于是，养马等钱始罢"。

就在这一年，金世宗因各地水旱灾害，多次减免赋税。一些政府部门因财力不足，建议向百姓预借租税，金世宗一般都不同意。总的说来，金朝时期农民的赋税负担要比辽宋少；而金世宗时的赋税，比海陵时更少些。

此外，金世宗还采取各种措施"劝民力田"。海陵后期爆发了各族人民大起义，许多农民逃避兵役、徭役而离开了家乡。大定二年（1162年）二月，他派官去安抚山东百姓，诏谕起义农民和躲避起义或逃避徭役离乡的百姓，都回到自己的土地上，及时耕种，不问罪名轻重，都予以免去。

三月，又诏令河南、陕西、山东等地官府，把"良民"错当起义者俘虏的，加以改正，让他们还乡生产。金朝初入中原，曾把许多耕地占为牧场、苑圃和猎地。金熙宗时，已逐渐弛禁，世宗时则进一步开弛禁地，将一些猎地、苑圃与民耕种。

辽灭亡时，一些贵族的土地为百姓耕种。金统治者后来不断把这些土地入官，仅山东一地所括田达两万余顷，这就造成农民失去土地四处流亡。

大定二十一年（1181年），金世宗诏令，将山东路所括民田，依原数还民，仍免租税。金世宗还多次下令"对破坏农业生产的人，给予法律制裁。包括亲王、公主势要之家在内"。

他还诏令天下，把"劝民力田"好坏，作为衡量官吏的尺度。大定年间，土地兼并也很严重，有些豪强还冒占官田，这自然不利于农业的发展，也加剧了豪强地主同政府的矛盾。

金世宗为了抑制豪强占田，采取了一些措施。如大定二十一年规定，占官地十顷以上的，都括籍入官，将这些地平均分赐贫民。还规定，女真贵族只许在一处占地，其余各处都要收为官地。对女真贵族冒占官地的，他采取处罚其手下官吏和把田地收归为政府的办法。抑制豪强兼并土地，也大大有助于农业生产的发展。

金世宗再一项重要的经济改革措施是实行"通检推排"。这是政府每三年普遍检查一次户口和土地、奴婢、园地、屋舍、车马、牛羊等资产数，然后根据人户的钱财、物力多少，推排出各类人户的等级，再依不同的户等征收物力钱和摊派差役。其目的是解决"赋调轻重不均"、"差役不均"的现象。

金世宗认为同为谋克户，拥有的奴婢多少不同，而所担负的科差却相同，这怎么合理呢？而解决赋税、差役不均的目的是抑制新富，增加国家收入。

史料记载，从大定四年至大定二十六年（1164—1186），金国共进行过四次"通检推排"。以辽东为例，大定十七年（1177年），原有赋税收入六万余石，通检后将近二十万石。而且，实行通检推排，使地多财富的豪强之家，多少要多负担一些赋税和差役，而地少财薄的农民，也多少减轻了一点负担。

此外，金世宗还采取措施，兴修水利，放免了处于奴隶地位的"二税户"及奴婢，鼓励民间手工业的发展，增加货币铸造，促进商业的发展，等等。

总之，历史地看，金国综合国力在他的治理下得到了全面的恢复和发展。历史上有人把这个时期称作"大定仁政"、"号为小康"，而把金世宗誉为"小尧舜"。

（三）金世宗变革的启示

金世宗的这些改革措施，取得了明显的成效。大定年间，金朝的政治由混乱逐步转为稳定、清明。史书记载，其时"天下治平，四民安居"，"群臣守职，上下相安"，"刑部岁断死罪，或十七人，或二十人"（《金史·世宗本纪下》）。

金朝的经济，也由崩溃的边缘而逐步恢复发展繁荣起来。"户口殷繁充实"，"仓廪有余"。北宋末及金初，北方人口大大减少，至金世宗

初年恢复到三百余万户，到金世宗末年已增到六百七十多万户。在中都、河北、河东、山东一带，已是"人稠地窄，寸土悉垦"。

金世宗在拨乱反正顺势而为即位的同时，在世界范围内正掀起一场声势浩大的大统治高层皇权大洗牌运动与其呼应。

在亚洲的朝鲜王国，自9世纪末期，新罗政权日益腐朽，再加上贵族叛乱和农民起义，地方封建集团乘机扩张势力范围。

这一时期，新罗裨将甄萱在完山州（今全罗北道全州）割地自立，建立后百济国。之后，新罗王室庶子弓裔在铁圆（今江原道铁原）自称为王，建立了泰封国（后高句丽）。衰落的新罗、后百济和泰封三国鼎立时期，成为朝鲜历史上所谓的"后三国"。

而此时的日本，正从以政治、文化和经济处于最好时期的遥平安时代（794—1192）向镰仓时代（1192—1333）过渡的转型期。

在欧洲，一个在意大利发展史上占有重要地位的"佛罗伦萨共和国"悄悄来世。

这一时期，象征人类文明的薪火殿堂如雨后春笋般在欧洲大地涌现，如1168年牛津大学始建，此后41年的1209年剑桥大学建成，接着，到了1150年，巴黎大学又出现在世人面前。

在非洲，一个全新的、由柏柏尔人联盟创建的王朝正在层层坎坷中艰难诞生。

"青山遮不住，毕竟东流去"。历史的发展不可阻挡，我们必须在滚滚而来的时代大潮面前选择从善如流。这一点，生活在现代社会的我们看到了，一千年前的金世宗也"看"到了。

我们说他"看"，一方面，他在位时，大力兴利除弊，革故鼎新，把自己的祖国正向推上繁荣富强的康庄大道，加快了融入"全球化"的进程。

另一方面是指他即位之初，停止伐宋，放弃了以战争、征服等血腥、杀戮为手段的低成本强国致富模式，而是在思想解放雷达引导下进行改革图新，如此一个既"绿色"，又"环保"的"科学发展"思维，我们不说他"看"了什么，但他至少是那个时代抬头仰望星空的人。

十六　张居正：在满朝看客的围观下独舞的改革斗士

明王朝经过两百多年的风风雨雨，到了嘉靖年间已是百病丛生，危机四伏。严嵩父子趁机为非作歹，贪赃枉法。在这样的时代背景下，平民出身的内阁首辅张居正被推上了历史的前台，以其非凡的魄力和智慧，整饬朝纲，巩固国防，推行一条鞭法，使奄奄一息的明王朝重新获得生机。

让人惋惜的是，在张居正死后，他的改革措施在嘉靖皇帝手中成为废纸一张，明朝又回到昔日亦步亦趋的"跛脚时代"，一朝臣民在迷离惝恍中自生自灭。

（一）一位孤独的改革斗士

在明朝 16 位皇帝中，万历皇帝朱翊钧无疑是最幸运的一位，因为他身后有一位非常能干的首辅张居正，他一生为大明王朝焚膏继晷鞠躬尽瘁，在任期间推行的一系列旨在强明的变法方略，其政其德其行其功，一直被后世人们推崇，被人称"宰相之杰"。

张居正的先世系凤阳定远人，是朱元璋部下的兵士。曾从大将军徐达平定江南，立功浙江、福建、广东，授归州长宁所世袭千户。其后，张居正的曾祖张诚，由归州迁往江陵。张居正的祖父张镇为江陵辽王府护卫。张居正的父亲文明为府学生，曾先后七次参加乡试，均落第。

嘉靖四年（1525 年）五月初三居正降生时，其曾祖、祖父、父亲

都健在。十五年（1536 年），张居正十二岁，以才华出众，补府学生，成为名震荆州的小秀才。

由于张居正的祖父是辽王府的护卫，张居正与辽庄王子宪节又是同龄，张居正与宪节遂成为少年朋友。嘉靖二十六年（1547 年），张居正中二甲进士，授庶吉士（见习官员，三年期满，例赐编修），登上政治舞台。

隆庆元年（1567 年）二月，张居正晋升为吏部左侍郎兼东阁大学士，入阁参与机要政务。

隆庆六年（1572 年）六月，张居正出任内阁首辅后，针对空议盛行、不务实事的风气，制定并颁布了对各级官吏的考成法。这是张居正击中时弊的一大改革。

这次改革，是在统治机构近乎解体，财政濒于破产的局面下，自上而下发动的一场挽救王朝统治危机的运动。他有句名言："当大过之时，为大过之事，未免有刚过之病，然不如是，不足以定倾而安国！"这"刚过"，充分表现出他以刚毅明断的见识和魄力，总的来说，他从四方面进行改革：

1. 以法治为理政的中心，示大信于天下，使改革得到有力的组织保证。我们知道，封建社会的改革，都是从上层发动的"改良运动"，这首先要求集权上层，做到事权归一，如果不加强朝廷对各级机构的控制力，改革就是一纸空文。

张居正清醒地看到这点，提出"尊主权"为"方今急务"。在这里，"尊主权"并非是一般意义上的忠于君主，它强调的是发挥政府的职能，所谓"一方之本在抚按，天下之本在政府"。"一切以尊主、庇民，振举颓废为务"。以做到"张法纪以肃群工，揽权纲而贞百度"。使尊朝廷和执法联为一体。它的要旨是以伸张法纪为重点，整顿政府机构和统治秩序。

值得肯定的是，他把不法权贵看成是一种"权蝎"，认为他们才是真正祸国殃民的大患，因此以打击不法权贵作为"励精之始"，并提出

"锄强戳凶，剔奸厘弊"的主张。

他把改革的锋芒指向统治阶级内部的不法现象，以触动最腐朽、最黑暗的社会势力，这比一般把镇压百姓视作首务的地主官僚，是明显的胆略过人，才高一筹。

而在此前，不法权贵横行一方由来已久，黑恶势力盘根错节，谁也碰不得，有没有这个胆量对他们绳之以法，是能不能以法理政，取信于天下的严峻考验。

张居正还在主政前夕，即面临他少年时代的恩人，江陵辽王作恶乡里，鱼肉百姓一案，地方官畏惧辽王府的势力，对辽王的罪行，不敢如实上报，张居正断然处治了失职的官员，甘冒"谋产害友"的骂名，废去辽王，惩办了江陵一霸。

改革刚刚启动，又碰上最有权势的太监冯保的侄子殴打平民犯了法，这是一件引人注目的事，因为张居正当上首辅主要得自冯保的支持。

然而，这件事并未难倒张居正，他当机立断，把冯的侄子革职，杖打四十大板，并通告冯保严格家教，伸张了法纪。他还依法惩治了孔夫子的后裔衍圣公，法办黔国公，用强有力的措施限制皇亲贵戚擅权，一再宣告："所在强宗豪民，敢有挠法者，严治不贷。"

将抨击不法权贵与革除弊政连在一起，从规章制度上堵塞漏洞，是他最成功的一举。在明代，驿递是官方办理公务的主要交通工具，从北京到各省的交通要道都设有驿站，负责供应来往官员的吃、住、差役和车马等交通工具。这些负担都分摊给就近的民众。

所以明初使用驿站有严格的规定，非有军国要务，不得发给印信乘驿。但到后期这些规章已经名存实亡，兵部和各省抚按，随意填发印信送人情，一张印信使用终身，或是辗转赠送。再就是官员在驿站百般勒索，捕人掠盗，成为酷虐的暴政。

于是张居正决心从此开刀，痛加裁革，扫除多年积弊，使人民得到实惠，这是改革取信天下，得到百姓信任的重要保证。

2. 以理财为监察的中心，整顿官府，使新政得到财政收益。张居正认为，外之豪强兼并与内部官府舞弊，这两股势力的勾结，是社会不安定的主要弊源。要有效地约束不法权贵，打击违法活动，必须从吏治着手整顿官府机构。

但是，在历代庙堂之上，官官相护，历来如此，当事情触及大大小小官员的既得利益，那就是捅了马蜂窝，遭到众多的抵制，甚至陷入孤立，所以在封建社会中整顿官府是件冒风险的事。张居正为政不久却取得成功。主要办法有三条。

第一，从加强监察着手，提高行政运转的效率。明朝的中央机构分设吏、户、礼、兵、刑、工六部，六部中又分设监察机构六科。部的最高长官是二品官，科的长官最高是七品，可这七品对二品却有封驳纠劾的权力。

所以大官统率小官，小官却可以牵掣大官，六部和六科都直接向皇帝负责，内阁不干预，这遇到昏聩的皇帝那就乱了套。张居正改为由内阁总其成，颁行官员考成法，吏部通过询事考言，以言核事，以事核效，评定官员的勤惰，定期考勤，随事考核，以一套严密的监察制度防范玩忽职守的现象。

第二，以理财作为考核的准则，这是考成法的最终目的。当时官场通行的是增加赋税，向小民头上搜刮，不敢督缴正赋田税，因为逃税拖税的都是豪强权贵，追缴田税无异是在太岁头上动土，谁也不敢出这个头。

张居正毅然提出对官员"以钱谷为考成"的主张，凡是追缴欠税不足的官员，都要受到批评、调离或撤职的处分。以追索田粮评定政绩，迫使官员打击不法权贵，使贪官无处藏身，不用加税而补足国家亏损，这是一项成功的经验。

第三，不拘一格用人才，培植改革的中坚力量。有为的政治家们往往都能在用人方面破除论资排辈的偏见，但像张居正那样重视从下层提拔人才，殊属难得。他倡导："采灵菌于粪壤，拔姬姜于憔悴。"认为立贤无方，唯才是用，即使贱为僧道皂隶，只要出类拔萃，可以位列九卿，作为国家的栋梁。

他突破成规起用行伍出身的李成梁为镇边大将，破格重用残疾小吏黄清为太仆卿高级官员，重新起用被罢官的水利专家潘季驯治理黄河。在改革推向高潮时特许府、州、县的考生越级报考京师的国子监，把各地人才收罗到中央，很快组成精干的班底，形成改革的中坚力量，为建树新政作出贡献。

3. 以均赋役为中心，厚商利农，发展社会经济。明朝的赋税制度是向土地所有者征收田税，按人头派差役，所以土地和户口是王朝财政和劳动力的主要来源。随着兼并势力的发展，民间的土地和人口逐渐集中到勋臣、贵戚和大地主的名下。

他们倚仗特权，贿赂官府，隐占户口，瞒田偷税，逃避差役，到万历前夕法定的征粮地比明初已减少一半，人口减少三分之一以上，大批的土地、人力流进私人腰包，使国家的税源衰竭。本来国家征收田赋是，田多的多征，田少的少征，按亩核算，从法制上说是公平的，这也就是封建土地所有制条件下的均税实质性内容。

于是，有的农户土地被豪强侵占，田赋却留在原田主的名下，造成产去税存，这就发生了赋税不均的社会问题。考成法只能解决一部分欠税的问题，大量的瞒田逃税和税役不均亟需从赋役制度上加以整顿，这才能开辟理财安民的新途径。

他从万历五年开始调查，次年即通令清丈全国田地，详审细核，三年查出漏税土地八十余万顷，从严打击了违法的权贵地主，迫使他们守法，不敢轻易欺隐，小农免受赔累，国赋按时收纳，扭转了财政亏损。

后人评价这一举措说："既不减额，亦不增赋，贫民之困以纾，而豪民之兼并不得逞。"确实做到了公私两利。

赋税不均的现象初步纠正后，他立即着手解决逃役问题。万历九年在全国推行"一条鞭"法，即是将赋役中的各项名目，如杂泛、均徭、力差、银差等各种税收合并为一种，将力差归入田赋，一律按田亩核

算，减化手续，统一征收。并可改折银两，允许被征调的差役出银雇人代役。

这就扩大了货币流通的范围，削弱了人身依附关系，使商贩和工匠获得了人身自由，这对商品经济的发展起了促进的作用。

4. 以近民便俗为宗旨，提倡面向实际，为改革提供有力的思想资源。张居正自从政以来，就倡言治国理政不外乎谋求富强大事，这在当时并不容易为一些官僚士大夫所接受。宋明以来，理学被尊为儒学的正宗、统治阶级的官方思想，到明后期愈来愈走向空疏。

它宣扬心外无物，不假外求，把做学问的功夫引向发掘内心世界，否认客观真理，这种完全脱离实际的学风，养育出一批文人学士谈玄说虚，好说大话、空话，鄙薄民生实事。

他们嘲讽张居正说："吾辈谓张公柄用，当行帝王之道，今观其议论，不过富国强兵而已，殊使人失望。"张居正对此报之一笑说："过誉我矣！吾安能使富国强兵哉！"

为了批驳迂腐的文人用祖制反对革新，张居正总结商、周、秦、汉王朝兴亡盛衰的教训，提出因时顺势的变法思想，强调："法制无常，近民为要，古今异势，便俗为宜。"

并从近民便俗出发考察先朝的法规，凡是不能顺应时势，违背民众要求的，可不用遵守；只要顺时安民的，即便是凡夫俗子的建议，也不该不听从。

而要使各级官员摒弃旧规，面向实际，以富国强兵为首要任务，大力提倡扫无用之虚词，求躬行之实效。强调："人情物理不悉，便是学问不透。"

这在言必称孔孟、道先贤的时代，提出不体察民情，便是学业不到家的见解，大大突破理学的禁锢。他自憾位居高官，对民间猥俗犹如隔岸观花，不如底层下属了解民间疾苦。要求当官、做学问的走出衙门和书斋，面向实际，把治学理政与解决国计民生结合起来，这对陈腐的思想界是一大触动。

（二）能臣伴庸君——明代庙堂之上的千古奇观

1. 人亡政息

万历十年（1582 年）六月二十日，张居正遗下他呕心沥血建树的改革业绩以及年近八旬的老母、三十余年的伴侣、六个儿子、六个孙子，静静地离开了人间。终年五十八岁。

在张居正生前，神宗皇帝曾来病榻前看望他，并亲口对他说："先生功大，朕无可为酬，只是看顾先生的子孙便了。"

显然在赐谥时，神宗对于张居正功勋业绩的估价还是相当高的。自然，张居正在九泉之下也用不着为自己的子孙担心了。

张居正病逝后，神宗下诏罢朝数日，并赠他为上柱国，赐谥文忠。"文"，是曾任翰林者常有的谥法，"忠"，是特赐，据谥法解，"危身奉上曰忠"。

然而，张居正尸骨未寒，时局却急骤逆转。

万历初年，张居正改革所以能够取得成功，在很大程度上取决于神宗皇帝与张居正保持了一致的态度。这种局面又是由两种因素决定的：

其一是在嘉靖以来与日俱增的政治经济危机的猛烈袭击下，统治阶级再也不能按照原来的样子继续统治下去了，所以反对改革的势力未能占据上风。

其二是由于神宗即位时，年仅十岁，他对身兼首辅和严师的张居正，又敬又畏，处处听从指点，对改革并无异议。

在这种形势下，张居正代表的是地主阶级的整体利益，行使的是至高无上的皇帝的权力，所以，改革取得了迅速成功。

其后，情况发生了很大变化：一方面，改革已见成效，危机已经缓解，官僚和贵族们在贪婪的阶级本性驱使下，强烈要求冲破改革时期所受的节制，并进而废弃改革。

另一方面，神宗皇帝随着年龄的增长，对于"威柄震主"的张居正日益不满起来。

这个微妙的变化贴身太监最为了解。所以张居正去世后，司礼太监张诚、张鲸便在神宗面前拼命攻击张居正的主要支持者冯保，随即冯保被逮捕，家产被查抄，从而揭开了弹劾张居正的序幕。

神宗皇帝态度的变化，在反对改革的官僚和贵族中引起强烈反响，他们纷纷起来攻击张居正。

接着，张居正创行的考成法被取消，官员不得任意使用驿站的禁例被废止，张居正重用的官员被罢黜，张居正裁汰的冗官被起用。

万历十一年（1583年）三月，神宗诏夺张居正上柱国封号和文忠赐谥，并撤其子简修锦衣卫指挥职务。

五月，张宅被查抄，饿死十余口，长子敬修自杀，三子懋修投井未死，保存了一条性命。神宗在刑部尚书潘季驯的乞求下，特留空宅一所，田十顷，以赡养张居正的八旬老母。

张家的这种结局，张居正在他生前大约没有料到。眼看后世子孙因他祸身，如果他在九泉之下可知，不知有何感想？

其实，从张居正的悲剧我们也可以看到，其"人亡政息"的结局是一个国家的悲剧，而其"人亡祸后"的结局更是一个国家的悲哀。

更为可怕的是，神宗皇帝如此对待一个为国是苦心孤诣鞠躬尽瘁的臣子，无异于"杀鸡儆猴"——大明庙堂之上从此再无第二个"张居正"。事实的确如此，就此一直到明亡，再也没有出现过改革亮光。

2. 为谁辛劳为谁忙？

历史地看，张居正改革是顺应历史发展潮流的。他所建树的业绩并没有因为改革的废止全部付诸东流。诸如，"封贡通市"、改善蒙汉关系，并没有因为张居正改革的废止而消失。

恰恰相反，即或在张居正身后，蒙汉两族的友好往来依然存在，并不断向前发展。直到清朝魏源在追述蒙汉关系的改善时还说："高拱、张居正、王崇古，张弛驾驭，因势推移，不独明塞息五十年之烽燧，且为本朝开二百年之太平。"

又如，改革赋役制度，推行一条鞭法，在张居正改革宣告废止以后，一直在向前发展。尽管万历九年（1581 年）政府下令通行全国，但有些省、府、州、县，并未执行。这些地方都是张居正改革被废止以后，陆续实行一条鞭法的。

例如，河南开封府扶沟县、彰德府磁州都是万历十二年（1584 年）实行一条鞭法；山西省是万历十六年（1588 年）六月由巡抚沈子木请行一条鞭法；陕西省是万历十七年（1589 年）二月由巡按徐大化请行一条鞭法，等等。

这种情况表明，神宗皇帝虽然可以凭借至高无上的皇权废止张居正改革，查抄张居正的家产，但他却改变不了"天下不得不条鞭之势"的历史潮流。

历史是无情的。张居正改革被废止后，神宗皇帝嗜酒、恋色、贪财、尚气的私欲大肆发作。他横征暴敛，挥金如土，整个统治阶级糜烂不堪。各种社会矛盾急剧发展起来，一发而不可收拾。而此时的明朝庙堂，再也没有一个"张居正"式的国之栋梁挺身而出力挽狂澜了。

这时一些有政治头脑的人才又想起张居正以及他的改革业绩。天启二年（1622 年），熹宗帝下诏为张居正平反昭雪。

万历五年（1577 年）曾因上疏反对张居正"夺情"（按明制，父母丧，凡官吏俱发原籍为民，守制二十七个月；由皇帝特别指定，不许解职，称为"夺情"）被廷杖致残的邹元标，天启二年又成了为张居正昭雪的积极倡导者。

崇祯三年（1630 年），礼部侍郎罗喻义，又挺身而出为张居正讼冤。崇祯十三年（1640 年），崇祯皇帝诏复张居正长子张敬修原官，并授张敬修的孙子同敝中书舍人。国家到了危难之际，又回过头来缅怀张居正的业绩，试图召回已被废止的新政，固然仅只是一枕黄粱，但它却从反面告诉人们：张居正当政期间所建树的改革业绩是不可磨灭的。

（三）张居正变革的启示

在中国历史上，封建制度发展有两次波峰，第一次是在唐宋时期，

第二次是在明清时期。其中，处于第一次波峰峰尖位置的是唐朝，处于第二次波峰峰尖位置的是明朝。

客观地讲，这两个王朝的具体情况还有些差异：唐朝是在一代明君唐太宗李世民的英明统治下，迎来震古烁今的"贞观之治"。从而把封建制度的唐王朝推向一个发展顶峰，而明朝是踩在前世封建制度发展的肩膀上。

也就是说，封建制度到此已发展得非常成熟，它只是在这个轨道上惯性地运行着，这与皇帝个人作为无关，因为整个国家机器都在正常动作，如万历皇帝数十年不上朝，明朝军队还能在与外敌作战中打胜仗，就能说明这个问题。

这时，在大明庙堂之上就出现了如此一幕：也许是因为朱元璋的基因遗传，如果把前朝前代的那些变态皇帝剔除在外，仅与历史上的"正常人皇帝"相比，明朝出现了一个堪称历朝历代故事最多、传奇最多、个性化最强的"皇帝群"，他们性格上或刚烈或温仁，或儒雅或暴虐，或刚愎或偏才。于是就出现了像张居正这样的能臣伴像神宗这样庸君，也称得上是明代庙堂之上的千古奇观。

我们在前文讲，明代是中国封建制度的巅峰，这对大明当政者来讲就必须要为这个国家发展方向定调，这是历史赋予的使命。

封建制度发展到这一步，大明下一步如何走？从人类社会发展的规律看，社会发展必须顺应时代发展潮流，在一定的条件下必须向更高阶段发展，这不是以某个人（包括皇帝）的意志为转移的。

其实，这时的明朝，无论从国力禀赋还是国情基础，都具有向世界一流强国迈进的实力。

比如，因为明朝的强大，而且它代表了灿烂的华夏文化，东亚国家基本上都很仰慕明朝，（尤其是朝鲜，就算明朝灭亡都奉它为中华的正统，日本也差不多）都以能和明朝通贡为荣。

据统计，仅在永乐年间，东南亚及非洲国家使节来华共 300 余次，平均每年 10 余次，盛况空前。而文莱、满剌加、苏禄、古麻剌朗国每次来华使团都是国王带队，且不像现今的国家元首外出访问只停留两三天就回国，数百位使团成员往往住上一两个月。

其中居然有三位国王在率团访问期间在中国病逝，而他们竟是如此地钦慕中国，在遗嘱中竟都表示要将自己葬于此。明政府则尊重他们的选择，按照亲王的礼仪厚葬了他们——贵为一国之君，不愿死后回故土，却要埋葬于异国他乡之中国，可见当时明朝非凡的吸引力。

而在西方人眼中，明朝的吸引力还不止如此，明朝时期来到中国的葡萄牙人曾德昭是耶稣会士，他在返回欧洲途中完成了《大中国志》，其中有以下记载：

"中国人是如此之多，我在那里生活了 22 年，离开时和刚到时一样，拥挤的人群令人惊叹……"

明末的传教士利玛窦也说中国物质生产极大丰富，无所不有，糖比欧洲白，布比欧洲精美……人们衣饰华美，风度翩翩，百姓精神愉快，彬彬有礼，谈吐文雅。

这一时期，资本主义萌芽已有所发展，明朝无论是铁、造船、建筑等重工业，还是丝绸、纺织、瓷器、印刷等轻工业，在世界都是遥遥领先，工业产量占全世界的 2/3 以上，比农业产量在全世界的比例还要高得多。

此时的中国民间私营的经济力量远比同期西方强大得多，当英国的商人手工场业主拥有几万英镑已经算是巨富的时候，明朝民间商人和资本家动用几百万两的银子进行贸易和生产已经是很寻常，郑芝龙海上贸易集团的经济实力达到每年收入几千万两白银，当时荷兰的东印度公司根本无法与之相抗衡。

……

有道是，天下大治，千载一时。大明，如此的天设地造，如此的势就运佑，只要轻轻向前迈一小步，国家发展即可进入另一番天地。可这一小步如何向前迈？

这时，明朝大地上出现了一个抬头仰望星空者——张居正，他施行的

一系列改革措施，正是把大明推向封建社会的更高层次——资本主义社会。

按常理，神宗皇帝应该对如此一个为大明国运邦势鞠躬尽瘁的国之栋梁倍加珍爱，可令人惊愕的是，张居正尸骨未寒，在守旧势力的"拥趸"下，他对这位穷其一生忠心耿耿为大明抬轿的"轿夫"之后痛下毒手，把其奋斗数十年的强国方略当成废纸一张，大明又重新回到亦步亦趋的跛脚前进时代。

民有此主，实乃民之不幸，明有此君，实乃大明之悲哀！

与此形成鲜明对比的是，在亚欧大陆另一端的欧洲，一场由思想解放雷达引导的、亘古未有的、影响一个时代的"文艺复兴"运动正在欧洲各国次第展开，由此催生了代表人类最先进文明成果的资产阶级革命。

1640 年初，欧洲小国英国首先接纳了这股先进浪潮冲击，不久，英国国内经济繁荣、科技发达、综合国力直线上升，这个默默无闻的弹丸之国一跃成为世界强国。

对于英国的成功，马克思曾称为这是封建主义时代和资本主义时代的分界。而这时，远在东方大地的明朝仍沉溺在不知变通的世界中聊以卒岁。

十七　康梁：史上最"唯美"的变法

　　1898 年的"戊戌变法"是新兴的中国资产阶级在中国近代历史的舞台上第一次坚决、昂奋而壮烈的精彩演出。它是以挽救国家危亡为目的的爱国救亡运动，在民族危亡的紧急时刻，其矛头是对着帝国主义的；它是反对封建主义的思想解放运动，迈出了中国知识分子可贵的第一步。

　　以今天的眼光看，"戊戌变法"顺应了历史发展潮流，其进步价值和对今天的"现实昭示"等诸多方面的潜在的光辉越来越明亮耀眼。"戊戌变法"失败标志封建制度已走到尽头。

　　在中国历史上，清朝是一个非常特殊的时代，它一方面沐浴在现代文明的春天里，一方面又"埋首翘尾"匍匐在保守落后与科学开放的历史长河中。

　　19 世纪中期，西方列强先后从自由资本主义阶段向帝国主义阶段转化，对华侵略也由主要是商品输出转变为资本输出。东方的日本在明治维新后迅速走上资本主义道路，并且疯狂参与列强对包括中国在内的远东地区的殖民掠夺。

　　1840 年鸦片战争失败后，中国跟世界的关系出现前所未见的改变。接连的外忧内患，使清政府及一众知识分子逐渐觉醒到必须要改变以自强。

于是，从咸丰、同治年间开始，清政府在民众呼吁下进行洋务运动，希望能够"师夷长技以自强"，改良生产技术。

于是，各地先后引入外国新科技，开设矿业、工厂，建设铁路、架设电报网，培训技术人才；在军事上亦建立了远东最具规模的北洋水师。

在如此一派"百川沸腾"形势下，大清上至君王将相，下及百姓草根，无不为这个东方大国的"欣欣向荣"而振奋、而激越，无不在这个泱泱之邦的"蒸蒸日盛"中迷醉于"大清"之"大"。

而随着 1894 年至 1895 年发生甲午战争，清政府被日本打败，北洋水师全军覆没。眼前的现实证明只靠经济上洋务运动未能根本改变中国的落后。于是出现了要求从更基本层面，包括政治体制上，进行变法维新的声音。

（一）清朝天空一闪而过的"思想霹雳"

1895 年 4 月，日本逼签《马关条约》的消息传到北京，当年应试举人群情激愤，奔走相告。康有为、梁启超联络 18 省举人 1300 余人联名上书清帝，反对签订《马关条约》，提出"拒和·迁都·练兵·变法"的主张。上书虽遭清廷拒绝，但它的内容辗转传抄，在社会上激起广泛影响。

这次上书标志着资产阶级维新派正式登上历史舞台，酝酿多年的资产阶级维新思潮开始变为实际的政治运动。

此后，康有为以"变法图强"为号召，先后在北京、上海组织强学会，发行《万国公报》（后改为《中外纪闻》）和《强学报》，宣传变法维新、救亡图存，提倡西学，考察各国强弱之源，反映了维新派对西方资产阶级民主政治的倾慕，因而遭到封建顽固派的忌恨。

这些报刊以达尔文进化论为思想武器，敲起民族危亡的警钟，呼吁"救亡以图存"，论述变法维新的必要性与合理性；揭露封建专制制度为中国衰弱落后的根源，大力鼓吹资产阶级民权思想；批判封建主义旧思想、旧文化，大力提倡新学，影响遍及全国。

与此同时，维新派又在各地组织学会，创办学堂。据不完全统计，光绪二十一年至二十四年间，维新派创办学会、学堂、报馆等共50余所，出版报刊30余种，为维新运动高潮的到来，作了舆论准备，培养了人才。

其时，帝党在与后党争夺统治实权的斗争中处于弱势，急需寻找社会力量的支持。甲午战后，部分帝党逐渐倾向变法，企图借助维新派的改革，辅助光绪帝通过变法从后党手中夺取统治实权，达到救亡图强的目的。

光绪二十四年正月初三（1月24日），光绪帝于总署西花厅接见康有为，询问变法事宜，继命康条陈所见。正月初八康有为上《大誓臣工开制度新政局折》（即《上清帝第六书》），提出"变法纲领"：

1. "大誓群臣以革旧维新，而采天下舆论，取万国之良法"；

2. "开制度局于宫中，征天下通才二十人为参与，将一切政事制度重新商定"；

3. "设待诏所，许天下人上书"。

在这个"变法纲领"中，核心是第二款。即按照康有为的设想，"制度局"是一个指导全国变法的中枢机构，其职能是负责立法和议政；另立法律、税计、学校、农商、工务、矿政、铁路、邮政、造币、游历、社会、武备等十二专局，作为行政机构，具体执行制度局所议定之新政事宜。

3月，康有为在北京发起成立保国会，刊布《保国会章程》30条，以"保国、保种、保教"为宗旨，又规定了总会和分会的组织系统、权限和职责、入会手续、会员权利和义务，已略具资产阶级政党规模。

总体讲，这些"变法新政"的内容主要包括：

1. 经济方面：保护奖励农、工、商业，在北京设立农工商总局、铁路矿务总局，提倡实业，鼓励私人投资，令各省设立商务局（或农工商分局）；命各省地方官兼采中西各法，切实振兴农业；奖励科学著作

发明，颁布《振兴工艺给奖章程》12款，规定对士民著新书、创新法、制新器者，赏给官职或给予专利；在京师及各通商口岸，广设邮政分局、裁撤驿站；编制国家预、决算，由户部按月公布；取消满人寄生特权，准其自谋生计。

2. 政治方面：令各衙门删改则例；中央裁撤詹事府、通政司、光禄寺等闲散衙门，外省裁撤湖北、广东、云南三省（此三省督抚同城）巡抚、东河总督等重叠机构；广开言路，允许官民上书言事，严禁官吏阻格。

3. 军事方面：裁汰旧军，令八旗及各省军队一律改练洋操；筹办兵工厂，筹造兵轮，添练海军；力行保甲，实行团练。

4. 文教方面：改革科举，废除八股取士制度，改试策论；设立学堂，提倡西学，首先开办京师大学堂，令各省、府、厅、州、县，将现有大小书院一律改为兼习中西学的学堂；设立译书局，翻译外国新书；允许开设报馆，举办学会；派人出国游历、游学等等。

尽管维新派与帝党相结合所进行的改革相当温和，但它涉及政治、经济、军事和思想文化各个领域，是一次影响深远的资产阶级性质的社会改革。

在"保国会"的推动下，各地纷纷建立爱国团体，"维新变法"、"救亡图存"已汇聚成为强大的时代潮流。

四月初十，反对变法、位尊权重的恭亲王奕䜣病逝，变法的有利时机到来，康有为积极联络帝党，促成光绪帝立即变法。

二十三日，光绪帝接受维新派建议，毅然发布"明定国是诏"，宣布变法维新，号召大小诸臣努力向上，发愤为雄，"以圣贤义理之学植其根本"，"博采西学之切于时务者实力讲求"，切实举办新政，"不得敷衍因循"。

光绪帝的作为，受到了以慈禧为代表的守旧势力的疯狂攻击，1898年9月21日，慈禧突然发动政变，幽禁光绪，并下令在北京菜市口斩杀谭嗣同、杨锐、刘光第、林旭、杨深秀、康广仁等六人。史称"戊戌六君子"。

变法核心人物康有为、梁启超得到消息先后逃亡日本。支持变法维新的官员陈宝箴、江标、黄遵宪、李端、张荫桓等数十人或被捕系狱，或罢官，或遣戍边陲。除京师大学堂和通商、惠工、重农、育才等洋务项目外，废除全部新政，"戊戌变法"彻底失败。

历史地看，在短短的百日之内，中国人民取得了一定程度的言论、出版、集会、结社的自由；民族资本主义工业第一次获得法律上的承认；封建主义旧思想旧文化受到沉重打击，资产阶级思想得以广泛传播。

特别是在维新变法运动深入发展过程中，维新派大力鼓吹资产阶级民权思想；康有为在第二至第五次上书中提出的立宪法、设议院的政治主张，以及百日维新中提出的开制度局、要求资产阶级参与政权等等，具有反对封建专制主义的资产阶级启蒙意义，是中国人民反对封建主义斗争历程上的一个里程碑。

科学地看，由康有为、梁启超等发起的"戊戌变法"是中国近代史上第一次思想启蒙运动，就好比是清朝天空一闪而过的"思想霹雳"，对此，有人形象地把其比喻为中国人民在旧民主主义革命时期反帝反封建斗争的一个驿站，有着不可磨灭的历史功绩。

（二）天有病，人知否

历史地讲，"戊戌变法"的失败，是由于2000年封建主义经济基础的牢固，封建主义政治力量的强大、封建主义思想影响的根深蒂固，非初登历史舞台的幼弱的资产阶级所能抵敌，所以，"戊戌变法"的失败带有必然性。

兼之当时中国民族资产阶级还没有成为独立的阶级力量，和封建势力有着千丝万缕的联系，维新派又严重脱离人民群众，缺乏与封建主义彻底决裂的勇气，对帝国主义怀抱不切实际的幻想，充其量，他们只能发动一场软弱的资产阶级政治改良运动，而不能使改革派掌握政权。

而从历史的纵切面看，与发生在清朝的"戊戌变法"遭遇同样命运的，还有发生在唐代顺宗时期的"永贞革新"，这场官僚士大夫以打击宦官势力为主要目的的改革因发生于唐永贞年间，故名"永贞革新"。

"永贞革新"先后历时 100 余日最后以失败而告终。此前的唐王朝在经历了唐太宗贞观时期、武则天时期后，到唐玄宗开元天宝年间，其政治军事上的强大、经济上的繁荣，也就达到了顶峰。

理性地看，在一片欣欣向荣的背后，也隐藏着巨大的危机：安史之乱使唐王朝几乎灭亡，唐朝从此走上下坡路。先前的政治一统，被藩镇割据所取代，赫赫王权转到宦官手中，形成宦官专政的局面。这两个恶疾附着在唐王朝身上，难以根除。

总的说来，唐中期以后的皇帝多是庸人，虽然有个别皇帝曾在一些有为朝臣的帮助下，试图清除这两个毒瘤，但终于由于根深蒂固，难以奏效。唐顺宗时期的"永贞革新"被扼杀，晚唐政治更加黑暗。

而与"戊戌变法"命运截然相反的是发生在我们的近邻——推行"明治维新"（1868 年 10 月 23 日—旧历 9 月 8 日）的日本身上。

对此有人不禁会问：日本"明治维新"与中国的"戊戌变法"，为什么一个成功、一个失败？

首先，从双方所处的社会背景看，日本明治维新前，各种社会矛盾尖锐，幕府统治已成为众矢之的。而中国的封建统治危机虽然十分严重，但由于封建统治者与帝国主义勾结，封建势力还比较强大。

其次，从两次运动的领导力量看，尽管日本资产阶级尚不成熟，但向资产阶级转化的下级武士充当了倒幕运动的先锋。他们懂得斗争策略，建立了军队和基地，分阶段完成了对敌对旧势力清扫的任务，保证了国内改革的顺利进行。

而中国的维新派力量脆弱，仅把希望寄托在一个没有实权的皇帝身上，加之封建势力的强大，因而改革不能成功。

再次，从两次运动推动者的政策措施看，日本幕府统治被推翻后，明治政府发布命令，采取了一系列除旧布新的改革措施，使日本走上了发展资本主义的道路。

在中国"戊戌变法"中，尽管光绪帝也颁布了一系列涉及政治、经济、军事、文化等方面的变法诏书，但由于资产阶级维新势力并未掌握政权以及守旧势力的强大，根本不可能实施。

其四，从双方所处的国际环境看，日本明治维新发生在 19 世纪 60 年代，当时世界还处于自由竞争资本主义时期，日本则已经联合世界强国，并且夺取殖民地的高潮也尚未开始。

而在后期西方列强集中力量侵略中国，虽说日本已经完成明治维新，但客观上仍为日本的发展提供了一个较为有利的国际环境。

而中国"戊戌变法"已是 19 世纪的 90 年代末，世界资本主义已经向帝国主义阶段过渡，中国成了列强瓜分的对象。这时帝国主义列强也决不愿意中国成为一个独立强大的资本主义国家，国际环境对中国维新运动很不利。

最后，从两次活动产生的积极影响看，明治维新使日本从一个闭关锁国的封建国家，逐步转变成资本主义国家，摆脱了沦为半殖民地国家的命运，是日本历史的重大转折点。

也就是说，明治维新使日本迅速崛起，通过学习西方"脱亚入欧"，改革落后的封建制度，走上了发展资本主义的道路。同时，日本废除了不平等条约，摆脱了民族危机，成为亚洲唯一能保持民族独立的国家。所以日本从此走上了发展资本主义道路，成为亚洲第一强国。

而"戊戌变法"失败了，但其事实上也影响着中国历史"正向进化"的步伐，也为 13 年之后爆发的辛亥革命打下了思想基础。

第一，推动了清政府的自我改革。1900 年八国联军入侵，西太后带着光绪逃到西安，这给慈禧以惨痛教训。

签订《辛丑条约》后，西太后下令实行新政，其内容有编练新军；废科举，建学堂；奖励民办工厂；改革法制；派五大臣出洋考察，预备立宪；成立咨政院、咨议局等。其中有些改策已经超出了当年维新变法的内容。

第二，激发了民众的思想启蒙，增加了对清朝政府的愤恨，推动知识分子由维新向革命迅速转化。事实上，"戊戌变法"失败后，支持孙中山革命的人增多了，不少对清政府抱有幻想的知识分子转变为革命党人。

第三，推动了中国的思想解放运动。一方面，变法理论更加深入人心。人们普遍认为，不变没有出路，变是古今通理，中国还应该大变、全变。另一方面，民主思想进一步传播。维新派只敢讲"民权"，承认人民有参与管理政治的权利，但是不敢讲"民主"，不肯承认人民是国家和社会的主人。再一方面，激起了新一轮向西方寻求救国真理的热潮。戊戌变法失败后，更多的年轻人出国留学，更多的西方学说被译介到中国，中国的思想界更为活跃。

第四，"戊戌变法"成为五四新文化运动的前奏。"戊戌变法"后，新式文化事业勃兴，国内出现办学热，创办新式报刊热，出版新书热。戊戌时期，维新派为了对人民进行"启蒙"，曾提倡白话文和"小说界革命"。

"戊戌变法"失败后，白话报刊更多出现，白话文得到更多提倡。除"小说界革命"外，维新派继续倡导"诗界革命"、"曲界革命"、"思想革命"、"道德革命"、"宗教革命"以至"史学革命"。

这些，都开启了五四新文化运动的先河。所以，严格地说，中国现代的新文化运动是从戊戌时期开始的。

（三）康梁变法的启示

一场轰轰烈烈的变法运动就这样过去了，犹如一块巨石落在死水深潭，在激起层层波浪后又恢复了昔日平静。

由此我们想到，在农村，农民朋友在每年春天时候，都要在田间地头沤粪养墒，方法是：先筛选整理出一些待酵的"生底肥"，倒入一个预先砌制好的窖池中，然后在最上一层用盐水浸湿的黏土捣实封严。

经过一段时间，在这样一个密闭环境中的生肥在酵化反应中开始慢慢腐烂变质，最后沤成滋养庄稼的"熟肥"。

相反，要阻止其发酵腐化，就要在阳光下用三齿耙不停地搂翻通风。

同理，在清末为变法强国而献身的"戊戌六君子"正是这样的"三齿耙"，而以慈禧为代表的守旧势力则是那层厚厚的"黏土"，而它的"客观存在"，正加速了一个腐朽时代的"事实消亡"。

历史证明，拒绝变革，就是拒绝阳光，空气。所以，这层厚厚的"黏土"覆盖下的封建制度只能在腐烂变质中消亡。

"无边落木萧萧下，不尽长江滚滚来"。社会发展规律告诉我们，当一种社会制度不能在吐故纳新中与时俱进时，它注定要被时代潮流淘汰。

而社会要发展，就必须扫清前进道路上的"附赘悬疣"和"蛛网尘埃"，就必须"排宿便"。也就是说，在滚滚而来的时代潮流面前，以保守、愚昧和腐朽为特征的封建制度必定要走向灭亡。

从这个角度说，"戊戌变法"的失败标志封建制度已走到尽头。

后　记

　　今天，历史的车轮驶进 21 世纪的大门，我们和自己脚下的中国大地一起走进了这个"百川沸腾，山冢崒崩"的伟大时代，在这片辽阔苍天之下的大地上，蛟腾于渊，万类霜天竞自由。

　　此时此刻，浑身写满传奇的中国将会以全新姿态登台道出自己的"定场白"，将会以全新姿态登台亮出自己的"铁范儿"。

　　不错，与以往相比，此时此刻的我们对所有的成功和喝彩是如此的向往，此时此刻的我们对所有的胜利和荣耀是如此的渴望！

　　此时此刻，我们有所想，更有所思，在走向未来的中国面前，我们该用什么来报偿自己的半生戮力？我们该用什么来打造自己的精神家园？

　　此时此刻，我们有所想，更有所思，在走向未来的中国面前，我们该用什么来求证属于一个时代的责任、使命和担当？我们该用什么来匹配自己心中最圣洁的信仰和主义？

　　这个问题，我们在问，历代变法改革的推行者——封建士大夫们也在问。从春秋时期的管仲、赵武灵王和子产，到战国的申不害李悝、商鞅，到西汉时期的晁错，南北朝时期的拓跋宏、周武帝，到隋朝的杨坚，到五代时期的周世宗和宋朝的范仲淹、王安石，到明朝的张居正和清朝的康梁与"戊戌六君子"，都在用真情用尊严、用生命用鲜血践行这一问。

　　的确如此，我们发现，在历代变法改革最前沿，总是有一群封建士大夫的身影，这就让人思考这样一个问题：什么是士大夫？什么是士大夫精神？什么是士大夫精神价值？

是在把"大我"的家国情怀化为"小我"的角色担当中的"匹夫意识"？是在对士大夫精神价值最高诠释中的"国家观念"？还是在信仰与主义大纛下的"士性自觉"中的"士德修为"？

这需要我们沿着"为天地立心，为生民立命，为往圣继绝学，为万世开太平"这句醒世恒言在字义与句义交织而成的洞世视野，从公民责任、历史使命和时代担当之角度来对士大夫精神价值进行时代解答。

从历史的纵切面看，人类进化历史不到 240 万年，不难想象，从茹毛饮血、刀耕火种的愚蒙时代开始，我们的先祖就在这个星球的某个角落迎风而庐、掘地为穴，顽强地守卫在一个个历史火炬交接点上，接力相传着人类文明薪火。

中国历史进入发展阶段也就是 5000 多年，而促使其呈"加速度"进化发展的，正是各个时代的人们在思想解放雷达引导下的风起云涌的变革实践。

历史证明，每一次影响广泛的社会深度变革，无不有思想解放的暴风骤雨洗礼，它如乌云缝隙的电光霹雳，尽情释放着推动社会"正向进化"的激情和能量。

历史的车轮匆匆驶过，我们挥别一个个传奇砚标后，在"时代数轴"的"原点"位置一路向"右"进发，中国历代变革的思想炫光在朝代更迭的缝隙间一闪而过。

它们在留下太多的余光的同时，也留给我们太多的思考：我们如何从历代变法实践中来认识今天的改革开放？

我们认为，阅读此书，就应该以改革参与者的名义思考古人的变法改革，应该以发展的眼光回望数千年来历朝历代那一次次波澜壮阔的恢宏画卷：

回望来途，我们会看到，五千年文明辉煌，五千年思想解放，一幕幕改革图强的精彩大戏在华夏大地上轮番上演，改革变法掀起的波波巨浪，在历史长河中接力拥趸推挤，一路摧山裂海惊天动地在涤荡蛛网尘

埃附赘悬疣中与时代大潮交相辉映。

它们在留下太多的余光的同时，也留给我们太多的思考与认识。

从历代先贤变法改革实践看，在其前方要走的路就是无人可走的"路"，其要干的就是没人干过的事。而要"走出路"、"干成事"，在中国诸多横平竖直、棱角分明方块汉字方阵中，基于基本语义的内涵和外延的准确表述，只能用一个"闯"字来描述。

不错，我们在历史长河中回望历代惊心动魄的变法改革，无一不是在无"祖制"可问，无"卦谱"可翻，无"先例"可循的情况下，硬是闯出来的。而"闯"这个动词在今天特殊语境中的"象征指向"下，是与以下两个字相等：

第一个字是"敢为天下先"的"敢"。

"我有三宝，持而保之：一曰慈，二曰俭，三曰不敢为天下先"。这是老子《道德经》中记载关于"敢为天下先"的经典原文。在这里，"三曰不敢为天下先"可以如下解读："不敢为天下先"，是说不"自以为是"，不"自以为高贵"，即凡事要谦让处下，不与人争是非，不争名夺利。吃苦在前，享受在后，舍己为人，一心为公，无有私利，只知奉献，不知索取。"以天下之乐而乐，以天下之忧为忧"。

后来，革命先驱孙中山先生"反其道行之"，提出"敢为天下先"的口号，并且身体力行，一生执着于自己所追求的共和理想。

今天，基于我们在改革图强之路上走过一坡，再向深化改革时代高地战略进发关键语境下，我们也和孙中山先生一样，把老子先生在其著作《道德经》中的原文科学"拿"来进行时代解读。

是的，我们强调"敢为天下先"，关键要有思想之"敢"，因为只有这样才能挣脱思想禁锢，才能冲破牢笼枷锁，才能涤除蛛网尘埃在广阔天地间放手一搏。

第二个字是"破旧立新"的"破"。

深圳市深南大道中央的一尊雕像，它多年来一直久久震撼在人们灵魂深处：在一个由众多枯朽木条编织成的巨形木笼内，有一个肌肉壮硕、全身赤裸的大力士正埋首下蹲，双臂运气全力撑开巨笼，从近处看，他龇牙怒目、钢牙紧咬，面部表情极其恐怒，这尊雕像表现的就是他撑开巨笼时笼破木碎的瞬间。

这尊题为"破——深圳之魂"的雕像是笔者多年前在深圳市政府大门前偶尔走过时看到的一景。如今，事隔多年之后，这尊雕像仍然久久矗立在笔者心中，久久地震撼着笔者的灵魂。是啊，这就是深圳，这是引领中国改革开放方向的风标，这是肩负中华民族走向思想复兴大任的"东方摩西"。

在一些人心目中，"深圳"这两个普通汉字组成的也许仅仅是一个名词，一个名不见经传的南方地名，但是，我们在它散发的气息里，在它细胞涌动的躯体上，在它激情奔放的城市表情上，在我们诵读它名字的声音里，在书写这两个字笔画的过程中，都能从这两个普通的汉字感受到一种莫名的冲动和激情。都能从这个南方地名背后品读出一种思想与精神的象征价值。

是的，在遥远的深圳，那尊雕像给我们所表达的一切的一切，从我们眼前所看到的和身上所感觉到的和心中所感受到的就是如此之"深"！

今天，也许和我一样有"此感此思"，想必每一位当年和我一样匆匆从它身边走过的深圳人感触良多吧。

在我们看来，那位埋首不语的大力士正是用自己力量的躯体动作向我们无言地表达着，他力图去求证着这座城市在中国改革开放前沿所处的那个"百川沸腾，山冢崒崩"伟大时代的存在和价值。

今天，如果我们站在未来制高点上对深圳精神进行时代解答，也许，那一个意义非凡的"深圳之魂"，就在这一"破"！

纵观华夏数千年文明史，有一句历经史实考证而验之弥正的哲理名言始终贯穿于其间，绵延不绝，这句话就是"破旧立新"。

此语基于中国古人对"天道循环"兴衰转换的先知的认知，虽然归于"形而上"的认识论，却是最为形象和准确的，因为整个中华民族的进化史都是在"破与立"的历史循环中演变与发展而来的。

从另一个角度看，就成功改革所需的精神特质来讲，古人的"闯"与今天深圳人的"破"是一脉相承的，如此，我们不难得出如下结论：

第一，思想解放是改革精神核心之核。思想解放是改革精神永恒主题，思想解放是改革精神的核心之核、之母、之源。如果说改革实践是社会发展前进的"开山巨斧"，那么，思想解放则是这柄"开山巨斧"的"钢骨利刃"。纵观历朝历代的改革变法，无不是在思想解放的雷达引导下进行的，正确的行动源自正确的思想，而正确的思想则是在科学创新和有效加工甚而解放上而来的。

"天之所覆，地之所载，莫不尽其美，致其用"。这是战国时期著名的思想家荀子在其著作《荀子·王制》中提出的核心论点，他的学说主体属于儒家，同时又批判地熔诸子百家的思想于一炉，是兼采众家之长的集大成者。作为一代学术宗师，荀子对"天人之际"的哲学思考是相当深刻的，其体宏容深的思想主要体现在他所著的《荀子》书中。

这句经典名言用今天的话解读就是：由天地造化的自然万物，必然会在大自然中各尽其能。而人作为有思想的"自然万物"之一，其思想的力量必然要"物尽其用"于大自然，然后最大限度地达到人与自然的和谐。

从历代先贤变法改革实践看，人类的思想不仅是在"物尽其用"于大自然，更是"物尽其美"于各自钟爱的家国天地。

所以，基于此语境，我们可以把"天之所覆，地之所载，莫不尽其美，致其用"化育为"物尽其美"。这个"美"，是思想解放之"美"，是改革变法之"美"。

第二，改革之路不是走而是闯出来的。"第一个吃螃蟹的人是很令人佩服的，不是勇士谁敢去吃它呢？"这是鲁迅先生在他的一篇杂文中对那个"第一个吃螃蟹的人"发出的由衷称赞。是的，螃蟹看似形状可怕，丑陋凶横，第一个吃螃蟹的人确实需要勇气。有人说，第一个吃螃蟹的人就要有一种牺牲的精神，是可爱的，而在我们看来，这种"可爱"更是一种"可敬"。是的，同样是吃，我们可以对吃馒头与吃螃蟹的人给出两种不同的心情表达。而同样是路，我们对眼前的高速公路和华山千尺幢也许会有更不一样的心情表达。同样的路，在高速公路可以叫"走"，而在华山千尺幢叫"闯"也许更恰当。

自古以来，以新生事物的角色出现的改革总是在弱势地位与处于强势地位的以守旧势力角色出现的反改革力量在如此不对称战场博弈。这就要求我们以"闯"的精神与胆略在困难问题的重重包围中杀出一条血路，在"山重水复疑无路"处去闯去拼，最终在曲折崎岖的指引下迎来柳暗花明的春天。有了管仲的"闯"，才有春秋五霸（齐桓公、宋襄公、晋文公、秦穆公、楚庄王）之首的齐桓公，才有战国七雄（齐、楚、燕、韩、赵、魏、秦）之首的齐国；有了北魏孝文帝的"闯"，才能有一个腾空而起、傲视于一个时代的强盛北魏。这就告诉我们，"大破大立"是一个吐故纳新的过程，要求我们必须冲破传统观念和习惯做法的禁锢。这就是说，改革之路不是走而是闯出来的。

从另一个角度讲，在改革之路的"闯"，一方面是一种"技术性探路"。改革是门"技术活"，这中间学问很深，有时需要"使巧劲"，有时需要"打太极"。这要求我们必须以科学思维和理性分析，精确研判社会前方现实情况，并合理规避发展风险，同时，还要有清晰的思路和超前的眼光，必须有科学到位的决策措施和刁、毒、绝、狠的手段方法来稳、准、精、细地贯彻执行。另一方面，在改革之路的"闯"，还是一种"策略性突击"。就是要对己方可以调动和支配的发展资源以及隐性预备实力进行充分评估，基于社会未来发展势态，在科学理性的发展思维基础上最大程度上合理规避改革风险，减少改革成本的同时，做出"合理冒险"，审时度势进行必要的"弯道超速"。

总之一句话，"闯"在改革之路，说明改革之路何其艰，而唯其艰，我们才能在甜酸苦辣中体验"爽口之美"；在改革针芒刺激下体验"痛楚之美"。也就是说，推进改革，自古发展唯此一路，我们只有去闯，去争，才能取得成功，这就是社会发展的"真理"。

那么，面向未来，我们应有什么样的"改革观"？

第一，培养国民改革性格是当务之急。改革性格具有双重源头，它

一方面要把思想解放的基因植入肌体的每一个细胞中，而秉承思想解放的禀赋的人，就会有强烈的"创新意识"，有不甘现状的"求变思维"。另一方面，秉承思想解放的禀赋的人，仿佛只为改革而生，他们有最强烈的改革使命感和责任感，他们把改革视为其人生终极价值。还有，秉承思想解放的禀赋的人，一定是那个时代"抬头仰望星空的人"，他们会用一双"观星的眼"来看破社会发展之"天机"。

第二，社会发展是改革的核心目标。改革是当今中国的"第二次革命"，是为了解放生产力，是对旧体制特别是计划经济体制的根本变革，是全面的系统工程，既包括经济基础又包括上层建筑，既包括经济体制又包括政治、文化等方面的体制，既包括体制层面又包括思想观念层面，是一场深刻的社会变革，必然引起利益结构调整和观念更新。

我们强调社会发展是改革的核心目标，是基于以下思路考量：

一方面，社会发展是改革的出发点和落脚点。一个国家、一种制度具备不具备活力，不是以人的主观意志为转移的，而是由多种因素决定的。从根本上说，社会主义制度的活力来源于生产力的不断发展前进，而改革使社会生产力得到了空前解放，蕴含在社会主义制度中的活力极大地迸发出来，从而推动整个社会又好又快发展。另一方面，改革把推动社会主义制度自我完善和发展作为重要途径，抓住了增强社会主义中国发展活力的"突破口"。改革促进了社会主义社会各个要素之间的相互协调、良性互动。

就目前我国现状看，社会主义社会的基本矛盾是生产关系和生产力，上层建筑和经济基础的矛盾。正是这些矛盾推动了社会主义社会向前发展。

所以说，改革直接推动了社会主义社会的发展，这是推进改革的最终目标，更是社会发展基本特质。

同时，社会主义社会的健康发展，也是建立在汲取人类社会一切先进的文明和成果基础上的完善和发展。

这种汲取是"主动的"、"自我的"和"拿来的"，是根据生产力的现实水平和进一步发展的客观要求，自觉地调整生产关系与生产力不相适应的部分，调整上层建筑与经济基础不相适应的部分，从而使社会主义制度自我完善，推动生产力的发展和社会各方面的进步。这也正是我们推进改革的首要目标。

第三，人的发展是改革的终极价值。不同的社会发展阶段客观上需要不同的发展理念。在我国步入发展型社会新阶段的特定背景下，进一步解放思想不仅需要继续加快制度创新，更需要从实际出发，尽快转变改革发展理念，全面树立"以人为本"的发展观和改革观。一方面，"以人为本"是发展型社会新阶段的客观要求。当前，我国已经步入发展型社会新阶段，社会矛盾阶段性特征的变化要求我们转变发展理念，而突出强调"以人为本"，正是发展进入社会新阶段的客观要求。另一方面，"以人为本"既是科学发展观的根本要求，也是新阶段改革观的本质内容。

也就是说，改革不仅要解放和发展社会主义生产力，而且要以人为本，促进人的发展和经济社会的协调发展。

当前，我国正处在经济社会的全面转型时期，这要求我们必须树立以人为本的改革观，将发展建立在制度改革与创新的基础上。

同时，要把以促进人的全面自由发展为最高价值取向，以实现最广大人民群众的利益为根本出发点，以人民群众的实践创造活动为社会发展的根本动力，以人的全面自由发展水平为衡量社会进步状态的根本尺度，这是改革开放的本质所在。

综上所述，从古人的改革实践中，我们可以从"殷鉴不远，在夏后之世"这句警世箴言中得出两点结论：

一是"闯"字当头，自古改革唯此路。也就是说，改革这条"华山险路"上，我们必须去"闯"而不是去"走"出来的。

二是面向未来，我们应有与时俱进的"改革观"，即在培养国民改革性格的前提之下，一方面要牢牢把握社会发展是改革的核心目标，另一方面要牢牢把握人的发展是改革的"终极价值"观。

主要参考文献

1. ［美］斯塔夫里阿诺斯：《全球通史》，北京大学出版社，2012年版。

2. 梁启超：《王安石传》，中国三峡出版社，2009年版。

3. 李东润：《张居正大传》，陕西师范大学出版社，2009年版。

4. 吕思勉：《中国通史》，中国华侨出版社，2011年版。

5. 万国鼎：《中国历史纪年表》，中华书局，1978年版。

6. 中国社会科学院历史研究所：《中国历史年表》，中华书局，2013年版。

7. ［美］基辛格：《论中国》，中信出版社，2012年版。

8. 王桐龄：《中国历代党争》，时代文艺出版社，2010年版。